인생은 의미[illegible]게 어떠한 의미인가에 대
한 끊임없는 [illegible]인, WEB 3.0, 양자컴퓨터
와 같은 신[illegible]신의 본질이 '컨셉'이라는
것은 고수들[illegible]

사람들의 마음을 움직이고 뇌리에 남아 행동을 유발하는 좋은 컨셉들을 해체해 가치의 설계도로 보여주는 이 책은 컨셉을 빌딩할 수 있는 지름길을 명약관화하게 알려준다. 저자가 수십 년간 필드에서 쌓은 지식과 노하우는 통찰력과 내공으로 빛을 발하며 과연 구루다운 모습을 시종일관 보여준다. 창의성과 생산성, 모두를 고민하는 당신에게 게임 체인저를 만들 수 있는 비법을 공개하는 『컨셉 수업』. 말랑말랑한 뇌로 돌아가 최고의 학점에 도전할 것을 권한다.

이향은, 『트렌드 코리아 2024』 공저자, LG전자 H&A 사업본부 상무

『컨셉 수업』은 책의 형태를 띤 교실이다. 책장을 열고 작가의 수업을 따라가다 보면, 커리큘럼이 좋은 강의를 듣는 것처럼 편안하게 컨셉의 세계에 입문하게 된다. 좋은 컨셉을 끌어내는 좋은 질문을 하는 법부터, 인사이트를 포착하는 법, 경쟁 관계를 명확히 이해하는 법, 그리고 날카로운 한 줄의 슬로건을 뽑는 방법까지, 20년 넘게 컨셉을 잡고 그것을 문장으로 바꾸는 일을 해온 나 같은 사람에게도 실질적인 도움이 되었다.

한두 번의 성공담을 부풀리거나 유명한 사례를 짜깁기한 책이 아니라, 수많은 컨셉을 직접 만들고 오랜 세월 가르쳐 온 이의 믿음직스러운 문장으로 채워져 있다. 흔한 마케팅 서적이겠거니 하며 읽기 시작했다가 나도 모르게 자세를 고쳐잡았다. 생각의 힘으로 문제를 해결하는 동료들에게, 더 정확히는 그들 중 특별히 아끼는 이의 책상 위에 남들 모르게 보라며 슬쩍 두고 오고 싶은 책이다.

유병욱, TBWA KOREA ECD

여러 대기업의 마케팅을 컨설팅해 오며, 컨셉 하나로 이기고 지는 일을 숱하게 겪었다. 컨셉이 가진 힘이 얼마나 강한지를 잘 알기에 마케팅에 적용할 수 있는 유용한 참고서에 항상 목말랐다. 이 책은 '컨셉'이라는 두 글자에 갖고 있던 모호함과 의문점을 싹 걷어주며, 비즈니스의 근간이 되어주는 컨셉에 관해 A부터 Z까지 친절하게 알려준다.
내 것을 나음과 멋짐으로 포장하고 싶다면, 당신이 사업가이든 제품 기획자이든 마케터 혹은 콘텐츠 창작자이든 일독을 권한다. 잘 팔리는 명확하고 분명한 해답이 이 책에 오롯이 담겨 있으니. 당신이 시장에서 원하는 대로 휘두르게 해줄 멋진 칼자루를 선사할 것이다.

장문정, 『팔지 마라 사게 하라』 저자, 엠제이소비자연구소 소장

모든 것은 컨셉으로 시작해 컨셉으로 끝이 난다. 그런데 우리는 이제껏 컨셉이라는 단어를 잘못 이해하고 살아왔다. 그래서 비즈니스에도 엉뚱하게 적용했다. 나 역시도 컨셉을 딱 절반만 알고 있었다. 표면적으로만 알고 활용해 왔기에 반짝 빛났지만 오래 가지 못했던 비즈니스도 많았다. 『컨셉 수업』은 마치 공부 잘하는 친구의 비법 노트 같아서 '컨셉'에 관한 모든 것을 빠르게 터득하게 해준다. 컨셉을 제대로 이해하고 써먹으려면 이 책을 읽어라. 이제껏 반쪽짜리 컨셉으로 비즈니스를 했다면 앞으로는 200% 이상 성장할 것이다.

권정훈(장사 권프로), 『인생은 장사다』 저자

컨셉 ╲ 수업

일러두기

- 규범 표기는 '콘셉트'이나, 사용 빈도와 어감을 고려하여 이 책에서는 '컨셉'으로 표기하였습니다.
- 단행본은 『』, 잡지는 「」, 영화와 TV 프로그램과 미술 작품 등은 〈〉로 표기하였습니다.
- 본문의 각주는 모두 옮긴이의 것입니다.

CONCEPT NO KYOKASHO
by TAKAHIRO HOSODA

Original Japanese language edition published by Diamond, Inc.
Korean translation rights arranged with Diamond, Inc.
through Eric Yang Agency, Inc.

번뜩이는 — 아이디어를

잘 팔리는 — 비즈니스로 이끄는

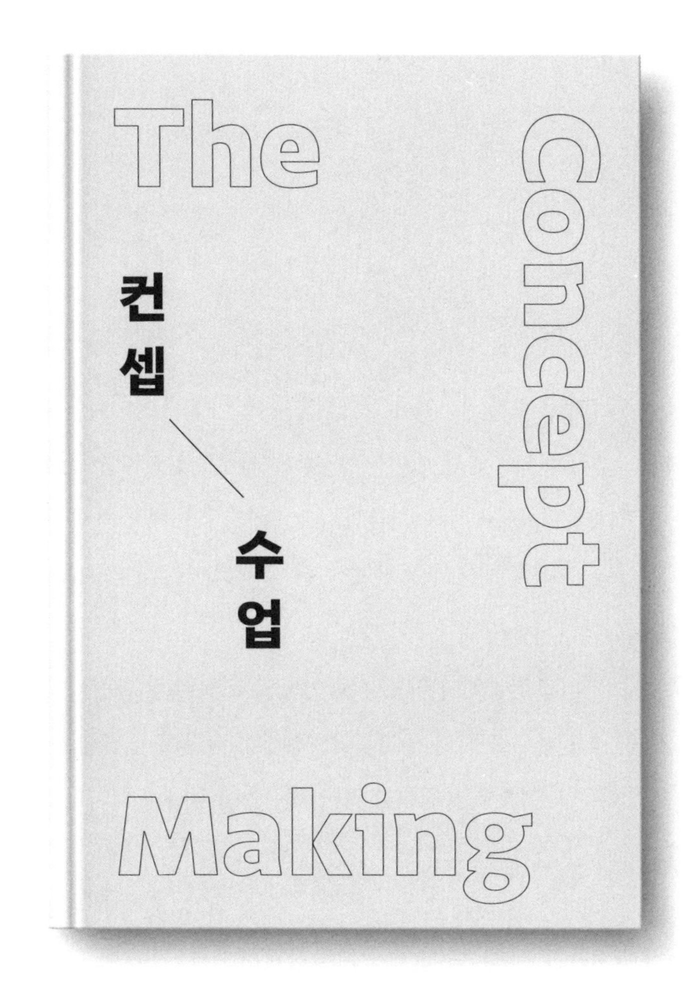

호소다 다카히로 지음 | 지소연 · 권희주 옮김

RHK
알에이치코리아

들어가며

이 책은 컨셉을 '만들기' 위한 교과서입니다. 어떻게 아이디어를 떠올리고 생각을 확장해서 언어에 반영하는가. 그 일련의 흐름을 하나의 체계로 정리했습니다. 지금까지 '번뜩임'이나 '재능'의 문제로 치부했던 영역에 대해서도 가능한 한 구체적으로 설명하도록 힘썼습니다.

초보자나 컨셉 만들기에 서툰 사람이라도 순서만 잘 따른다면 그리고 끈기 있게 고민하면 쓸모 있는 컨셉을 만들 수 있습니다. 생각과 말을 창의적으로 움직이고 엮어내는 일이 얼마나 재미있는지 경험하게 될 겁니다.

이미 자기만의 방식으로 컨셉을 만들어온 사람은 '이제 와서 기초부터 배우라니'라고 반문할지도 모릅니다. 하지만 컨셉을 만드는 일은 야구와 비슷해서 감각에만 의존해서는 안정적으로 성과를 내기 어렵습니다. 기본 동작을 제대로 익혀야만 능력을 안정적으로 발휘할 수 있지요.

또한 컨셉을 생각할 때 빼놓을 수 없는 인사이트insight, 비전vision, 미션mission, 퍼포스purpose• 같은 관련 개념에 대해서도 실제로 만드는 법을 비롯해 자세히 풀어냈습니다. 말과 경영을 종합적으로 이해하는 데에도 도움이 되리라 봅니다.

서두는 이만하고 바로 수업에 들어가겠습니다. 다만, 공부하는 목적을 이해해야 학습 효과가 더 높아지기 마련입니다. 지금 이 시대에 컨셉을 배우는 것에 어떤 의미가 있는지 그리고 이 책이 어떻게 만들어졌는지 먼저 간단히 이야기하고자 합니다.

I 컨셉이 필요 없는 일은 없다

일본은 아주 최근까지도 컨셉의 중요성을 제대로 이해했다고는 말하기 어려운 상황이었습니다. 좋은 물건을 싸게 제작하는 디플레이션형 비즈니스의 성공에 얽매여, 새롭고 가치 있는 것을 구상하는 일에서 멀어져 있었지요. 그 결과 일본의 강점은 '좋은 것을

• 2010년대 중반 이후 일본의 비즈니스업계에서 유행하기 시작한 말로, 기업과 사회의 관련성을 의식해 기업의 사명, 존재 의의를 가리킨다.

싸게' 방식이 통하는 부품 산업 등 일부 영역에 한정되어 버렸습니다. 이런 사태를 반성하기 때문일까요? 지금은 모든 산업에서 창의적인 사고를 가진 인재를 요구하고 있습니다.

컨셉을 고민하는 일이 몇몇 사람에게 한정된 특수한 것이라는 생각은 이제 옛날이야기입니다. 사업가, 개발자, 크리에이터는 물론 회사원에게도 상상을 언어화하는 힘은 반드시 필요하지요. 모든 사람에게 창의성이 요구되는 시대에 컨셉은 필수 기초 과목이라 해도 과언이 아닙니다.

빅데이터, AI, DX, 블록체인, WEB 3.0, 양자컴퓨터 등과 같은 기술은 끊임없이 이슈가 되었다가 금세 사라집니다. 그러나 다음에 어떤 기술이 등장하든 비즈니스의 본질적인 과제는 바뀌지 않습니다. 결국 '누구를 위해서 무엇을 창조할 것인가'라는 물음 하나일 뿐이지요.

| '말'은 만물의 프로토타입이다

새로운 제품, 서비스, 콘텐츠, 솔루션, 사업. 이 세상에 아직 존재하지 않는 '무언가'를 만들고자 할 때, 그 '무언가'를 명확하게 짚어내는 말 또한 아직 존재하지 않지요. 그러나 말로 표현하지 못한다면 생각을 깊이 있게 발전시키지 못하고, 동료와 논의할 수도 없습니다. 그러므로 무언가를 만드는 사람은 가장 먼저 '말'을 만들게 됩니다.

'정말 모든 일에 말이 필요할까?' 이런 의심이 들지도 모릅니다. 언어 이외의 능력이 출발점이 되는 업종도 있다고 반박할지도 모릅니다. 하지만 감각이나 판단력이 중요한 업종이더라도 실제로 과정을 잘 살펴보면, 출발점에서 말이 결정적인 역할을 한다는 사실을 알 수 있습니다.

예를 들어 일본을 대표하는 패션 브랜드 이세이 미야케ISSEY MIYAKE는 '동양과 서양을 초월하는 세계적 의류'를 목표로 '한 장의 천'이라는 컨셉을 내걸고 옷을 제작합니다. 몸과 천이 만드는 공간의 실루엣과 움직일 때마다 피부에 느껴지는 천의 편안한 감촉. 이를 한 장의 천을 가지고 입체적으로 만들어내며 보편적인 패션을 선보여 왔습니다. 재봉이 끝난 제품에 주름을 넣는, 즉 플리츠 가공을 한 플리츠플리즈Pleats Please를 비롯한 혁신적인 옷들은 깊이가 있으면서도 심플한 말에서 탄생한 셈이지요. 창업자가 세상을 떠난 후에도 '한 장의 천'이라는 컨셉은 후배 디자이너들에게 이어져 각각의 독자적인 해석을 거쳐 더욱 발전하고 있습니다.

'급진적 투명성'이 컨셉인 미국의 패션 브랜드 에버레인Everlane은 까다로운 패션업계에서도 기업의 확고한 자세로 브랜드를 구축할 수 있음을 증명했습니다. 업계의 어두운 이면이라 할 수 있는 불투명한 가격 책정이나 환경에 해로운 대량 폐기 문제를 정면으로 마주하고 모든 정보를 자세히 공개하면서 젊은 세대의 지지를 얻었습니다.

한때 천편일률로 굳어졌던 향수업계에 새로운 바람을 불어넣은 프레데릭 말Frederic Malle의 브랜드 컨셉은 '향기 출판사'입니다. 겉으로 드러나지 않는 존재였던 조향사를 전면에 내세우고, 브랜드에게 재능 있는 조향사와 함께하는 편집자라는 이미지를 부여했습니다. 모두가 좋아하는 향이 정답이라고 여겼던 업계에 다시금 개성과 자극을 안겨주는 데 성공했지요.

건축에서는 가나자와시의 중심에 있는 가나자와 21세기 미술관이 좋은 예입니다. 360도 전면이 유리로 둘러싸인 개방적인 이 건축물은 사람이 어느 방향에서든 사람이 오고 갈 수 있도록 설계되어 뒷면이 존재하지 않습니다. 예술 애호가뿐만 아니라 시민에게도 널리 사랑받는 이곳은 '마을에 펼쳐진 공원 같은 미술관'이라는 컨셉을 바탕으로 탄생했습니다.

디자인이나 도면처럼 모양새가 결정적인 역할을 하는 업계에서도 정작 본질적인 부분은 말에 의해 구성되고 만들어집니다. 한층 더 논리적인 커뮤니케이션이 필요한 업계에서 컨셉이 얼마나 중요한지는 말할 필요도 없겠지요.

물건이냐 서비스냐, 하드웨어냐 소프트웨어냐, 민간 기업이냐 행정이냐. 상품이나 주체의 차이에 따라 무언가를 만들어내는 과정은 천차만별로 달라집니다. 그러나 뛰어난 창작자에게는 컨셉을 잘 활용한다는 공통점이 있습니다. 무無에서 새로운 단어를 만들어 동료나 고객에게 제시하고, 논의하고, 망설임 없이 부순 다음 다시 만들고. 컨셉은 돈 한 푼 들지 않는 시제품, 즉 프로토타입과 같은 역할을 합니다.

| 기능보다 '의미'를 사는 시대

'컨셉 사고'를 지닌 사람이 앞으로 사회에서 점점 더 중요해지리라는 점은 틀림없는 사실입니다. 산업 구조의 변화에 따라 요구되는 컨셉의 수준이 나날이 높아지고 있기 때문이지요. 스톡홀름 경제대학의 로베르토 베르간티Roberto Verganti 교수는 현대 사회에는 기술이나 기능보다도 '의미의 이노베이션'이 필요하다고 지적했습니다.

베르간티 교수는 초를 예로 들었습니다. 어둠을 밝히는 초의 역할은 전구의 발명으로 끝을 맞이했습니다. 우리는 양초의 용도를 기껏해야 정전에 대비하는 정도로만 인식했었지요. 그런데 양초의 매출은 2000년대 이후에도 여러 선진국에서 계속해서 높아지고 있습니다. 왜일까요? 현대인들이 초에서 '불을 밝히는 것' 이상의 의미를 찾았기 때문입니다. 전기電氣의 시대에 초는 '캔들'로 이름을 바꾸고 '따뜻한 분위기를 만드는 물건' 또는 '향기를 즐기는 물건'으로서 살아남았습니다. 최첨단 LED 전구보다 훨씬 비싼 캔들이 있을 정도이지요. 이러한 가치의 역전 현상은 기술적으로 앞서는 것만 혁신이라 부르는 발상으로는 영원히 이해할 수 없습니다.

기능이나 성능이 성숙한 시장에서는 의미를 구매할 수 있게 됩니다. 이 같은 변화가 지금 많은 산업에서 일어나고 있습니다.

| '말'이 일하게 한다는 발상

컨셉을 만드는 것은 일상적인 업무의 생산성을 높이는 데에도 좋은 영향을 줍니다. 제대로 된 컨셉을 만들면, 모호한 아이디어도 동료들에게 명확히 전달할 수 있습니다. 그리고 그 컨셉이 사람들의 입을 통해 퍼져나가 자신이 직접 참석하지 않은 회사 안팎의 회의를 들썩이게 하거나 새로운 아이디어를 탄생시킬지도 모릅니다. 컨셉은 결재권을 가진 사람 앞에서 프레젠테이션을 할 때도 성공률을 높여줍니다. 관리자일수록 간결하고 핵심을 꿰뚫는 제안을 원하기 때문이지요. 나아가 컨셉은 마케팅의 출발점이 되고, 광고나 상품으로 모습을 바꾼 채 대중에게 전해집니다.

팀 빌딩에, 교섭에, 프레젠테이션에, 마케팅에. 컨셉은 혼자서

이 현장, 저 현장 열심히 뛰어다니며 일합니다. 그러므로 바빠서 새로운 아이디어에 몰두할 시간이 없는 사람일수록 컨셉을 배우는 것이 이득인 셈이지요. 투자자들이 돈이 스스로 일하게 만들 듯이, 기획자는 말이 스스로 일하도록 만들어야 합니다.

| 컨셉에도 '틀'이 있다

컨셉 만들기는 창의성과 생산성, 양쪽 키를 다 거머쥐는 일이지만, 막상 배우려고 하면 도대체 어디서부터 시작해야 할지 모르겠다고 말하는 사람이 많습니다. 무슨 책을 추천하느냐고 질문을 받아도 딱히 해줄 말이 없었습니다. 시중에서 구할 수 있는 책은 용도가 한정되어 있거나 누군가가 단 한 번 성공한 경험을 담아낸 내용이 대부분이었으니까요. 다양한 비즈니스에서 널리 사용할 수 있을 만큼 체계적인 내용은 보이지 않았습니다. 한 권으로 컨셉의 기본을 익힐 수 있는 교과서는 없을까? 그런 책을 누구보다 필사적으로 찾아 헤맨 사람이 바로 저였습니다.

저는 광고 회사에서 크리에이티브 디렉터 및 카피라이터로 일해왔습니다. 광고 회사이니 당연히 광고를 주로 만들었지만, 그게 전부는 아니었습니다. 2000년대 중반 이후에는 광고나 홍보 계획을 검토하기 훨씬 이전 단계에서부터 '컨셉 사고'가 요구되었습니다.

"광고를 만드는 단계에서 '전달할 만한 가치를 찾기 어렵다'고 머리를 싸매면 너무 늦은 것이다, 컨셉 사고는 상품이나 서비스 자체에 포함되어야 한다." 이러한 문제의 근본을 깨닫고 보다 이른 시기에 언어화를 시도하는 회사가 늘어났기 때문입니다.

개발 현장에 투입된 초기에는 컨셉을 만들어달라는 의뢰를 받아도 당황스럽기만 했습니다. 기업이나 업종에 따라 상품과 서비스를 개발하는 방식은 크게 달라집니다. 한 기업에서 얻은 지식과 경험을 그대로 다른 기업에 적용할 수 없다는 뜻이지요. 그래서 프로젝트마다 전혀 다른 접근법을 시도할 수밖에 없었습니다.

한 화장품 브랜드를 개발할 때는 연구소에서 신기술을 배우는 것에서부터 시작했습니다. 실험 데이터를 올바르게 이해할 수 있게 됐을 때, 이 기술이 누구의 어떤 고민을 해결하고 어떤 도움을 줄 수 있을지 생각해 브랜드 컨셉으로 정리했습니다.

사람들이 사는 공간에서 시작된 가전제품 개발 프로젝트도 있었습니다. 생활을 관찰하면서 얻은 깨달음을 바탕으로 컨셉에 대한 가설을 만들고 바로 프로토타입에 착수했습니다. 2010년대 초반에 일어난 디자인 사고 붐으로 한때 이러한 사고 방식이 크게 늘었습니다.

어떤 IT 기업의 신규 사업 개발 프로젝트에서는 출범을 담당하는 리더의 생각을 사업 비전으로 정리하고, 거기서부터 거꾸로 헤아려서 사업 컨셉을 이끌어냈습니다. 이처럼 특정 기술도 사용자도 보이지 않는 단계에서는 개인의 생각만이 근거가 됩니다.

스타트업과 일을 할 때는 방식이 또 달라집니다. 사업의 빠른 성장 속도에 맞추어 신속하게 컨셉을 업데이트해야 하지요. 몇 번이고 말을 다듬으며 비즈니스의 형태 자체를 만들어나갑니다. 무엇보다 유연성이 필요했습니다.

이처럼 각기 다른 업종의 다른 주제를 마주하며 성공과 실패를 수없이 경험했습니다. 그 시간들이 저도 모르는 사이에 '컨셉을 연구하는' 좋은 기회가 되었습니다. 기본적인 원리와 원칙을 이해하자, 처음에는 진창에 선 듯 불안한 마음으로 컨셉을 만들던 저도 서서히 확신을 가지고 제안할 수 있게 되었습니다.

| '감각이 전부'라는 오해

바로 그 무렵, 담당하던 기업에서 컨셉 만들기에 관해 사내 연수를 진행해 달라는 의뢰를 받았습니다. 경영이든 개발이든 마케팅이든 영업이든 '일하는 사람이라면 모두 언어의 전문가여야 한다'는 의뢰인의 문제의식에 백분 공감해, 직접 만든 양식을 바탕으로 연수 프로그램 개발에 도전했지요. 그 후 10년이 넘도록 다양한 기업과 사회인 대학 등지에서 컨셉 수업을 하고 있습니다. 더 효과적으로 전달하는 방법은 없을까? 수강생에게 컨셉 만들기의 보람을 느끼게 하려면 어떻게 해야 할까? 다양한 고민을 거듭하고 수천 명의 수강생으로부터 피드백을 받으며 내용을 끊임없이 업데이트했습니다.

이 책은 그동안의 성과를 한 권으로 정리한 것입니다. 지금까지 함께했던 비즈니스 파트너와 수강생들의 목소리를 힌트 삼았으니 공동 집필이라고 해도 과언이 아닙니다. 그 덕분에 특정 업종이나 직종에 치우치지 않고 널리 통용되는 내용으로 만들 수 있었다고 자부합니다.

강의를 처음 시작했을 때, 많은 사람이 컨셉을 '감각이나 재능이 없으면 만들 수 없는 것'이라고 믿는다는 사실에 크게 놀랐습니다. 크나큰 오해입니다. 만약 당신이 컨셉 만들기에 서툴다고 느낀다면, 그건 감각이 없어서도 재능이 없어서도 아닙니다. 단지 '틀'을 모르는 것뿐이지요. 실제로 처음에는 전혀 쓰지 못했던 사람도 형식을 이해하자마자 "아, 이렇게 하면 되는구나!" 하고 주위를 깜짝 놀라게 할 컨셉을 만들어내는 광경을 여러 번 목격해 왔습니다.

물론 어떤 분야든 틀에는 한계가 있습니다. '이것만 있으면 모든 게 해결되는 마법의 틀'은 존재하지 않습니다. 하지만 언젠가 한계에 부딪힌다면, 그건 자신이 그에 상응하는 기술을 익혔다는 증거입니다. 역설적으로 이 책의 역할은 모두 완수했다는 뜻이 되겠지요.

I 새로운 가치를 실현하려는 이들에게

컨셉 만들기의 기초를 익히면 새로운 일을 기획하는 작업을 지금보다 훨씬 즐길 수 있게 됩니다. '이렇게 살 수 있으면 좋을 텐데, 저런 사회가 되면 좋을 텐데.' 우습게 볼 만한 상상이라도, 설득력 있는 스토리나 한 줄의 문구가 되는 순간 주위의 반응이 달라집니다. 함께 실현해 보자고 자처하는 사람이나 투자하고 싶어 하는 사람이 나타납니다. 어느새 이용자와 팬이 따릅니다. 이렇게 컨셉이라는 이름의 설계도가 실현되어 갑니다. 그런 느낌을 한 번이라도 맛보게 하는 것이 이 책의 궁극적인 목적입니다.

이 책은 과거 제가 간절히 원했던 컨셉의 교과서가 되었습니다. 지금 이 순간에도 새로운 사업을, 상품을, 서비스를, 콘텐츠를, 무언가 새로운 가치를 창출하려 분투하고 있는 이들에게 닿아 조금이라도 도움이 된다면 좋겠습니다.

커리큘럼

본론으로 들어가기 전에 이 책의 구성을 설명하고자 합니다.

- 1장 컨셉이란 무엇인가
- 2장 컨셉을 이끄는 '질문' 만들기
- 3장 고객의 눈높이로 보기 | '인사이트형' 스토리 설계
- 4장 미래 관점으로 바라보기 | '비전형' 스토리 설계
- 5장 컨셉을 '한 문장'으로 쓰기
- 6장 배운 컨셉 써먹기

1장

컨셉의 정의와 조건을 다룹니다. 컨셉이란 무엇이며, 무엇이 아닌가. 좋은 컨셉과 나쁜 컨셉은 어떻게 구분하는가. 머리로 이해하

는 데서 그치지 않고 주위 사람에게 설명할 수 있게 되는 것을 목표로 합니다.

2장

'질문' 만드는 법을 이야기합니다. 왜 답이 아니라 질문에서부터 시작하는가. 그것은 질문이 우리의 시각을 규정해 버리기 때문입니다. 질문을 다시 만듦으로써 새로운 관점을 얻는 재구성reframing 기법에 대해 배워봅니다.

3장

질문에 대한 답변은 스토리를 설계하면서 생각해 나갑니다. 3장에서는 '인사이트형' 스토리의 설계에 대해 알아봅니다. 고객의 심리적 갈등에서 출발해 이야기를 구성하는 방법입니다.

4장

'비전형' 스토리는 기업이나 브랜드의 이상적인 미래상에서 거꾸로 계산하여 설계합니다. 마음속을 들여다보는 인사이트형인가, 미래를 내다보는 비전형인가. 2개의 렌즈를 잘 사용해서 깊이 있는 컨셉을 만들어봅시다.

5장

컨셉을 '한 문장'으로 만드는 과정에 대해 알아봅니다. 예리하고 효과적인 핵심 문구를 만드는 순서를 기본적인 구문과 함께 풀어 냅니다. 말의 센스란 기술처럼 충분히 배우고 연마하면 된다는 사실을 알게 됩니다.

6장

컨셉의 '최적화'에 대해 살펴봅니다. 다양한 비즈니스 문맥에서 활용할 수 있도록 어디서든 사용할 수 있는 형태로 준비했습니다. ① 제품·서비스 개발, ② 마케팅 커뮤니케이션 개발, ③ 조직의 가치 컨셉 개발, 총 3가지를 중심으로 설명합니다.

부록

마지막으로 Q&A 코너를 마련해 저자가 컨셉에 관해 자주 듣는 질문에 답변합니다.

'질문으로 시작해 스토리를 설계하고, 한 문장에 담은 다음 한 눈에 보기 좋게 정리한다.' 이 책의 구성은 컨셉을 만드는 순서와 같습니다. 전체적인 흐름을 배우고 싶은 사람은 첫머리부터, 진행 중인 일에 도움이 될 만한 힌트를 얻고 싶은 사람은 1장을 읽은 후 필요한 장을 골라 읽어도 좋습니다.

그리고 2장 이후 중간중간 실전 과제를 비롯해 생각하고 적용해 볼 기회를 마련해 두었습니다. 각각의 활동마다 제한 시간을 제시했지만, 10분 만에 끝내도 좋고 오래 몰두해 보고 싶다면 일주일이 걸려도 괜찮습니다. 시간이 허락하는 한 머리와 손을 움직이며 읽어주세요.

이 책에서는 실제 컨셉에 관한 사례를 풍부하게 다루었습니다. 모두 도서, 논문, 기사, 담당자 인터뷰 등 이미 세상에 소개된 내용으로, 출처는 이 책 말미의 참고 문헌 목록에서 찾아보실 수 있습니다.

사례를 선정할 때는 '새로움'보다는 '확실성'을 우선시했으며, 컨셉이 구현되고 어느 정도 시간이 흘러 평가가 명확해진 것을 선택했습니다. 하지만 책에서 소개한 기업이나 상품, 서비스는 대부분 지금도 계속해서 발전하고 있습니다. 앞으로 더 큰 성공을 거둘 가능성도 있고, 반대로 평가가 뒤집힐 리 없다고 단정할 수도 없습니다(저자로서도 사용자로서도 그렇게 되지 않기를 바랍니다만). 또 이 책에서 설명한 문맥과는 전혀 다른 방향으로 전개되어 '어긋나는' 부분이 생길 가능성도 있습니다. 이러한 리스크는 현대 비즈니스를 이야기하는 서적에서는 피할 수 없는 일입니다.

다만 어떤 경우든 이 책에서 소개한 사례에 모두 배울 가치가 있다는 자신감만은 흔들리지 않습니다. 사람의 마음을 파악하고 시장을 움직이는 결정적인 역할을 한 사례에는 반드시 뛰어난 컨셉의 원리가 숨어 있기 때문입니다.

혹여 훗날 평가가 바뀌더라도, 그렇게 된 이유까지 고찰하다 보면 새로운 각도에서 배움을 얻을 수 있습니다.

차례

들어가며 4
커리큘럼 16
이 책에서 소개하는 컨셉에 대해 20

1장 컨셉이란 무엇인가?

1-1 컨셉의 정의 27
1-2 컨셉으로 가치를 설계하다 42
1-3 효과적인 컨셉의 조건 50
1-4 이것은 컨셉이 아니다 63

1장 요약 68

2장 컨셉을 이끌어내는 '질문' 만들기

2-1 왜 질문이 중요할까 75
2-2 우리가 마주해야 할 질문 80
2-3 재구성하는 8가지 방법 91
2-4 실전편 재구성하기 115

2장 요약 124

3장 고객의 눈높이로 보기

'인사이트형' 스토리 설계

3-1 인사이트형 스토리의 뼈대 131
3-2 **고객** | 고객의 인사이트를 찾는 방법 135
3-3 **경쟁자** | 진정한 경쟁 상대를 찾는 법 149
3-4 **자사** | 우리만이 제공할 수 있는 베네핏 156
3-5 실전편 인사이트형 스토리 설계 160

3장 요약 172

4장
미래 관점으로 바라보기
'비전형' 스토리 설계

4-1 비전형 스토리의 뼈대 179
4-2 **미션** | 과거를 되돌아본다 192
4-3 **비전** | 미래를 내다본다 198
4-4 실전편 비전형 스토리 설계 209
4-5 인사이트와 비전을 하나로 215

4장 요약 222

5장
컨셉을 '한 문장'으로 쓰기

5-1 한 문장으로 만드는 방법 229
5-2 실전편 한 문장 만들기 243
5-3 한 문장 만들기 10가지 패턴 256
5-4 실전편 컨셉 구문 적용하기 291

5장 요약 298

6장
배운 컨셉 써먹기

6-1 제품·서비스 개발 컨셉 305
6-2 마케팅 커뮤니케이션 컨셉 327
6-3 **가치** | 조직을 통솔하는 행동 원칙 337

6장 요약 352

더욱 깊이 이해하기 위한 Q&A 354
마치며 374
참고 문헌 379
참고 사이트 382

1
장

컨셉이란
무엇인가?

컨셉만큼 변덕스럽게 쓰이는 비즈니스 용어가 또 있을까요. 컨셉의 정의가 뭐냐고 물어도 사람들은 대부분 대답하지 못할 테지요. 'Concept'의 어원은 동사 '잡다'를 뜻하는 라틴어라고 합니다. 그런데 컨셉이라는 말 자체가 무슨 뜻인지 종잡을 수 없다니 참으로 아이러니합니다.

컨셉에는 어떤 기능이 있을까요? 좋은 컨셉과 나쁜 컨셉의 차이는 어디에 있을까요? 1장의 목표는 컨셉의 기본을 이해하는 것입니다. 우선 음악과 여행 이야기로 컨셉의 역할과 정의에 접근해 봅시다.

1-1

컨셉의 정의

최초의 컨셉 앨범

〈서전트 페퍼스 론리 하츠 클럽 밴드Sgt. Pepper's Lonely Hearts Club Band(이하 서전트 페퍼스)〉는 1967년 6월에 발매된 비틀스The Beatles의 여덟 번째 앨범 타이틀입니다. 4개 부문에서 그래미상을 획득하고 전 세계에서 누계 3200만 장이 판매된 이 앨범은 많은 사람에게 비틀스의 최고 걸작으로 손꼽힙니다. 「롤링 스톤Rolling Stone」이 발표하는 '역대 최고의 앨범 500'에서도 2003년 1위를 비롯해 항상 상위권을 유지하고 있고요.

서전트 페퍼스를 이야기할 때 빼놓을 수 없는 것이 '록 사상 최초의 컨셉 앨범'이라는 수식어입니다. 사상 최초라는 점에는 이견도 있습니다. 서전트 페퍼스 전에도 비슷한 앨범이 존재했다는 지적 때문이지요. 한편, 완성도나 역사적인 영향 등을 감안하면 역시 비틀스를 최초로 보는 것이 옳다는 의견도 있어서 속 시원히 결론을 내리기는 어려울 듯합니다. 하지만 이 앨범이 '컨셉 앨범'의 의미를 결정지은 대표적인 존재라는 주장에는 이견이 없으리라 봅니다.

여기서 주목하고 싶은 점은 '컨셉'이라는 말이 사용된 문맥입니다. 컨셉 앨범이라고 내세웠으니 틀림없이 일반 앨범과 명확한 차이가 있겠지요. 그럼 그 차이는 어디에 있을까요?

바로 '일관성'입니다. 컨셉 앨범이라는 개념이 생기기 전까지, 앨범이란 단순히 싱글 곡을 여러 개 엮은 것에 지나지 않았습니다. 서로 무관한 곡들의 모음을 앨범이라고 부르던 시절에 비틀스는 전체를 아우르는 스토리를 가지고 앨범을 제작한 것이지요.

그림1-1. 비틀스 <서전트 페퍼스 론리 하츠 클럽 밴드>

출처: https://www.universal-music.co.jp/the-beatles/products/uicy-15600/

이 앨범을 아우르는 구성은 '서전트 페퍼스 론리 하츠 클럽 밴드'라는 가공의 밴드가 결성 20주년을 축하하기 위한 공연을 연다는 설정입니다. 앨범의 이름을 딴 첫 번째 곡은 공연을 보러 온 관객들의 떠들썩한 소리로 시작되고 멤버 소개와 박수, 함성 소리까지 수록되어 있지요. 이런 연출은 당시 듣는 사람들을 크게 놀라게 했습니다.

앨범 커버 디자인도 독특합니다. 밴드로 분장한 비틀스 멤버들을 중심으로 밥 딜런[Bob Dylan], 마릴린 먼로[Marilyn Monroe], 정신과 의사 칼 융[Carl Gustav Jung], 작가 에드거 앨런 포[Edgar Allan Poe], 경제학자이자 철학자인 칼 마르크스[Karl Heinrich Marx] 등의 얼굴이 나란히 늘어서 있습니다. 콘서트 후에 게스트로 와준 유명 인사들과 기념 촬영을 했다는 설정입니다.

또한 설정과 스토리를 전달하기 위해 앨범 재킷에 가사를 인쇄한 것도 획기적이었습니다. 당시 유럽과 미국에서는 가사를 배포하는 것 자체가 일반적이지 않았으니까요.

판매 또한 특정한 방식을 일관되게 유지했습니다. 당시 앨범 시장에서는 발매 전후로 싱글을 판매하는 것이 일반적이었습니다. 하지만 비틀스는 이 앨범 중에서 한 곡도 따로 발매하지 않았습니다(음반 회사의 사정으로 싱글을 발매한 사례는 있지만). 그만큼 전체성을 중시했다는 뜻이지요.

그림1-2. 사전에 따른 컨셉의 정의

컨셉이란 전체를 관통하는 새로운 관점

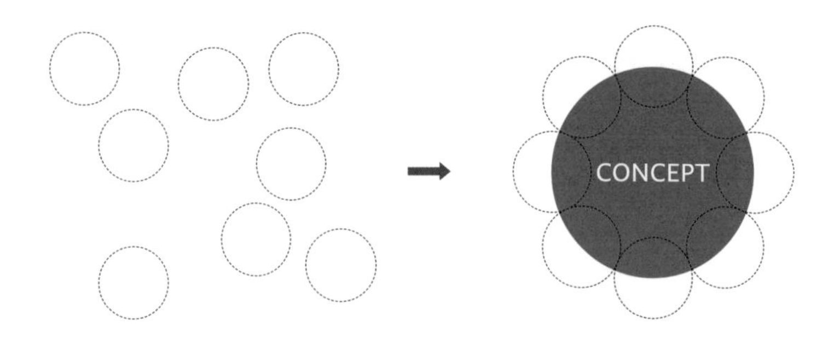

컨셉이라는 단어를 사전에서 찾으면 '전체를 관통하는 새로운 관점'이라고 정의합니다. 비틀스의 컨셉 앨범을 생각하면 쉽게 이해되지 않을까요? '잡다'라는 어원에서 출발한 컨셉은 각기 다른 요소를 '관통한다', '일관한다'는 관점을 뜻하게 되었습니다.

비틀스는 서전트 페퍼스 앨범에서 하나의 관점으로 전체를 관통하는 표현의 가능성을 추구했지요. 그리고 비틀스 이후의 음악가들은 이 '전체'를 더 크게 확장했습니다. 앨범뿐만 아니라 공연의 연출이나 패션, 말과 행동, 곡을 만드는 과정 등 창작자의 인생 전부를 마치 하나의 이야기처럼 엮어내는 것이 이제 음악 산업의 상식이 되었지요. 소리만 파는 '뮤지션'에서 음악을 중심으로 한 세계관 전체를 파는 '아티스트'로. 이러한 변화의 중심에 바로 '컨셉 사고'가 있었습니다.

지금까지 컨셉의 일반적인 정의에 대해 살펴보았습니다. 앞으로 나올 내용을 읽기 전에 그림1-2에서 보여준 모델을 다시 한번 머릿속에 새깁시다. 각기 다른 구성 요소를 한데 묶는 중심이 바로 컨셉이라는 사실을 한눈에 알 수 있습니다.

다음으로는 비즈니스 현장의 컨셉에 대해 알아보고자 합니다. 비즈니스에서는 어떤 말이 원의 중심에서 '전체를 관통하는 새로운 관점', 즉 컨셉이 될 수 있을까요?

여행의 의미를 바꾼 에어비앤비

현대의 기업가들은 마치 아티스트 같습니다. 티셔츠 같은 캐주얼한 차림에 수염을 기르고 전용기를 타고 다니는 표면적인 모습 때문만은 아닙니다. 컨셉을 통해 사람들의 가치관을 뒤흔들고자 하는 자세가 아티스트와 닮지 않았나 싶습니다.

서전트 페퍼스 앨범 발매로부터 딱 40년 후인 2007년, 미술대학을 졸업하고 샌프란시스코로 이사한 브라이언 체스키Brian Chesky는 머리를 싸매고 고민했습니다. 샌프란시스코 베이 에어리어의 물가가 급등해 집세를 내지 못할지도 모를 상황이었기 때문이지요. 고육지책으로 생각해 낸 것이 인터넷을 통해 빈방을 빌려준다는 아이디어였습니다. 브라이언은 룸메이트와 협력해서 에어베드

3개를 두고 조식만 따로 준비한 뒤 투숙객을 받았습니다. 모집 글을 올리기 위해 제작한 사이트의 이름은 'AirBedandBreakfast.com'. 바로 에어비앤비Airbnb의 시작이었습니다.

푼돈을 벌려고 시작한 일이 갑자기 주목을 받기 시작했습니다. 미국에서는 대통령 선거 연설이나 음악 페스티벌 등 대규모 이벤트가 열릴 때면 호텔 예약이 어려워지곤 합니다. 에어비앤비는 그런 행사가 열릴 때마다 생기는 호텔 난민들의 수요를 모두 거두어들인 셈이었지요.

그러나 에어비앤비의 성장에는 곧 한계가 찾아왔습니다. 그럴만도 했습니다. 비슷한 서비스는 그 밖에도 있었고, 애초에 남의 집에 머무른다니 무섭다고 생각하는 사람도 적지 않았으니까요. 사람이 적극적으로 선택하는 브랜드가 되려면 에어비앤비에는 무엇이 필요한가. 브라이언과 동료들은 이때 처음으로 컨셉을 고민하게 되었습니다.

고민하던 중 브라이언은 첫 게스트였던 캐서린, 아몰, 마이클을 떠올렸습니다. 브라이언은 세 사람을 그냥 방에 머물게 내버려두지 않았습니다. 현지에서 인기 있는 카페에 데려가기도 하고, 밤에는 바에서 같이 술을 마시기도 했지요. 낯선 타인이었던 세 사람은 헤어질 무렵 완전히 친구가 되었습니다. 브라이언은 그런 경험이야말로 에어비앤비가 가진 진정한 가치일지도 모른다고 깨달았습니다.

브라이언과 동료들은 이와 동시에 세계 각지에서 약 500명의 사용자를 뽑아 몇 달에 걸쳐 서비스에 대한 설문을 시작했습니다. 그러다가 에어비앤비 사용자들이 설문 중 어떤 말을 자주 쓴다는 사실을 깨달았지요. 그 단어는 '거처가 되다', '소속되다', '일원이 되다' 같은 의미를 지닌 'belonging'이었습니다. 이 단어와의 만남이 브라이언의 사상에 뚜렷한 윤곽을 만들어주었습니다.

전 세계 어느 곳에 가도 같은 품질을 유지하는 호텔 체인에서 머무르는 건 분명 멋진 경험입니다. 하지만 에어비앤비는 호텔과 전혀 다른 가치를 제공할 수 있습니다. 뉴욕에서는 공장을 개조해 만든 소호 뒷골목의 아파트를 독차지하고, 남프랑스에서는 농가의 독채를 잠시 빌리고. 여행 간 마을에서 실제 주민처럼 시간을 보내고, 현지 문화에 녹아들어 보고, 때로는 현지인들과 교류하며 새로운 친구를 사귀는 경험 말이지요. 이러한 경험은 판에 박은 듯 획일적인 여행에서는 맛볼 수 없었던 여행의 색다른 즐거움이었습니다.

브라이언은 '전 세계 어디든 내 집처럼Belong Anywhere'을 기업의 컨셉으로 정했습니다. 그저 다른 곳으로 '가는going' 것도, '여행하는traveling' 것도, '숙박하는staying' 것도 아니라, '내가 속할 곳을 찾는다belonging'는 것. 에어비앤비에 그리고 여행이라는 행위 자체에 새로운 의미가 탄생하는 순간이었습니다.

브라이언은 컨셉을 결정한 뒤 에어비앤비를 'IT 회사'에서 '고객을 대접하는 회사'로 바꿔나가기로 결심했습니다. 새로운 국가에 서비스를 도입할 때는 수고와 비용이 들더라도 우선 직원을 현지에 파견해서 회사의 이념에 공감하는 호스트 커뮤니티를 만들었습니다. 이때 거듭 강조한 것은 호스트가 제공하는 공간은 물리적인 '하우스(주택)'가 아니라 가족이 함께 사는 '홈(가정)'이라는 점이었습니다.

그리고 에어비앤비의 컨셉을 상징하는 '익스피리언스Airbnb Experience'라는 서비스를 새롭게 시작했습니다. 현지에 거주하는 사람이 가이드가 되어 여행객이 그 지역에서만 만날 수 있는 체험을 즐길 수 있도록 돕는 서비스입니다. 예를 들어 일본이라면 근처 목욕탕에 가보고 근처 선술집에서 밥을 먹는 등 현지인 친구가 없으면 하기 어려운 체험을 제공하는 것이지요.

2014년 에어비앤비는 회사의 컨셉을 대외적으로 알리기 위해 브랜드 리뉴얼을 진행했습니다. 그 일환으로 그들이 새로 개발한 로고는 'Belonging'의 앞 네 글자를 따서 'Belo(벨로)'라고 불리는데, 사람과 장소와 애착이 어우러진 '전 세계 어디든 내 집처럼'이라는 개념을 상징합니다(그림1-3).

사실 컨셉과 로고를 발표했을 당시 팬들 사이에서도 찬반양론이 일었습니다. 컨셉에 대해서는 '히피 같다', '단순한 이상론', '다들 돈을 아끼고 싶을 뿐'이라는 의문이 제기됐고, 로고에 대해서도 '여행 숙소 같은 느낌은 전혀 들지 않는다'는 혹평이 적지 않았지

그림1-3. **2014년 발표한 에어비앤비의 새로운 로고**

출처: https://design.studio/work/air-bnb

요. 그런데 서비스 이용자가 전 세계적으로 늘어나면서 비판의 목소리는 어느새 사라졌습니다. 지금은 컨셉도 로고도 전 세계 스타트업의 본보기가 되었을 정도로 말입니다.

컨셉을 발표한 후 에어비앤비는 괄목할 만한 성장을 이루었습니다. 2020년 12월 상장 당시에는 코로나19 사태의 여파가 계속되는 가운데서도 600억 달러가 넘는 시가 총액을 기록했습니다. 사람은 어떤 시대든 여행을 하고 누군가와 만나고 연결되기를 바라지요. 전 세계적으로 인간관계가 약해지고 많은 선진국에서 1인 가구가 급증하는 가운데, 내가 속할 곳이 있다는 느낌은 앞으로도 점점 더 귀해질 겁니다. 에어비앤비는 디지털 시대에 태어난 새로운 기업이지만, 컨셉은 인간의 근원적인 욕구에 뿌리를 두었습니다. 그렇기에 전 세계의 사람들이 공감하는 브랜드가 된 것이 아닐까요?

무엇을 써야 컨셉이 될까?

'전 세계 어디든 내 집처럼'이라는 말은 꼭 잘 쓴 글이나 아름다운 문장이라고는 할 수 없습니다. 영어로는 'belonging'이라는 한 단어로 표현되기도 하고요. 그러나 에어비앤비가 왜 이 세상에 필요한지 기업의 존재 의의를 더없이 강렬하게 보여주는 말이기도 합니다. 사실 여기에 현대의 컨셉에 필요한 핵심들이 모두 응축되어 있습니다.

컨셉의 일반적인 정의는 '전체를 관통(일관)하는 새로운 관점'이라고 설명했습니다. 현대의 비즈니스에서는 '무엇을 위해 존재하는가'라는 물음을 통해 그 비즈니스가 무엇을 중심으로 이루어졌는지 알 수 있습니다. 전기의 시대에 왜 초가 존재하는가. 왜 우주로 향하려 하는가. 왜 커피를 마시는가. 왜 음악을 듣는가. 왜 그 옷

그림1-4. 컨셉 작성의 가이드라인

컨셉 만들기란
새로운 의미를
창조하는 일

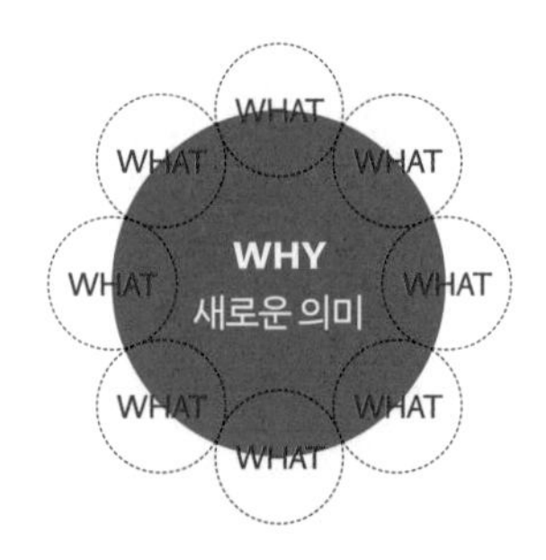

을 입는가. 왜 그 책을 읽는가. 왜 타인의 집에 묵는가. 즉, 컨셉 만들기란 새로운 의미를 창조하는 일이라는 뜻이지요.

과거에는 20대에 결혼을 생각하고 자동차를 사고 집을 사는 것이 당연했던 시절이 있었습니다. 어떤 사람과 결혼하고, 무슨 자동차를 사며, 어떤 집을 사야 하는가에 대해서는 고민했지만, '과연 그것이 필요한가?' 하며 선택 자체에 의문을 갖는 사람은 거의 없었습니다. 누구나 각각의 범주 안에서 하나를 선택한다는 규칙 아래 경쟁한다면, 오직 차별화만이 쟁점이 됩니다. 그 결과, 다른 상품과 차별화되는 특별한 기능이나 성능을 단순히 정리한 것을 컨셉이라고 불렀지요.

지금은 사정이 크게 달라졌습니다. 결혼도 이미 인생의 전제조건이 아니게 되었습니다. 결혼하지 않는 행복이 있다는 사실도 사회적으로 받아들여졌으니까요. 자동차는 카 셰어링이나 택시 배차 어플리케이션 등 대체 수단이 생겼고, 집 또한 거주에 얽매이지 않는 자유로운 방식이 주목받고 있습니다. 패션업계에서는 겉모습을 꾸미거나 다른 사람과 달라야 한다는 발상 자체를 거부하며 평범함을 사랑하는 '놈코어Normcore' 스타일이 선진국을 중심으로 널리 지지를 받는 상황이고요. 주류업계에서는 일부러 술을 멀리하는 '소버 큐리어스Sober Curious'라는 라이프 스타일을 무시할 수 없게 되었습니다.

사람들은 '무엇을 살 것인가'에 앞서 '왜 사는가'에 대한 답을 알고 싶어 합니다. 그러므로 비즈니스 또한 '그것은 무엇인가what'가 아니라 '무엇을 위해 존재하는가why', 다시 말해 존재의 의미를 중심으로 생각해야 합니다.

컨셉의 역할

그렇다면 새로운 의미를 담은 컨셉은 비즈니스에서 어떤 역할을 할까요? 여기서는 크게 3가지 역할을 살펴보려 합니다.

우선 첫 번째로 컨셉은 비즈니스와 관련된 모든 사람에게 명확한 '판단 기준'을 부여합니다. 무언가를 만들어내는 작업은 무수한 의사 결정의 연속이지요. 그럴 때 컨셉은 독자적인 판단 기준이 됩니다. 컨셉이 없다면 일반적인 합리성이나 비용 같은 수치에만 기대어 결정을 내리게 되겠지요. 결국 비슷한 전례가 있는 방식만을 고집하다 보면 저렴하게 만들 수 있는 상품만 양산하는 상황에 이를 겁니다.

컨셉의 두 번째 역할은 만드는 대상 전체에 '일관성'을 부여하는 것입니다. 컨셉이 없으면 큰 방향성부터 세세한 디테일에 이르기까지 전부를 적합하게 만들 수 없습니다. 그래서 명확한 컨셉이

그림1-5. 비즈니스에서 컨셉의 정의

컨셉은 가치의 설계도	1. 판단 기준이 된다 2. 일관성을 부여한다 3. 대가의 이유가 된다

결여된 브랜드나 상품이나 서비스는 어딘가 조화되지 못한 '짝짝이' 같은 인상을 주지요.

마지막으로, 컨셉은 고객이 지불하는 '대가의 이유'가 되기도 합니다. "소비자는 4분의 1인치 드릴을 원하는 게 아니라, 4분의 1인치 구멍을 바라는 것이다"라는 경영학자 시어도어 레빗Theodore Levitt의 말은 이미 유명하지요. 이처럼 사물 자체가 아닌 사물이 존재하는 의미를 포착한 컨셉은 고객이 돈을 지불하는 이유가 되기도 합니다.

컨셉은 의사 결정의 판단 기준이 되고, 전체에 일관성을 부여하며, 대가의 이유가 됩니다. 건물을 짓기 전에 그리는 도면처럼 근거가 되어주지요. 만드는 사람에게 컨셉이란 '가치의 설계도'라고 할 수 있습니다.

의미와 가치 그리고 모나리자

컨셉을 설명할 때 '의미'와 '가치'라는 단어는 결코 빼놓을 수 없습니다. 학문적으로는 다양한 의견이 있지만, 이 책에서는 간단하게 '의미는 가치에 앞선다'는 입장에서 두 단어를 구분해서 사용하고 있습니다. 이 점을 이해하는 데 도움이 되는 에피소드를 소개해 보고자 합니다.

레오나르도 다빈치Leonardo da Vinci의 〈모나리자Mona Lisa〉는 루브르 박물관에서 가장 이름난 작품으로 알려졌습니다. 깊이에 사실감을 더하는 공기 원근법, 색을 겹쳐 윤곽을 부드럽게 흐리는 스푸마토 기법 등 다양한 기교를 구사해 그린 레오나르도 다빈치의 걸작입니다. 다만, 이러한 평가는 어디까지나 전문가들에 한한 이야기였습니다. 지금처럼 전 세계에 알려진 귀중한 명화로 여겨지지는 않았습니다.

〈모나리자〉를 유명하게 만든 것은 1911년에 일어난 도난 사건이었습니다. 2년 후 진범이 체포될 때까지 억측이 억측을 불러 여러 번 소동이 일어났지요. 그중 하나가 당시 29세였던 피카소가 체포된 사건이었습니다. 여러 용의자가 체포되면서 용의자에게 조각을 산 적이 있는 피카소가 관계자 중 한 명으로 붙잡힌 것이지요. 이 때문에 〈모나리자〉 도난 사건은 전 세계에서 누구나 아는 이야기가 되었습니다.

'도둑맞은 명화'라는 의미는 곧 가치로 되돌아왔습니다. 〈모나리자〉의 정확한 가치는 가늠할 수 없지만, 2021년 6월 〈모나리자〉의 복제품이 약 290만 유로에 낙찰되었습니다. 누구나 '가짜'라고 인정하는 작품에 39억 원 가까운 값을 매기다니 참으로 놀랍습니다. 사람은 사물에서 의미를 발견함으로써 가치를 느끼는 존재임을 명확히 보여주는 사례가 아닐까요? 이러한 관점에서 컨셉 만들기란 의미를 통해 가치를 창출하는 일이라고 할 수 있습니다.

1-2

컨셉으로 가치를 설계하다

스타벅스, '제3의 장소'

이제 '존재의 의미'가 담긴 컨셉을 어떻게 '가치의 설계도'로 활용하는지 구체적인 사례를 통해 확인해 보고자 합니다. 이번 사례는 모르는 사람이 없을 만큼 유명한 스타벅스Starbucks입니다. 컨셉을 중심으로 철저하게 설계된 훌륭한 브랜드로 전 세계에 알려졌으며, 컨셉과 관련된 자료를 읽을 때마다 거의 빠짐없이 등장하는 기업이지요.

여러분은 스타벅스의 특징을 어떻게 설명하시겠습니까? 저라면 우선 널찍한 가구 배치를 꼽겠습니다. 좌석 간격이 넓어 프라이버시를 적절히 확보해 줍니다. 편안한 소파나 의자, 콘센트가 달린 테이블은 오래 머물러도 좋다는 메시지로 작용하고요. 어떤 사람은 커피 향 가득한 매장을 떠올릴지도 모릅니다. 매장 전체 금연은 스타벅스의 또 다른 특징 중 하나입니다. 센스 있는 음악이나 점원의 친절한 서비스, 물론 라테나 프라푸치노 같은 제품도 잊지 말아야 합니다.

이렇게 스타벅스라는 브랜드가 가진 요소를 열거하면 끝없이 긴 리스트가 완성되겠지요. 이 모든 요소를 단번에 설명할 수 있는 것이 '제3의 장소The Third Place'라는 컨셉입니다.

이 말을 처음 쓴 사람은 사회학자 레이 올든버그Ray Oldenburg였습니다. 올든버그는 현대인의 생활이 제1의 장소인 집과 제2의 장소인 직장을 오가는 것이 전부라는 데에 문제를 제기했습니다. 그리고 도시에 사는 사람들의 스트레스를 줄이기 위해 '제3의 장소'가 필요하다고 호소했습니다. 이처럼 학문적인 이야기를 현실로 가져온 인물이 스타벅스를 전 세계의 누구나 다 아는 이름으로 만든 일등 공신, 하워드 슐츠Howard Schultz였습니다. 이탈리아의 카페 문화를 미국에 알리고자 한 슐츠는 자신이 만들고 싶은 곳이 바로 '제3의 장소'라는 사실을 깨달았습니다.

그림1-6을 살펴볼까요? 입지, 인테리어 등 스타벅스를 구성하는 모든 요소를 '제3의 장소'라는 컨셉으로 설명할 수 있음을 보여줍니다. 넓은 공간도, 긴장할 필요 없는 친근한 서비스도, 지나치게 분위기를 띄우지 않는 선곡도, 너무 밝지 않은 조명도 모두 도시에

그림1-6. 스타벅스의 컨셉 구조

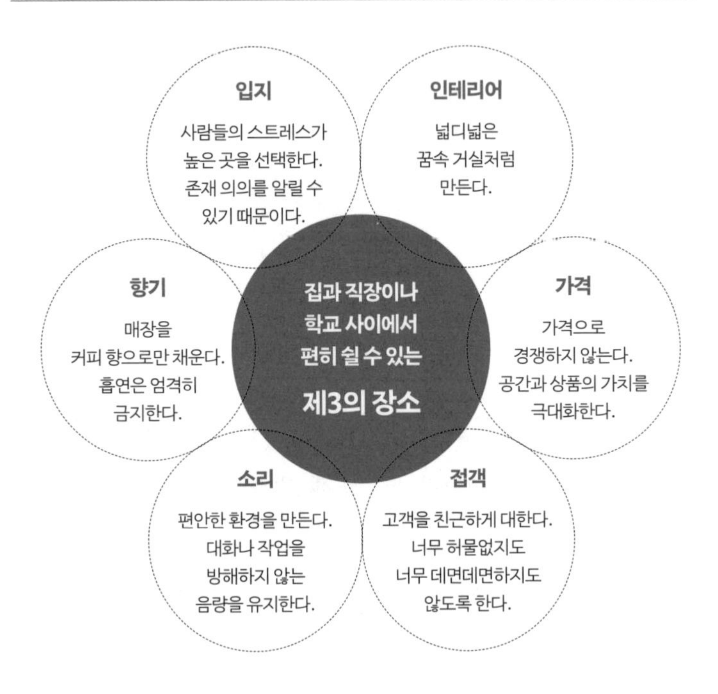

서 바짝 긴장한 채 생활하던 사람들이 한숨 돌릴 수 있는 '제3의 장소'라는 의미를 실현하기 위해 설계되었습니다. 컨셉이 그야말로 '전체를 관통하는 새로운 관점'이라는 기능을 온전히 수행하고 있는 것이지요.

이렇게 전체와 부분을 쉽게 설명할 수 있는 이유는 컨셉과 구성 요소가 '왜why'와 '무엇what'의 관계로 이루어져 있기 때문입니다. 초보자에게 컨셉을 써보라고 하면 대부분 '무엇을what'과 '어떻게how'에 대해 쓰려고 합니다. 이를테면 스타벅스를 '여유로운 공간에서 맛있는 커피를 맛볼 수 있는 장소'라고 쓸 수도 있겠지요. 하지만 그렇게 하면 부분적인 설명은 가능하더라도 고객을 어떻게 대해야 하는지, 어떤 음악을 틀어야 하는지 등 다른 요소를 판단하는 기준은 되어 주지 못합니다. 모든 요소를 결정하는 것은 '왜 존재하는가'라는 물음에 대한 답이니까요.

과거 스타벅스에는 매장에서 일하는 파트너의 헤어스타일과 색에 대한 규정이 있었습니다. 어떤 손님도 '제3의 장소'에서 불쾌함을 느끼지 않도록 청결을 유지해야 한다는 생각 때문이었습니다.

그러나 스타벅스가 일본에 들어선 지 25주년이 된 2021년, 이러한 규정이 폐지되었습니다. 다양성의 시대에 카페에서 일하는 파트너가 자신의 의지에 따라 자연스럽게 행동하는 것이야말로 고객 또한 그 장소에서 편안히 지낼 수 있게 한다는 이유에서였습니다. 헤어스타일을 제한하는 것도, 제한을 없애는 것도 '제3의 장소'라는 컨셉에서 기인한 셈이지요.

이처럼 흔들림 없는 '왜'가 컨셉으로서 경영의 중심에 자리해야만 '무엇을', '어떻게'와 같은 구성 요소를 각기 다른 시대에 걸맞게 다시 해석하고 업데이트할 수 있습니다.

에버레인의 '급진적 투명성'

에버레인[Everlane]은 샌프란시스코에서 탄생한 패션 브랜드입니다. 기획한 제품을 중간 유통 업체나 소매점을 거치지 않고 직접 판매하는, 이른바 D2C[Direct to Consumer] 브랜드입니다.

일반적으로 D2C 브랜드는 해당 분야의 기존 상식을 뒤엎는 강력한 비즈니스 컨셉을 세운 뒤 제품과 서비스 구석구석에 반영하는데, 에버레인은 그런 브랜드들의 선구자라 할 수 있습니다. 에버레인의 컨셉은 '급진적 투명성[Radical Transparency]' 입니다. 패션업계의 모든 어두운 이면을 바로잡겠다는 뜻이지요. 이 컨셉 또한 브랜드의 모든 행동과 표현을 한결같이 관통하고 있습니다.

그림1-7. 에버레인의 컨셉 설명

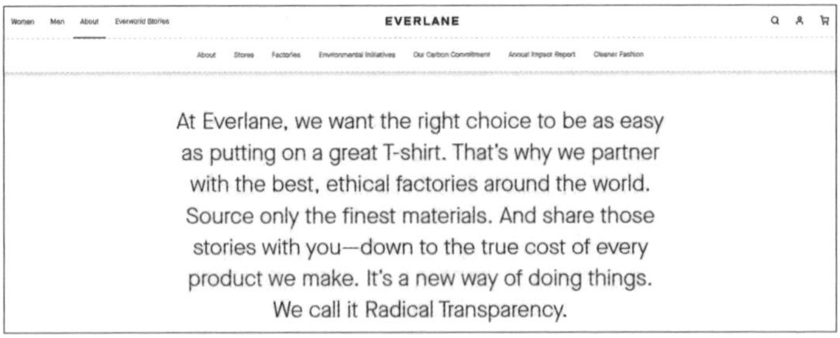

Women Men About Everworld Stories EVERLANE

About Stores Factories Environmental Initiatives Our Carbon Commitment Annual Impact Report Cleaner Fashion

At Everlane, we want the right choice to be as easy as putting on a great T-shirt. That's why we partner with the best, ethical factories around the world. Source only the finest materials. And share those stories with you—down to the true cost of every product we make. It's a new way of doing things. We call it Radical Transparency.

에버레인은 티셔츠를 입는 것만큼 쉽게 올바른 선택을 할 수 있어야 한다고 생각합니다.
그렇기에 우리는 전 세계에서 가장 윤리적인 공장들과 파트너십을 맺고 있습니다.
엄선된 소재만을 사용합니다. 그리고 실제 제조 비용에 이르는 모든 과정을 여러분에게 숨김없이 공유합니다.
이 새로운 방법을 우리는 '급진적 투명성'이라고 부릅니다.

출처: https://www.everlane.com/about

패션업계가 감춰온 것, '불투명성' 하면 가장 먼저 가격이 떠오릅니다. 한편 에버레인은 근로자에게 지급하는 임금부터 운송료까지 상품 제작에 드는 실제 비용을 모두 공개해 왔습니다. 그림 1-8과 같이 벤치마킹한 평균적인 타사 제품[Traditional Retail]과 비교하며 "고객은 값을 매기는 근거를 알 권리가 있다"라고 주장했지요.

옷을 제조하는 근로자의 노동 환경은 어떨까요? 패션 브랜드가 개발도상국 사람들에게 가혹한 노동 조건을 강요하고 착취하는 구조는 지금껏 사회적으로 문제시되었습니다. 그래서 에버레인은 파트너 공장을 윤리적인 조건에 따라 선택할 뿐만 아니라, 공장의 목록이나 계약 상황, 때로는 현장의 사진까지도 웹사이트에 공개했습니다.

그림1-8. **티셔츠에 드는 비용에 대한 설명**

OUR PRICES

Radically Transparent.

We believe our customers have a right to know how much their clothes cost to make. We reveal the true costs behind all of our products—from materials to labor to transportation—then offer them to you, minus the traditional retail markup.

급진적 투명성

우리는 옷을 만드는 데 드는 비용이 얼마인지 고객에게 알 권리가 있다고 믿습니다. 우리는 재료에서 노동력, 운송에 이르기까지 모든 제품의 실제 원가를 공개하고, 기존의 소매점 마진을 뺀 가격으로 제공합니다.

출처: https://www.everlane.com/about

그림1-9. 에버레인의 컨셉 구조

그 밖에도 제조 공정에서 사용하는 진수**의 양을 줄이거나 재고를 소각 처분하지 않아도 되도록 고객이 지불할 금액을 직접 선택할 수 있는 구조를 도입했습니다. 이 같은 모든 행동을 '급진적 투명성'이라는 컨셉을 중심으로 설계했지요(그림1-9). 환경에 관한 대책이 부족하다는 지적을 받았을 때도 그런 사실을 숨김없이 공

* 블랙프라이데이 기간에 판매된 수익금 일부를 환경단체에 기부하거나 노동자들의 근무 환경 개선에 사용하는 등 사회에 환원하기 위해 운영하는 기금.

** 불순물이 섞이지 않은 물.

개해 비판에 대응하고 새로운 제품 라인업을 발표하는 등 한결같이 투명한 태도를 보여주었습니다.

에버레인은 미국에서 많은 패션 브랜드가 문을 닫은 2010년대에 경이로운 성장을 이루었습니다. 품질이나 브랜드 이미지가 아니라 브랜드의 사상과 태도로도 팬을 끌어들일 수 있음을 증명한 셈이지요.

1-3

효과적인 컨셉의 조건

지금까지 컨셉의 정의와 기능에 대해 알아보았습니다. 하지만 컨셉의 정의를 충족한다고 해서 뭐든 좋다는 뜻은 물론 아닙니다. 세상에는 좋은 컨셉과 나쁜 컨셉이 존재하니까요. 무엇이 이 둘을 구분 지을까요? 효과적인 컨셉에 필요한 4가지 조건(그림1-10)을 순서대로 살펴보겠습니다.

그림1-10. 효과적인 컨셉의 4가지 조건

1. '고객의 눈높이'에서 썼는가
2. '세상에 단 하나뿐'인 아이디어가 있는가
3. '규모'를 예측할 수 있는가
4. '심플한' 말로 썼는가

컨셉의 조건 ①
'고객의 눈높이'에서 썼는가

기업이 일방적으로 "이것은 생활을 바꿀 혁신적인 서비스입니다"라고 아무리 의미를 부여해도 모든 고객이 있는 그대로 받아들여 주지는 않습니다. 컨셉은 '누구'를 '어떻게 행복하게 할 것인가'가 명확해야 합니다. 따라서 기뻐하는 고객의 얼굴이 생생하게 떠오르게 하는 말을 목표로 삼아야 합니다.

5GB 용량의 MP3 플레이어 vs. 주머니 속의 1000곡

세계 최초의 MP3 플레이어는 1998년 한국의 새한정보시스템이 개발한 엠피맨mpman이었습니다. 이후 미국과 싱가포르 제조사들이 잇따라 뛰어들면서 디지털 뮤직 플레이어의 시대는 화려하게 꽃을 피웠습니다. 그러나 그 시절은 오래가지 않았습니다. 2001년 다른 회사에서 3년 늦게 출시한 상품이 시장을 휩쓸었기 때문이지요. 바로 애플Apple의 아이팟iPod이었습니다.

후발 주자라 불리던 아이팟이 홀로 승리를 거둔 데는 몇 가지 세세한 요소를 이유로 들 수 있습니다. 하지만 결국 모두 하나의 컨셉에서 비롯되었다고 할 수 있습니다. 바로 '주머니 속의 1000곡 1000 Songs in Your Pocket'이라는 컨셉이었지요. 당시에는 아직 CD나 MDMini Disc를 사용하는 사람이 대다수였습니다. 집에 있는 CD와 앨범 컬렉션 모두를 주머니에 넣을 수 있다니 꿈같은 이야기였지요. 스티브 잡스Steve Jobs도 당시를 이렇게 회고했습니다.

> "멋진 상품이 될 줄은 알았죠. 다들 자기도 꼭 하나 갖고 싶다고 생각했으니까요. 컨셉도 참 심플하고 좋았어요. '주머니 속의 1000곡'이라니."
>
> _월터 아이작슨 저Walter Isaacson, 『스티브 잡스』

반면 다른 회사의 컨셉은 '5GB 용량의 MP3 플레이어'라는 기술적인 표현이었습니다. 플레이어의 성능으로 겨루어야 한다고 파악했기 때문이지요. 누군가는 기껏해야 말의 차이일 뿐이라고 생각할지도 모릅니다. 하지만 이 '기껏해야 말의 차이'가 결국 커다란 간극을 만들어냈습니다.

'5GB 용량의 MP3 플레이어'를 컨셉으로 내세운 다른 회사의 제품도 아이팟과 마찬가지로 1000곡 분량의 데이터를 담을 수 있었습니다. 그러나 곡을 고르려면 버튼을 열 번 이상 눌러야 했습니다. 게다가 노래 제목을 디스플레이에 표시하기 위해서는 미리 한 곡 한 곡 작은 버튼을 눌러서 알파벳을 입력해야 했지요. 최첨단 사양이었지만 쓰다가 질릴 정도로 사용하기 불편했습니다. 충분히 벌어질 수 있는 일이었습니다. 개발자에게 주어진 것은 5GB의 사양으로 MP3 플레이어를 만드는 일이었으니까요. 이 컨셉에는 사용자의 편의에 대한 배려가 담겨 있지 않았습니다.

그렇다면 애플의 개발팀은 어땠을까요? '주머니 속의 1000곡'이라는 말은 '5GB 용량의 MP3 플레이어'라는 말을 듣고는 결코 상상하지 못한 풍경을 보여주었습니다. 주머니에 기기를 넣고 1000곡의 노래를 자유자재로 다루는 사람의 모습 말이지요. 엔지니어가 자연스럽게 이런 의문을 떠올렸기 때문입니다. "어떻게 해야 한 손으로 노래 1000곡을 다룰 수 있을까?" 개발팀은 여러 모형을 만들고 검증을 거듭한 끝에 손가락을 미끄러뜨리듯 움직이며 사용하는 클릭 휠을 발명했습니다. 그 밖에도 1000곡을 빠르게 전송하는 구조, 1000곡을 컴퓨터의 소프트웨어로 관리하는 방식도 동시에 고안했습니다. '주머니 속의 1000곡'이라는 하나의 문구가 제품의 설계도 역할을 한 셈이었지요.

여기서 주목하고 싶은 점은 '5GB 용량의 MP3 플레이어'와 '주머니 속의 1000곡'이 실제로는 같은 사실을 말하고 있다는 것입니다. '5GB'라는 사양을 사용자의 눈높이로 바꿔 말하면, '1000곡이 들어간다'가 됩니다. 'MP3'라는 기술을 아주 간단한 말로 하면 '주머니에 들어가는 크기'라고 할 수 있지요. 기술을 먼저 말할 것인가, 고객의 입장에서 말할 것인가. 이 2개의 문구를 나누는 것은 관점입니다. 이처럼 고객에게 가치 있는 체험은 고객의 눈높이에 맞춘 컨셉에서 시작됩니다.

AI, IoT, DX, 빅데이터, 메타버스, NFT, DAO. 쓰기만 해도 똑똑해 보이는 이 개념들도 결국은 '5GB 용량의 MP3 플레이어'처럼 만드는 사람에게만 편한 말일 뿐입니다. 자기만족으로 끝나느냐, 고객의 말로 바꿀 수 있느냐. 바로 여기서 컨셉을 만드는 사람의 실력이 드러납니다.

컨셉의 조건 ②

'세상에 단 하나뿐'인 아이디어가 있는가

고객의 눈높이에서 생각한 컨셉이라도 이미 세상에 존재하거나 흔하고 재미없는 내용이라면 의미가 없습니다. 나 또는 내가 속한 팀만의 '세상에 단 하나뿐'이라고 말할 수 있는 아이디어를 찾아봅시다.

누구나 할 수 있는 말에는 의미가 없다

수업에서 컨셉을 작성해 보라고 하면 '품질 좋은 물건을 저렴한 가격으로'라는 문장이 반드시 나옵니다. '좋은 디자인, 좋은 가격'이나 '가격 이상으로 가치 있는' 같은 파생형도 수없이 봐왔고요. 한마디로 말하자면, 모두 '컨셉을 흉내 낸 말'에 지나지 않습니다.

품질이 좋은 상품을 저렴한 가격으로 제공하는 것은 비즈니스에서 하나의 절대 선입니다. 결코 브랜드의 고유한 의미를 파악했다고는 말할 수 없습니다.

유니클로UNIQLO는 '품질 좋은 물건을 저렴한 가격으로' 제공하는 세계적 기업 중 하나입니다. 그러나 브랜드 컨셉은 따로 있습니다. 사람들의 생활에 무엇이 필요한지 계속 생각하고 끊임없이 진화하는 의류라는 뜻의 '라이프웨어LifeWear'입니다.

이를테면, 히트텍Heattech은 사람의 몸에서 증발하는 수분을 이용해 열을 발생시켜 보온성을 높인다는 일종의 혁신이었습니다. 속옷을 입음으로써 외투를 하나 줄이고 겨울 옷차림을 가뿐하게 만들면서 생활 속의 변화를 이끌어냈지요. 또한 에어리즘AIRism은 땀이 차고 끈적이는 등 피부의 불쾌감을 해소하는 기술을 통해 완성되었습니다. 그로 인해 무더운 한여름에는 옷을 벗는 대신 오히려 에어리즘 한 장을 입어 쾌적함을 느끼게 되었습니다.

'생활의 니즈를 수렴하고 혁신을 통해 생활 자체를 바꾸어나간다.' 이것이 유니클로의 '라이프웨어'라는 컨셉입니다. 전 세계 어디를 뒤져도 비슷한 의미를 내세우는 의류 회사는 찾기가 어렵지요. 자라ZARA나 에이치앤엠H&M은 시장에서 경쟁 상대로 비교할 수는 있지만, 생활이나 사회에 부여하는 의미의 깊이를 비교하면 완전히 다른 기업이라고 볼 수 있습니다.

모든 면에 능한 사람은 컨셉을 쓰기 어렵다

상식이나 절대 선을 컨셉으로 삼고 싶어 하는 이유는 누구에게도 미움받고 싶지 않은 마음이 있기 때문입니다. 하지만 누군가에게 온전히 사랑받기 위해서는 때로는 미움받을 각오를 해야 합니다.

에어비앤비의 '전 세계 어디든 내 집처럼'도, 스타벅스의 '제3의 장소'도, 누구를 위해 존재하는지 결정하는 동시에 어떤 사람이 대상에서 제외되는지를 명확히 드러내지요.

에어비앤비는 호텔 같은 극진한 대접을 원하는 사람들을 대상으로 삼지 않습니다. 스타벅스는 지금보다 흡연자가 훨씬 많았던 1990년대부터 이미 흡연자를 대상에서 배제해 왔습니다. 당시 일본의 카페 문화를 생각하면, 적게 잡아도 주요 카페 이용자의 절반 이상을 무시한 셈이지요.

"모두를 기쁘게 하려고 노력하면 결국 아무도 기쁘게 하지 못할지도 모른다." 이러한 문제의식에 대해 무라카미 하루키村上春樹는 재즈 카페를 운영하던 시절을 되돌아보며 다음과 같이 말했습니다.

> 가게에는 많은 손님이 찾아온다. 그 10명 중 1명이 '꽤 괜찮은 가게네. 마음에 들어. 또 와야지'라고 생각한다면 그것으로 족하다. 10명 중 1명이 다시 와준다면 경영은 이루어진다. 반대로 말하면 10명 중 9명이 마음에 들어 하지 않더라도 별로 상관이 없는 셈이다. 그렇게 생각하니 마음이 편해졌다. 그러나 그 '한 사람'에게는 철저하게 마음에 들 필요가 있다. 그리고 그러기 위해서 경영자는 분명한 자세와 철학 같은 것을 기치로 내걸고, 참을성 있게 비바람을 견디며 그것을 유지해 나가야 한다. 그것이 가게를 경영하며 몸소 배운 것이다.
>
> _무라카미 하루키 저, 『달리기를 말할 때 내가 하고 싶은 이야기』

큰 사랑을 받으려면 미움받는 것을 두려워해서는 안 됩니다. 컨셉을 고민하는 사람에게는 그런 각오가 반드시 필요합니다.

컨셉의 조건 ③
'규모'를 예측할 수 있는가

바로 앞에서 미움받을 각오를 다져야 한다고 설명해 놓고 모순되는 말을 하는 것 같지만, 비즈니스의 컨셉은 어느 정도 규모가 보여야 합니다. '10명 중 1명'이 100명이라면 재즈 카페는 계속 굴러갈 수 있을지도 모르지만, 전국 규모의 커피 체인점은 꾸려나갈 수 없겠지요. 해당 컨셉으로 비즈니스의 목표를 달성할 수 있는 규모가 보장되는지 검증할 필요가 있습니다.

대상을 불필요하게 좁히고 있지는 않은가

2010년 750만 명이었던 유니버설 스튜디오 재팬Universal Studios Japan(이하 USJ)의 입장객 수는 2016년 1460만 명을 넘어 두 배에 가까운 성장을 이루었습니다. 컨셉을 재검토한 것이 그런 변화의 계기 중 하나였습니다. USJ는 문을 연 이래 줄곧 '영화 전문'이라는 컨셉으로 테마파크를 운영해 왔습니다. 그런데 영화에 대한 집착이 대상 고객을 불필요하게 좁혀버렸다는 사실을 깨달았지요. 영화로만 테마를 한정했을 때 손님이 늘지 않는다는 것은 수많은 데이터로 알 수 있었습니다.

그래서 USJ는 세계 최고들을 모아놓은 '엔터테인먼트 편집숍'이라는 새로운 컨셉을 내세웠습니다. 영화로 한정하지 않고 애니메이션, 게임, 캐릭터 등 모든 엔터테인먼트의 팬을 끌어들일 수 있도록 방향을 전환한 것입니다. 이것은 영화가 가장 고상하고 애니메이션이나 게임은 그보다 못하다는 무의식적인 서열 의식을 버리는 길로도 이어졌습니다. 그들이 몰두해야 할 지점은 감동을 극대화하는 것이지, 영화의 세계를 지켜내는 것이 아니니까요.

이후 애니메이션 가운데 〈원피스ワンピース〉, 〈도라에몽ドラえもん〉, 〈귀멸의 칼날鬼滅の刃〉 등 엄청난 히트작들과 협업하며 화제를 낳았고, 게임 분야에서는 2021년 '슈퍼 닌텐도 월드'를 여는 등 세계에서도 유례를 찾기 힘든 테마파크로서 지금도 계속 진화하고 있습니다.

타깃에 맞춰 컨셉을 바꾼다

시장의 성장이 더딜 때는 더 많은 고객이 있는 시장으로 이동하는 것도 하나의 선택지가 됩니다. 그리고 타깃 고객이 바뀔 때, 바로 그때가 컨셉을 대대적으로 바꿀 타이밍입니다.

1902년 미국에서 개발된 시브리즈SEA BREEZE는 본래 '피부 트러블을 낫게 하는 가족 상비약'이라는 컨셉으로 널리 알려졌습니다. 시브리즈가 일본에 소개된 때는 1969년 아폴로 11호가 인류 최초로 달 착륙에 성공한 해였습니다. 나아가 1980년 전후를 경계로 시브리즈는 타깃을 가족에서 젊은 남성으로 바꾸었습니다. 해양 스포츠 열풍의 물결을 타고 '멋진 마린 라이프를 응원하는 남자의 여름 스킨케어'라는 컨셉으로 히트 상품이 되었습니다.

시브리즈는 이렇게 한 시대를 풍미했지만, 2000년대에 들어서면서 매출이 크게 떨어졌습니다. 젊은 사람들이 예전만큼 바다를 찾지 않기 때문이었지요. '과연 해양 스포츠를 대신해 앞으로 커질 시장은 없을까?' 고민한 끝에 브랜드는 여고생의 땀 케어 시장에 주목했습니다. 땀 케어 시장은 당시 연 10%에 가까운 비율로 성장하고 있었거든요.

그리하여 시브리즈는 사랑스러운 여고생들을 위한 '청춘의 땀 케어'로 컨셉을 바꿨습니다. 시브리즈는 본래 바닷바람이라는 뜻이지요. 시브리즈가 해양 스포츠가 아닌 청춘에게 불어오는 바람을 상징하게 된 결과, 브랜드의 매출은 가장 침체되었던 때에 비해 8배 가까이 늘었습니다.

가족의 '상비약'에서 젊은 남성의 '선크림'으로. 그리고 다시 여고생의 '땀 케어'로. 120년 넘게 명맥을 이어온 시브리즈라는 브랜드는 각 타깃에 맞춰 적절하게 컨셉을 진화시켰습니다.

컨셉은 자기 혼자 읽고 만족하는 시詩가 되어서는 안 됩니다. 끊임없이 비즈니스의 목표와 대조하며 검증해야만 좋은 컨셉이라 할 수 있습니다.

컨셉의 조건 ④

'쉬운' 말로 썼는가

마지막은 언어적 조건입니다. 아무리 고객의 눈높이에서 쓰였고, 아무리 독자적이며, 아무리 규모를 예측할 수 있다 해도 말이 쉽고 간결하지 않으면 컨셉은 제대로 작동하지 않습니다. 컨셉은 쉽게 이해되고 기억할 수 있으며 널리 사용될 수 있도록 최대한 짧고 쓰기 쉬운 문장으로 표현해야 합니다.

기호처럼 쉽게 기억할 수 있는 말이 필요하다

예를 들어 스타벅스의 컨셉이 '도시 생활에 지친 모든 사람이 들러 편히 쉴 수 있는 장소'였다면 지금과 같은 스타벅스가 될 수 있었을까요? 의미는 변하지 않았지만, 이 문장은 훌륭한 컨셉이라 하기에는 다소 불편한 지점이 있습니다.

우선 말을 이해하는 데 시간이 걸립니다. 한 번 들어서는 기억하기가 쉽지 않겠지요. 사람들이 기억하지 못하면 당연히 조직 내에서도 원활하게 공유되지 않습니다. 말이 복잡하면 애써 만든 컨셉일지라도 제안한 사람을 넘어 널리 퍼져나가지 못하지요. '제3의 장소'는 전달하고자 하는 의미는 물론, 마치 어떤 뜻이 담긴 기호처럼 한 번만 들어도 잊기 힘든 성질이 있기에 온전히 자리 잡게 된 것이 아닐까요.

군더더기 없이 말하기

컨셉 수업에서 20대 남성용 향수의 컨셉을 과제로 낸 적이 있었습니다. 이에 한 수강생이 '일하는 남자의 몸가짐 중 하나로서 청결한 인상을 주는 향기'라는 컨셉을 제안했습니다. 설득력 있는 시장 분석과 경쟁 분석이 뒤따라 어떤 내용을 전하고자 하는지 핵심은 충분히 이해가 됐지요.

다만 컨셉이 지나치게 길고 복잡했습니다. 그래서 쓸데없는 말을 삭제하고 꼭 필요한 말로 다시 쓰도록 의견을 여러 번 주고받았습니다. 그 결과 '향기를 비즈니스 웨어로'라는 컨셉이 완성되었습니다. 회사원들의 옷차림이 점점 캐주얼해지는 시대에 넥타이처럼 눈에 보이는 아이템 대신 보이지 않는 향기가 첫인상을 결정하는 정중한 차림새가 될 수 있다는 생각이 한눈에 보이지 않나요? 군더더기를 버리면 이 사례처럼 의미를 명확하게 전달할 수 있습니다.

온도를 높이는 말인가

지금까지 효과적인 컨셉이 가져야 할 4가지 조건을 살펴보았습니다. 다른 조건에 비해 다소 감성적이어서 굳이 다섯 번째로 덧붙이지는 않았지만, 또 한 가지 눈여겨보아야 할 중요한 요소가 있습니다. 바로 '당신의 체온을 뜨겁게 만드는 말인가'라는 점입니다. '주머니 속의 1000곡'도 '전 세계 어디든 내 집처럼'의 경우에도 제안자가 흥분을 가라앉히지 못하고 잔뜩 들뜬 모습으로 설명했다는 기록이 남아 있습니다.

지금은 차분하고 담담하게 말해야 멋지다고 여기는 시대이지요. 그래서 열정적으로 이야기하는 것에 지레 겁먹는 사람도 적지 않을 듯합니다. 그러나 언어의 온도는 커뮤니케이션에서 만만치 않은 힘을 발휘합니다. 정열적으로 이야기하는 사람의 컨셉은 듣는 이에게 남다른 울림을 줍니다. 듣는 사람은 그 말이 진짜인지, 믿을 만한 가치가 있는지와 같은 내용보다도 말하는 사람의 열정을 먼저 알아보기 마련이니까요.

이론으로 어찌어찌 해볼 수 있는 내용은 아닙니다. 그러니 체온을 높이는 내용인지 아닌지 누군가에게 직접 이야기하면서 검증해 봅시다. 만약 열정을 담아 이야기할 수 없다면, 정말 하고 싶은 일이 맞는지 다시 생각해 볼 필요가 있을지도 모릅니다.

1-4

이것은 컨셉이 아니다

마지막으로 컨셉을 더 깊이 이해하기 위해 컨셉이 '아닌 것'에 대해 알아보겠습니다.

컨셉은 선전 문구가 아니다

'동양의 마녀'와 '스피드 발리'. 모두 일본 여자 배구와 관련된 말입니다. 동양의 마녀는 1960년대에 활약한 일본 여자 배구 대표 팀을 일컫는 말이었습니다. 유럽 원정에서 24연승이라는 경이로운 성적을 거두었을 때, 현지 스포츠 신문에서 '동양의 마법사', '동양의 태풍' 같은 표현을 쓰며 보도했습니다. 이 표현을 일본 신문사가 '동양의 마녀'로 바꾼 것이 시초였지요. 그리고 1964년 도쿄 올림픽에서 소련을 꺾고 금메달을 획득하면서 동양의 마녀라는 표현이 일본에서도 널리 알려졌습니다.

한편 '스피드 발리'는 2016년 감독으로 취임한 나카다 구미中田久美가 만든 말입니다. 패스를 최대한 빠르게 돌리고 세터는 재빨리 공 밑으로 들어가 상대편 블로킹이 완성되기 전에 때리는 전략으로, 리시브에서 스파이크로 이어지는 시간을 단축해 재빠른 공격을 축으로 삼는 플레이 스타일을 가리킵니다. 사소한 실수가 실점으로 이어지는 위험을 감수하면서까지 '스피드 발리'를 내세운 데에는 세계의 높은 벽을 빠른 속도로 무너뜨리겠다는 노림수가 있었습니다.

동양의 마녀와 스피드 발리는 선전 문구와 컨셉의 차이를 보여주는 좋은 사례입니다. '동양의 마녀'는 전형적인 선전 문구였습니다. 놀랄 만큼 강한 실력을 자랑하는 여자 배구팀이 먼저 존재하고, 팀을 널리 알리기 위해 나중에 (외부의 시선을 통해) 만들어졌기 때문입니다. 반면 '스피드 발리'는 정반대입니다. 실체보다 말이 먼저였지요. 감독이 지향하는 플레이 스타일은 그녀의 머릿속에만 있었습니다. 그래서 지향하는 바를 이미지로 파악할 수 있는 말을 제시해서 팀과 관계자들이 같은 방향으로 나아가도록 했습니다. '실체를 근사하게 전달하는 말'인가, '실체를 만드는 말'인가. 이것이 선전 문구와 컨셉의 큰 차이입니다.

다만, 때로는 컨셉으로 태어난 말이 그대로 선전 문구가 되기도 합니다. 아이팟의 '주머니 속의 1000곡'은 개발 컨셉이었을 뿐만 아니라 광고 커뮤니케이션에도 사용되었지요. 고객의 시선을 충분히 고려해 만든 컨셉이라면 엔지니어나 프로그래머뿐만 아니라 소비자들에게도 매력적인 표현일 테니까요.

컨셉은 아이디어가 아니다

서비스나 상품을 만드는 현장에서는 아이디어와 컨셉 또한 혼동하기 쉬운 개념입니다. 둘의 차이점은 에어비앤비나 스타벅스의 사례를 떠올리면 쉽게 이해할 수 있습니다.

하워드 슐츠는 이탈리아의 카페 문화를 미국에도 들여오고 싶어 했습니다. 이러한 발상을 아이디어라고 부릅니다. 하지만 이처럼 번뜩이는 생각을 그대로 두어서는 컨셉이 되지 못합니다. '이탈리아의 카페 문화를 미국에도 들여온다'는 아이디어와 '제3의 장소'라는 컨셉 사이에는 거리가 있습니다.

이 둘은 고객의 눈높이를 고려했느냐 아니냐에 따라 나뉩니다. 비즈니스에서 아이디어란 '장사를 시작하는 이유'입니다. 그러나 이것이 그대로 '고객이 돈을 지불하는 이유'가 되지는 않지요. '이탈리아의 카페 문화를 미국에도 들여오고 싶다'는 하워드 슐츠의 생각에는 고객의 관점이 결여되어 있습니다. 고객에게 이탈리아 카페 문화가 어떤 의미를 갖는가. 이를 말로 표현한 것이 '제3의 장소'라는 컨셉입니다. 에어비앤비도 '인터넷을 통해 빈방을 빌려 준다'는 생각에서 출발했지만, '내가 소속될 공간을 만든다'는 컨셉에 도달한 것은 훨씬 시간이 흐른 뒤였지요.

번뜩이는 생각을 누군가의 설렘으로. 이렇게 아이디어를 고객의 관점에서 재구성한 것이 컨셉입니다.

컨셉은 테마가 아니다

컨셉 수업을 듣는 학생 중에 리조트 호텔을 개발하는 기업의 관계자가 있었습니다. 그는 수업에서 '웰니스와 회복탄력성'이라는 컨셉을 발표했습니다. 확실히 현대인들이 리조트에 기대하는 부분이기는 했지만, 무엇을 어떻게 만들지는 알 수 없는 표현이었지요. 다시 말해, 가치의 설계도가 되지는 못했습니다.

'웰니스와 회복탄력성'은 컨셉이 아니라 테마라고 부르는 편이 더 정확할 듯합니다. 테마에는 '통일감을 주는 주제'라는 의미가 있습니다. '웰니스와 회복탄력성'이라는 과제는 어느 기업이든 목표로 삼을 수 있습니다. 하지만 과제에 대한 답은 기업마다 다르겠지요. 여기서 테마와 컨셉의 관계가 드러납니다. 테마가 마주해야 할 '과제'를 가리킨다면, 컨셉은 '고유한 답'을 가리킵니다.

예를 들어 '현대인의 스트레스와 치유'라는 테마에 대해 스타벅스는 '제3의 장소'라는 답을 내놓은 셈이지요. 에어비앤비는 '여행과 인생'이라는 테마에 대해 '전 세계 어디든 내 집처럼'이라는 답을 내놓았고요. '의류 산업의 어두운 이면'이라는 테마에 대한 에버레인의 답은 '급진적 투명성'이며, '디지털 시대의 음악 체험'이라는 테마에 대한 애플의 답은 '주머니 속의 1000곡'이었습니다. 모두 '과제'와 독자적인 '답'의 관계이지요.

조금 전에 언급한 학생은 '웰니스와 회복탄력성'이 테마(과제)라는 점을 잘 이해한 후 컨셉을 다시 작성했습니다. '대자연 속에서 땀 흘리는 편안함을'이라고 말입니다. 모든 생활이 온라인에서 이루어지는 현대인에게, 사치란 아무것도 하지 않는 것이 아니라 대자연 속에서 적당히 몸을 움직이는 것이라고 생각했지요. 사람들이 리조트를 찾는 데 어떤 의미가 있는지 더 명확하게 와닿지 않나요?

다음 장에서는 본격적으로 컨셉 만들기에 들어갑니다. 되도록 필기구를 준비하고 읽기를 추천합니다.

1장 요약

□ **일반적으로 컨셉이란**
'전체를 관통(일관)하는 새로운 관점'을 말한다

- 컨셉 앨범이란 처음부터 끝까지 일관된 시각을 가진 음악 앨범을 뜻한다.
- 비즈니스에서 전체를 관통하는 핵심은 '존재하는 의미'여야 한다.

□ **컨셉 만들기란 '새로운 의미의 창조'다**

- '존재하는 의미'가 정해지면 무엇을 어떻게 만들어야 하는지 여러 요소가 결정된다.
- 사람은 '무엇을 사는가'보다 먼저 '왜 사는가'에 대한 답을 알고 싶어 한다.

  예 에어비앤비 '전 세계 어디든 내 집처럼'

□ **컨셉은 '가치의 설계도' 역할을 한다**

① 판단 기준이 된다

② 일관성을 부여한다

③ 대가의 이유가 된다

예 스타벅스 '제3의 장소' / 에버레인 '급진적 투명성'

□ 효과적인 컨셉에는 4가지 조건이 있다

① '고객의 눈높이'에서 썼는가

② '세상에 단 하나뿐'인 아이디어가 있는가

③ '규모'를 예측할 수 있는가

④ '심플한' 말로 썼는가

□ 이것은 컨셉이 아니다

- **선전 문구**

  선전 문구는 사실을 매력적으로 전달하지만, 컨셉은 사실 그 자체를 만들어낸다.

- **아이디어**

  컨셉은 아이디어처럼 발상에서 끝나지 않고 고객이 원하는 가치를 말로 표현한다.

- **테마**

  테마가 과제를 가리킨다면, 컨셉은 고유한 답을 가리킨다.

2
장

컨셉을 이끌어내는 '질문' 만들기

컨셉을 만드는 것이 곧 정답을 만드는 기술이라고 많은 사람이 오해하곤 합니다. 하지만 사실 컨셉의 절반은 물음표 만들기에 의해 결정된다 해도 과언이 아닙니다. 좋은 컨셉을 이끌어내려면 조리 있는 질문이 반드시 필요하지요.

뭔가 새로운 것을 만들 때 질문부터 만들어보자고 생각하는 사람은 얼마 되지 않을 겁니다. 사람들은 대부분 학교에서 시험을 보듯이 누군가가 먼저 질문해 주기를 기다립니다. 하지만 그런 태도야말로 일본이 기술로는 앞서면서도 혁신에서 패배해 온 안타까운 악순환의 원인일지도 모릅니다.

2000년부터 2005년까지 방영된 NHK의 다큐멘터리 방송 <프로젝트 X—도전자들>에서는 일본 기업의 전설적인 일화들을 여럿 소개했습니다. 방송에서 다룬 일화는 대부분 억지스러울 정도로 난이도가 높은 문제에 필사적으로 매달린 끝에 결국 기술을 통해 답을 내놓는다는 내용입니다. 프로그램이 일관되게 찬양한 것은 어려운 일로부터 끝내 도망치지 않는 '쇼와 시대[1926~1989] 샐러리맨'의 사고방식이었지요.

그러나 21세기의 혁신 사례를 살펴보면, 질문 자체가 이상하다며 주어진 난제에서 그보다 더 의미 있는 질문으로 넘어가 성공을 거두는 사례가 지배적입니다. 호텔의 대체재인 민박도, 택시의 대체재인 승차 공유 서비스도, 기존 업계에서 일하는 사람들이 믿어 의심치 않던 대전제에 의문을 갖고 새로운 질문을 던진 개인이 만든 시장이지요.

주어진 기존의 문제보다 더 가치 있는 문제로 바꿔치기하는 것. 학교 시험에서는 인정되지 않지만, 비즈니스에서는 칭찬받을 만한 행동이 될 수도 있습니다. 기술력과 끈기에 이러한 발상의 전환까지 손에 넣을 수 있다면 범에게 날개인 격이 아닐까요?

2장에서는 질문의 중요성을 먼저 이야기하고, 이어서 아이디어가 끊임없이 떠오르는 질문 만들기를 익혀보겠습니다.

2-1

왜
질문이 중요할까

창의성의 5단계

인간의 창의성이 발전하는 과정은 '질문'과 '답'을 변수로 삼아 설명할 수 있습니다. 먼저 그림2-1을 살펴볼까요?

그림2-1. **창의성의 5단계**

Level 0	주어진 일을 제대로 해낸다. → 시키는 대로 말을 보살핀다.
Level 1	주어진 일을 궁리하여 더욱 훌륭하게 해낸다. → 말의 상태에 따라 이것저것 시도해 본다.
Level 2	주어진 질문에 대해 여러 답을 떠올린다. → 어떻게 하면 말을 빨리 달리게 할 수 있느냐는 질문을 듣고 답을 생각한다.

Level 3	전제 조건을 의심하고 스스로 의문을 제기한다. → 등에 앉는 것보다 편안하게 말을 타는 방법은?
Level 4	스스로 질문하고 답을 만든다. → 수레바퀴를 달아 마차를 만든다.
Level 5	사회나 업계의 전제를 뒤집는 큰 질문을 제시하고 답을 만든다. → 역과 역으로 이어진 교통 시스템을 제안한다.

LEVEL 0　주어진 일을 제대로 해낸다

다른 사람이 시킨 일을 그대로 할 때는 창의성이 크게 요구되지 않습니다. 예를 들어 매뉴얼에 적힌 절차대로 말을 돌보는 일은 체력만 있다면 누구나 할 수 있지요. 로봇으로 대체되어도 이상하지 않은 영역입니다.

LEVEL 1　주어진 일을 궁리하여 더욱 훌륭하게 해낸다

말을 돌보는 데 익숙해지면, 누구나 더 좋은 방법이 없나 궁리하기 마련입니다. 매뉴얼에는 적혀 있지 않지만 말의 몸 상태에 맞춰 먹이의 양이나 시간을 바꾸어보기도 하고, 말과 소통하는 방법을 이것저것 시도해 볼 수 있겠지요. 사람은 누구나 지혜를 이용해 더 나은 방법을 찾으려 합니다. 주어진 규칙 안에서 떠올리는 독창적인 아이디어는 창의성의 첫 번째 단계입니다.

LEVEL 2 주어진 질문에 대해 여러 답을 떠올린다

나날이 말을 보살피면서 말이라는 동물에 대해 잘 알게 되면, 때로는 주인에게 매뉴얼에 없는 질문을 받기도 합니다. "어떻게 하면 말을 더 빨리 달리게 할 수 있을까?" 같은 질문 말이지요. 그럴 때 근육을 형성하는 영양소를 고려해 식사법을 제안하거나, 소통의 관점에서 말과 호흡 맞추는 방법을 제안하는 등 자기 나름대로 답을 하게 되는 단계입니다.

LEVEL 3 전제 조건을 의심하고 스스로 의문을 제기한다

말을 더 빨리 달리게 하는 방법을 연구하던 어느 날, 당신은 문득 의문이 듭니다. "더 편안하게 말을 탈 수 있는 방법은 없을까?" 처음으로 다른 사람의 질문이 아니라 온전히 스스로 궁금증을 가진 당신은 지금껏 느껴본 적 없는 가슴 떨림을 느낍니다. 바로 이 의문과 마주해야 한다는 확신이 들자, 자신만의 답을 찾고 싶다는 마음에 들떴을 겁니다. 이처럼 레벨3부터는 자기 자신이 질문의 주체가 됩니다.

LEVEL 4 스스로 질문하고 답을 만든다

말의 힘을 빌려 편안하게 이동할 방법을 찾던 당신은 어느 날 이웃 마을 사람이 손수레로 농작물을 운반하는 장면을 목격합니다. 그때 번뜩 이런 생각이 떠오릅니다. "말에게 수레를 끌게 하면 되겠다!" 그렇게 마침내 최초의 '마차'가 탄생했습니다. '지금껏 존재하지 않던 질문'이 '지금껏 존재하지 않던 답'을 이끌어내 컨셉이 탄생한 겁니다.

LEVEL 5 사회나 업계의 전제를 뒤집는 큰 질문을 제시하고 답을 만든다

마차를 만드는 데 만족하지 않고 마차를 중계하는 역을 만들어 지역 구석구석을 순회하는 '교통 시스템'을 구상하는 레벨입니다. 획기적인 물건이나 서비스를 만드는 데에 그치지 않고, 사회의 구조까지 바꿉니다. 그러려면 수천, 수만 명의 사람을 움직여야 합니다. 많은 사람의 생활과 관련된 사회 시스템을 새로이 꾸리는 일은 실무자에게 가장 큰 창의성을 요구하는 일이기도 합니다.

아이디어가 많으면 창의적인가

과거에는 창의성을 레벨2의 범위 안에서 생각하는 경향이 있었습니다. 한 가지 질문에 대해 뛰어난 아이디어를 (가능한 한 많이) 생각해 내는 사람을 창의적이라고 칭찬했지요. 세간의 아이디어 관련 도서들에는 대부분 질문을 의심하지 않고 다양한 단면에서 답을 양산하는 기술이 담겨 있습니다.

그러나 이 책에서 말하는 컨셉 만들기와 창의적 발상이란 레벨3 이후를 가리킵니다. 다시 말해 상식적인 질문에 의문을 제기하는 데서부터 컨셉 설계가 시작된다는 뜻이지요.

이제 컨셉의 절반이 질문에 의해 결정된다는 말이 어떤 의미인지 이해되셨을까요? 다음으로는 눈여겨보아야 할 질문의 특징에 대해 생각해 보겠습니다.

2-2

우리가 마주해야 할 질문

좋은 질문은 좋은 패스와 같다

조리 있는 질문은 축구 경기의 절묘한 패스와 같습니다. 패스를 잘하는 선수는 먼저 상대 팀 선수를 자기 곁으로 끌어당깁니다. 그 사이 같은 편 선수를 수비가 허술한 쪽으로 달리게 한 다음 그쪽으로 공을 패스합니다. 그러면 이 팀은 공과 함께 2가지를 손에 넣게 됩니다. 어떤 동작이든 마음껏 선택할 수 있는 '자유로운 공간'과 골을 노릴 수 있는 '결정적인 기회' 말이지요.

좋은 질문도 완전히 동일하게 작용합니다. 그러므로 받는 사람에게 자유로운 공간과 결정적인 기회가 생기도록 질문을 만들어야 합니다. 조리 있는 질문의 특징은 다음과 같이 곱셈 수식으로 나타낼 수 있습니다.

자유도 X 임팩트

자유도自由度란 생각을 펼칠 수 있는 공간을 뜻합니다. 질문에 대한 답으로 이런 방법이 있고, 저런 방법도 있지, 하고 계속해서 생각이 떠오른다면 '자유도'가 높은 질문이라는 뜻입니다. 반대로 앞뒤가 맞지 않는 질문은 선택지를 극단적으로 좁혀버립니다. 동료들과 브레인스토밍을 해봐도 아이디어가 확장되지 않지요. 아무런 상상도 떠오르지 않거나 동료들과 논의하는 동안 침묵이 흐른다면 자유도에 문제가 있지는 않은지 점검해 봅시다.

'임팩트'에는 크게 두 종류가 있습니다. 넓은 임팩트와 깊은 임팩트입니다.

넓은 임팩트란 많은 사람의 생활에 영향을 미치는 것을 가리킵니다. 과거 마이크로소프트Microsoft는 '모든 책상과 모든 가정에 컴퓨터를A computer on every desk and in every home'이라는 말을 기업 컨셉으로 내걸었습니다. 보급을 최우선으로 삼아 초보자도 프로그래밍할 수 있는 '베이식'이나, 컴퓨터 사용의 장벽을 낮추는 '윈도우', '오피스' 같은 제품을 차례차례 출시했습니다. 그야말로 '넓은' 임팩트를 노린 것이라 할 수 있지요.

한편, 컴퓨터가 생기기 훨씬 전인 1808년. 이탈리아인 펠레그리노 투리Pellegrino Turri는 "앞을 볼 수 없는 연인이 쉽게 편지를 쓸 수 있는 방법은 없을까?"라는 질문을 맞닥뜨렸습니다. 투리의 도전은 넓은 임팩트를 목표로 하지 않았지만, 그 질문에 답하면 연인의 인생을 바꿀 수 있었습니다. 넓지는 않지만 '깊은' 임팩트를 불러올 물음이었지요. 그렇게 타자기의 원형 중 하나가 탄생했고, 시각 장애인이 글을 쓸 때 아주 유용한 도구가 되었습니다.

질문의 4가지 종류
질문 매트릭스

'자유도'와 '임팩트'를 변수로 삼아 질문의 종류를 정리한 것이 그림2-2입니다. 지금 자신의 머릿속에 있는 질문은 어디에 해당될까요? 생각하며 읽어봅시다.

어리석은 질문: 생각하는 것 자체가 시간 낭비

자유도가 낮은 데다 답을 해도 임팩트가 작은 질문. 이런 '어리석은 질문'에 신경을 기울이는 것은 분명 시간 낭비이지요. 지금 당장 질문을 바꾸어야 합니다. 2차 세계대전 말기 일본군의 작전 행동은 대부분 여기에 해당됩니다. 궁지에 몰려 결국 최악의 전술을 유일한 선택지라고 생각하게 되었으니까요. 현대 조직에서도 이처럼 옴짝달싹하지 못할 난감한 질문으로 고민하는 경우가 적지

그림2-2. 질문 매트릭스

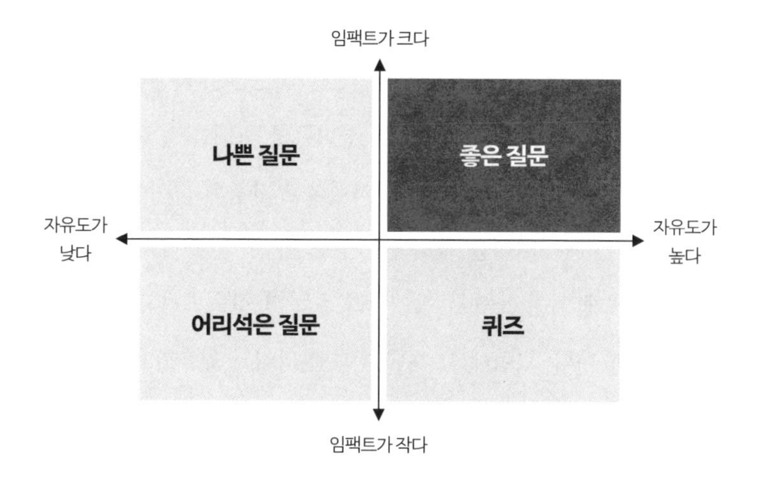

않습니다.

처음엔 의미 있었던 질문도 시간이 지나고 주위 환경이 바뀌면서 어리석은 질문이 되어버리기도 합니다. 질문에 답했을 때 목표대로 임팩트를 얻을 수 있는가. 그 질문이 논의를 활발하게 만들고 아이디어를 이끌어내는가. 이러한 2가지 관점을 통해 질문의 질이 떨어지지 않았는지 정기적으로 검증하면 좋습니다.

퀴즈: 재미있지만 의미는 없다

자유롭게 생각을 펼칠 수 있고 다양한 아이디어가 떠오르지만, 큰 임팩트는 기대할 수 없는 질문. 우측 아래 칸에 들어가는 질문은 '퀴즈'라는 이름처럼 재미있다는 것이 특징입니다. 하지만 그렇기에 더욱 골칫거리 같은 존재이기도 합니다.

국제연합UN은 국제사회의 공동 목표로 지속가능개발목표Sustainable Development Goals, SDGs를 내걸었습니다. 그런데 SDGs라는 대의명분 아래 기업들이 "환경 문제에 관한 청년들의 관심을 높일 수 있는 노래는 무엇인가?"라는 질문을 제기했다고 가정해 봅시다. 자유롭게 이런저런 아이디어를 즐겁게 상상해 볼 수 있을 겁니다. 어떤 아티스트에게 어떤 노래를 불러달라고 하면 좋을까. 다양한 선택지가 떠오릅니다. 그런데 그 대답에 과연 의미가 있을까요? 근본적인 해결책과 거리가 너무 멀지 않나요? 환경이라는 문제의 크기와 행동의 크기가 너무나 다르기 때문입니다. 이렇듯 쉽게 생각할 수 있으니까, 재미있으니까, 즉 자유도만 고려해 질문을 던지면 주객이 전도되어 버립니다. 그저 비즈니스 퀴즈 대회가 될 뿐이지요.

나쁜 질문: 일본의 승리 공식이었던 '근성' 싸움

전통적 기업들이 전설처럼 이야기해 온 역사적 성공 사례는 우측 상단의 '나쁜 질문'에 유독 집중되어 있습니다. '이것만은 반드시 돌파해야 한다'는 꽉 막힌 질문과 맞닥뜨리면 대부분은 실패하지만, 어떤 기업은 현장의 기술력으로 어떻게든 극복해 내기도 하지요. 이런 기적과 같은 성공 사례가 일본의 국민적 자부심을 형성하고 있다 해도 과언이 아닙니다. 앞서 언급한 〈프로젝트 X〉 같은 다큐멘터리 속 기업들은 물론이거니와 소설과 드라마로 인기를 끈 〈변두리 로켓 시리즈〉•도 예상치 못한 엉뚱한 과제에 기술력과 조직력으로 도전한다는 것이 이야기의 기본 플롯입니다.

시련 앞에서 도망치지 않는 자세는 물론 훌륭합니다. 끝까지 매달린 끝에 기술 혁신을 이룰 수 있다는 사실도 인정해야겠지요. 그러나 지금은 이미 모든 분야의 기술이 성숙했으며, 일본의 특기라 자부하는 제작 방면에서도 신흥국에 추월당하는 상황입니다. 지금껏 의미 있는 난제라고 믿었던 것들은 대부분 세계의 시선으로 보기에는 쓸데없이 사사로운 부분에만 집중하는 나쁜 질문이 되고 있지요. 앞으로는 나쁜 질문을 상대하는 것 이외에 다른 승리 공식을 하나 더 손에 넣어야 합니다.

바로 질문의 방향 자체를 크게 바꾸는 방식입니다. 완벽에 가까운 품질의 자동차를 제작하는 것뿐만 아니라, 그 완성품을 이용한 새로운 '모빌리티 서비스'를 생각하는 것. 고장나지 않는 튼튼한 컴퓨터를 만드는 것뿐 아니라 음악과 동영상의 '사용 환경'을 고민하는 것. 꽉 막힌 상황이 아니라 자유 속에서 질문을 마주하는 것 또한 훌륭한 '도전'이니까요.

좋은 질문: 지금 이 시대에 의미 있는 물음을

좋은 질문 앞에서는 자연히 다양한 대답이 끊임없이 떠오릅니다. 그리고 모든 답이 의미 있는 결과로 이어지지요. 창의적인 질

• 2011년 145회 나오키상 수상작으로 TV 드라마로도 제작되었다. 우주과학개발기구의 연구원인 주인공이 아버지가 세상을 떠난 후 물려받은 공장을 경영하며 겪는 고뇌를 그렸다.

문은 답을 하려고 몰두하는 이들을 독려합니다. 이렇게 '좋은 질문'에서부터 출발하는 것이 좋은 컨셉을 만드는 지름길입니다. 만약 눈앞에 있는 질문이 근성으로 승부하는 '나쁜 질문'이나 즐겁기만 한 '퀴즈'라면, 과감히 질문을 '바꾸는' 방법을 고려해야 합니다.

느린 엘리베이터 문제

'질문을 바꾼다'는 것의 의미가 무엇인지 좀 더 깊이 이해하기 위해 다음 같은 사례를 생각해 봅시다.

당신은 오래된 오피스 건물의 주인입니다. 원래는 인쇄 회사가 입주해 있었지만, 본사 이전을 하며 사무실을 옮겼습니다. 반년 가까이 입주자를 찾은 결과, 어느 IT 기업의 한 부서가 이사를 오게 되었습니다. 겨우 입주자가 결정되어 안심한 것도 잠시, 이번에는 엘리베이터가 느리다는 불만이 속출했습니다. 하지만 엘리베이터 속도는 아무리 조정해도 더 이상 빨라지지 않습니다. 반년이나 건물이 빈 데다 값을 크게 낮춰 입주자를 받았기 때문에 새 엘리베이터로 교체할 자금도 없습니다. 자금을 변통할 수도 없는 상황입니다. 이럴 때, 당신이라면 어떤 '질문'을 제시하겠습니까?

우선 답이 아니라 '질문'에 관한 이야기라는 점을 명심합시다.

엘리베이터가 느리다는 불만이 발단이니 당연히 "엘리베이터 속도를 올리려면?"이라는 질문이 떠오를 법합니다. 하지만 최신 엘리베이터를 설치할 여력은 없는 상황이지요. 가능하다면야 틀림없이 임팩트가 크겠지만, 자유도는 제로에 가깝습니다. 그에 대한 답을 생각해 보면, 빚을 내서 공사비를 부담하는 것 외에는 유효한 선택지가 없으니까요. 그야말로 나쁜 질문입니다. 좀 더 자유도가 높은 질문으로 바꾸는 것이 좋은 방법일 겁니다.

예를 들어 엘리베이터 속도에 관해 "불평하는 사람을 쫓아내려면?"이라는 질문은 어떨까요? 조금만 냉정하게 생각해도 이 질문은 이치에 맞지 않음을 알아차릴 수 있습니다. 건물주는 입주자가 없으면 난처해질뿐더러 평화롭게 입주자를 내쫓는 방법 따위는 존재하지 않으니까요. 이 질문은 마땅한 답을 내놓기도 어려운 데다 결과도 바람직하지 않습니다. 따라서 전형적인 어리석은 질문에 해당됩니다.

엘리베이터가 느려서 마음에 걸린다면 차라리 "계단을 사용하게 하려면?"처럼 엘리베이터 문제에서 완전히 벗어난 질문으로 바꿔치기하는 작전도 가능합니다. 계단을 사용하면 건강에도 이롭고 불필요한 전력 소비를 낮출 수 있지요. 하지만 그렇다고 해서 엘리베이터 속도에 불평하는 사람이 계단을 꾸준히 이용할까요? 하루 혹은 일주일 정도는 가능할지 몰라도 설득하는 데 많은 어려움이 따르겠지요. 자유도는 높은 아이디어지만, 문제 상황을 확실하게 해결하기는 어렵습니다. 아쉽지만 4가지 분류 가운데 퀴즈를 벗어나기는 힘들 듯합니다.

엘리베이터의 속도를 '물리적'으로 바꾸기는 어렵습니다. 그렇다면 속도를 '심리적'으로 바꿀 수는 없을까요? 이를테면 "기다리는 시간이 짧게 느껴지게 하려면?"이라는 질문을 던져보는 겁니다. 적은 투자로도 가능하고, 무리하게 계단을 쓰게 하거나 입주자를 쫓아낼 필요도 없습니다. 유효한 방법을 여러 가지 궁리할 수 있는 데다, 성공하면 엘리베이터 속도를 올리는 것과 동일한 효과를 얻을 수 있고요. 자유도와 임팩트라는 두 마리 토끼를 모두 잡을 수 있다는 점에서 좋은 질문입니다.

그림2-3. **엘리베이터 문제 재구성하기**

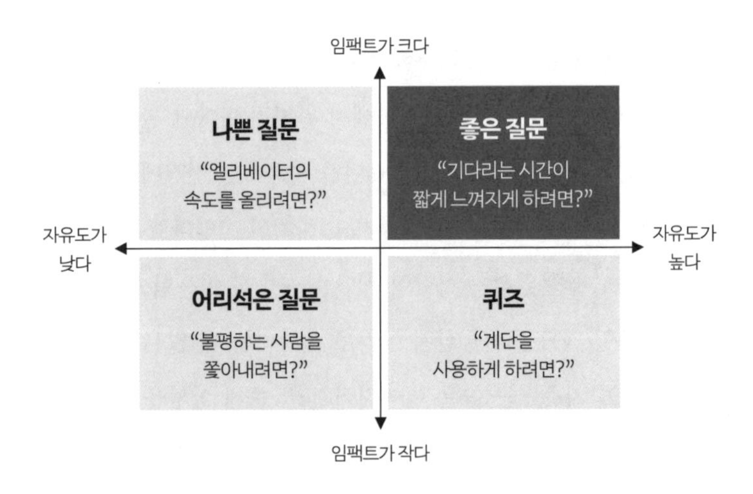

재구성,
질문을 바꾸면 발상이 달라진다

기다리는 시간이 짧게 느껴지게 하는 아이디어로는 엘리베이터의 문을 거울처럼 만들거나 빈 공간에 거울을 설치하는 방법이 있습니다. 눈앞에 거울이 있으면 누구나 무심코 몸가짐을 확인하기 마련이니까요. 거울에 비친 자신의 모습에 신경을 빼앗겨서 엘리베이터를 기다리는 시간을 신경 쓰지 않게 되는 효과가 있다고 합니다. 그 밖에도 모니터를 설치해 업계 뉴스를 볼 수 있게 하거나 1분짜리 교양 콘텐츠를 날마다 다르게 준비하거나 회사의 안내 사항이 담긴 게시판을 설치하는 방법도 효과가 있겠지요.

이렇게 질문을 바꿈으로써 관점을 바꾸고 시야를 넓혀 생각을 지금까지 존재하지 않았던 영역으로 이끄는 것을 '재구성reframing'이라고 부릅니다. 창의성 연구로 이름이 알려진 스탠퍼드대학교의 티나 실리그Tina Seelig 교수는 "질문은 모두 틀(프레임워크)이며 답은 그 안에 들어간다"고 말하며 "틀을 바꾸면 해결책의 폭이 극적으로 변화한다"고 재구성의 힘을 설명했습니다.

근대 면역학의 아버지라 불리는 에드워드 제너Edward Jenner는 아무도 답을 내놓지 못했던 "왜 사람은 천연두에 걸리는가?"라는 질문을 버리고, "왜 낙농장에서 일하는 여성은 천연두에 걸리지 않는가?"라고 물었습니다. 그 결과, 사람에게 해롭지 않은 우두의 존재를 발견하고 백신을 발명해 세계에서 천연두를 몰아냈지요.

또한 셜록 홈즈는 그의 친구 왓슨이 "개는 아무 짓도 하지 않았으니 사건과 관계없지 않은가?"라고 말하는 것을 듣고서 "개가 짖지도 않고 아무 짓도 하지 않았다면, 그거야말로 대단히 중요한 점이 아닌가?"라는 의문을 제시해 사건을 해결했습니다.

이제 질문이 관점을 바꾸고 생각을 바꾼다는 이야기가 이해되셨을까요? 그럼 명탐정도 아닌 우리 같이 평범한 사람이 평소 업무에서 재구성을 실천하려면 어떻게 해야 할까요?

2-3

재구성하는 8가지 방법

이제 기본적인 재구성의 기법을 알아보겠습니다. 먼저 그림 2-4를 통해 재구성 과정을 살펴봅시다. 중심에는 과제로 삼을 질문이 놓여 있고, 8개의 칸이 주위를 둘러싸고 있지요. 각 칸은 기존 질문에 의문을 제시해 줄 길잡이입니다. 각 칸을 따라가면서 새로운 질문을 만들어가는 방식이지요. 먼저 좌측 상단에 있는 '전체에 관한 질문'부터 시작해 봅시다.

그림2-4. **재구성 시트**

① 전체에 관한 질문: 부분보다 전체를 헤아린다면?	② 주관적인 질문: 당신이 유독 좋아하거나 고집하는 것은?	③ 이상적인 질문: 우리가 지향해야 할 이상은 어떤 모습인가?

④ 동사로 된 질문: 행동에 주목한다면?	중심 질문	⑤ 파괴하는 질문: 깨부숴야 할 지루한 상식은?
⑥ 목적에 관한 질문: 그것이 수단이라면 목적은 무엇인가?	⑦ 이타적인 질문: 그러면 사회는 어떻게 개선되는가?	⑧ 자유로운 질문:

① 전체에 관한 질문:
부분보다 전체를 본다면?

컨셉을 고민할 때, 사람들은 사물이나 서비스나 콘텐츠를 각각 독립된 단위로 생각하려는 경향이 있습니다. 자동차라면 자동차 그 자체를, 세탁기라면 세탁기만을 생각하지요. 하지만 부분에 국한하여 생각하지 않고, 더 넓게 전체로 시선을 돌리는 것이 '전체에 관한 질문'입니다. 세탁기라는 물건 단위에 골몰하는 것이 아니라, '더러워진 옷을 빨래 바구니에 모으는 것부터 말려서 걷고 개는 것까지를 일련의 과정 안에서 해결할 수 없을까?' 하고 전체를 조망하는 관점에서 생각하는 것이지요. 전체 과정을 유념하여 질문을 던지면 어떤 효과가 있는지 구체적인 사례를 들어 살펴봅시다.

르망을 제패한 것은 '질문'이었다

1923년 1회가 열린 이래 매년 6월에 개최되는 르망 24시간 내구 레이스Le Mans 24-hours race. 24시간 이내에 4개의 바퀴로 경주로를 몇 바퀴 돌 수 있는지 겨루는, 아주 심플한 경주입니다. 그러나 변화하는 날씨 속에서 수십 번 기름을 보충해 가며 24시간 맹렬한 스피드로 5000km 이상을 달리기란 매우 힘든 일이지요. 그렇기에 이 경주에서 추구한 주행 성능과 안전 성능이 자동차 업계에 새로운 기술 혁신을 이끌어왔습니다.

2006년 르망을 제패한 레이싱카가 화제였습니다. 바로 아우디Audi의 R10 TDI로, 레이스 사상 첫 디젤차의 우승이었지요. 아우디에는 그때까지 줄곧 좋은 성적을 올린 가솔린 엔진(V8 직분사)이 있었습니다. 그런데 어떻게 전혀 다른 방식의 디젤을 도입할 수 있었을까요? 창의적인 의사 결정의 이면에는 개발팀 수석 엔지니어가 던진 한 질문이 있었습니다. "우리 차가 다른 차보다 빠르지 않다면, 어떻게 르망에서 승리를 거둘 수 있을까?"

스피드로는 지더라도 레이스 전체에서 이기기 위해서는 피트인• 횟수를 줄이는 수밖에 없었습니다. 그런 면에서 디젤 엔진의 도입은 매우 합리적인 결정이었습니다. 신속하게 연비 효율을 높일 수

• 경주 차의 수리, 조정, 점검, 연료 보급, 타이어 교환, 드라이버 교체 등의 목적으로 피트로 들어오는 것을 말한다.

있었으니까요. 그 결과, R10 TDI는 2006년부터 3년 연속 우승을 거뒀습니다.

부분에 관한 질문: 더 빠른 엔진을 만들려면?

↓

전체에 관한 질문: 레이스 전체에서 이길 수 있는 차는?

이미 성숙해 기술이나 사물 자체로 차별화하기 어려운 분야일수록 전체를 조망하는 질문이 필요합니다. 물론 이건 '제품 제작'에 국한된 이야기는 아닙니다.

'온 마을'이라는 컨셉

붓쇼잔仏生山 마을은 가가와현 다카마쓰시 중심지에서 전철로 15분 정도 떨어진 곳입니다. 에도 시대 초기에 지어진 절과 절 앞 시가지의 분위기가 남아 있는 조용한 마을로 원래는 관광지라기보다는 평범한 주택가였습니다. 그러나 온천이 발견되면서 여행을 좋아하는 사람들에게 서서히 주목받기 시작했습니다.

현재 붓쇼잔이라는 관광지의 가장 큰 특징은 '온 마을이 료칸이다'라는 컨셉에 잘 드러납니다. 마을 전체를 하나의 료칸으로 봅니다. 온천을 중심으로 음식점, 서점, 잡화점 그리고 민가를 개조한 객실 등 마을에 흩어져 있는 장소들을 연결함으로써 손님에게 료칸의 기능을 제공하는 구조입니다. 여행자는 마치 그곳에 사는 주민처럼 즐길 수 있습니다. 물론 아무것도 없는 곳에 료칸을 새로 짓는 등 큰 투자가 필요치 않다는 장점도 있지요. 붓쇼잔 마을도 부분에서 전체로 틀을 재구성했음을 알 수 있습니다.

부분에 관한 질문: 마을에 어울리는 료칸이란?

↓

전체에 관한 질문: 마을 전체를 료칸으로 만들려면?

질문 자체가 훌륭한 컨셉이 되었습니다. 각지에서 지역 활성화를 위한 노력이 이루어지고 있지만, 자칫 얼마나 큰돈을 들여 얼마나 큰 시설을 만들어야 하는가 하는 발상에 빠지기 쉽습니다. 하지만 점과 점을 연결해 큰 그림을 만드는 창의력만 있다면 적은 투자

그림2-5. **붓쇼잔 온천 안내도**

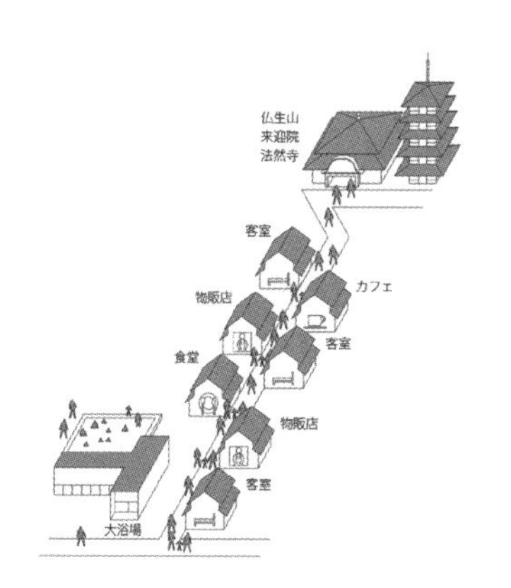

마을 전체가 여관입니다.
저녁에는 근처 식당에서 식사를 하고,
붓쇼잔 온천에서 온천욕을 즐기고,
툇마루 객실에 묵고, 조식은 근처
우동집 또는 카페에서 먹고,
마을을 돌아다니며 지냅니다.
조금씩 정비하려 노력하고 있으며,
현재 많은 가게가 있는 것은 아닙니다.

출처: machiyado.jp/find-machiyado/busshozan.html

로도 대형 시설을 뛰어넘는 가치를 창출할 수 있지요. 붓쇼잔 마을의 사례는 이를 증명해 주었습니다.

② 주관적인 질문:
당신이 유독 좋아하거나 고집하는 것은?

친한 친구가 '흰색 무지 티셔츠 전문점'을 열고 싶다며 제게 의견을 물었습니다. 흰색 티셔츠만 가지고 가게를 차리다니, 듣도 보도 못한 이야기였지요. 만약 그것이 데이터와 논리만을 바탕으로 도출된 아이디어였다면 잘될 리가 없다고 생각했을 겁니다. 분명 다른 경쟁자는 없을 테고, 흰색 무지 티셔츠의 매출이 증가하는 추세라고는 하지만, 시장이 비어 있다고 해서 반드시 좋은 기회를 의미하는 것은 아닙니다.

하지만 그 친구에게는 묘한 설득력이 있었습니다. 본인이 평소 흰색 무지 티셔츠를 아주 좋아해서 일 년 내내 입는 사람이었으니까요. 흰색 티셔츠의 실루엣, 소재, 재봉, 비치는 정도까지 다양한 차이에 대해 와인 소믈리에처럼 다채로운 어휘로 이야기할 정도였지요.

친구가 처음 제시한 질문은 "어떻게 하면 흰색 티셔츠가 모두가 입는 정장이 될 수 있을까?"였습니다. 만약 흰색 티셔츠가 정장으로 인정된다면 사람들의 라이프 스타일이 더 자유로워질 거라는 생각 때문이었지요. 이를테면 파티나 중요한 비즈니스를 마친 후에 바로 헬스장에 가고 싶을 때도 있을 겁니다. 그럴 때 재킷 안에 흰색 티셔츠를 입었다면 겉옷을 점퍼로 갈아입기만 해도 캐주얼한 옷차림이 완성됩니다. 어떤 옷에도 어울리는 흰색 티셔츠는 세상에서 가장 활용성이 높은 옷. 그러므로 흰색 티셔츠를 어떤 드레스코드도 넘어서는 옷으로 만들고 싶다는 것이 그의 뜻이었습니다. 그의 애정은 흰색 티셔츠에 새로운 의미를 부여하는 것으로 이어졌습니다. 합리적인 사고나 전략으로는 결코 도출해 낼 수 없는 생각이지요.

도쿄 센다가야에서 시작된 세계 최초의 흰 티 전문점 '#FFFFFFT(시로티)'는 순식간에 온갖 매체에 소개되면서 주말에만 영업하는

그림2-6. **시로티 매장**

출처: https://100life.jp/regular/fashion/25480/

데도 불구하고 손님이 끊이지 않는 가게가 되었습니다. 덧붙여 이 질문에서 탄생한 가게의 컨셉은 '당신의 색깔을 보여주세요SHOW YOUR COLOR'입니다. 심플한 흰색 티셔츠이기에 오히려 자신의 개성을 더 잘 표현할 수 있다는 의미가 담겨 있습니다. 흰색은 개성 없는 색이 아니라 오히려 개성을 표현하는 색이라는 제안은 많은 패션 애호가의 공감을 얻었지요. 일본뿐만 아니라 해외 가이드북과 패션 잡지 같은 매체에도 거듭 실리며 전 세계에서 주목받고 있습니다.

객관은 생필품, 주관은 희소 자원

흰 티셔츠 전문점의 운명을 결정한 것은 바로 질문의 설정이었습니다. 아래의 두 질문을 한번 비교해 볼까요?

객관적인 질문: 흰 티셔츠를 유행시키려면?

↓

주관적인 질문: 흰 티셔츠가 모두가 입는 정장이 되려면?

"○○을 유행시키려면?" 같은 질문은 의류업계에서 흔히 볼 수 있는 일반적인 질문입니다. 반면, 주관적 질문은 좋은 의미에서 어긋나 있습니다. 묻는 사람의 주관이 짙게 반영되어 있지요. 하지만 이처럼 편향된 질문이 의류업계에 새로운 바람을 불어넣는 장면들을 가까이에서 봐왔습니다.

"가장 개인적인 것이 가장 창의적인 것이다The most personal is the most

creative"라는 말은 봉준호 감독이 2020년 영화 〈기생충〉으로 아카데미상 수상 당시 한 말로, 원래 마틴 스코세이지Martin Scorsese 감독이 한 말입니다. '개인적인 것'이 창의성의 계기가 되는 것은 비단 영화뿐만이 아닙니다. 비즈니스도 마찬가지이지요.

객관적인 답은 데이터와 AI를 통해 바로 찾을 수 있습니다. 그러나 주관이 만드는 파격적인 답은 데이터에서 도출해 내지 못합니다. 상식적인 질문으로는 해결할 수 없다면 자신만의 개인적인 질문으로 시작해 봅시다.

③ 이상적인 질문:
우리가 지향해야 할 이상은 어떤 모습인가?

비즈니스에서 맞닥뜨리는 질문은 대부분 절실한 문제라서 매우 현실적입니다. 현실적인 질문 자체는 문제가 아니지만, 눈앞에 있는 질문에만 정신이 팔리면 시야를 넓힐 수 없게 됩니다. 때로는 현실 너머에 있는 '이상'을 물어야 합니다.

어둠 속의 대화

1980년대 철학 박사 학위를 가진 안드레아스 하이네케Andreas Heinecke는 독일 라디오 방송국에서 일을 하고 있었습니다. 그러던 어느 날, 교통사고를 당해 앞을 볼 수 없게 된 직원을 그의 부하 직원으로 맞았습니다. "어떻게 하면 시각 장애인도 스트레스 받지 않고 일할 수 있을까?" 하고 고민하던 하이네케는 그와 함께 일하는 사이, 자신의 질문이 너무나 소극적이었음을 깨달았습니다. 그리고 현실적인 목표보다 그 너머의 이상을 헤아려야 한다는 생각에 이르렀습니다. 그렇게 도달한 것이 "어떻게 해야 시각 장애인이 능력을 발휘할 수 있는 직장 환경을 만들 수 있을까?"라는 질문이었습니다. 다음과 같이 질문을 나열해 보면 어느 쪽이 더 창의성을 발휘할 수 있을지 한눈에 드러납니다.

현실적인 질문: 시각 장애인이
스트레스 받지 않고 일할 수 있는 **환경은?**

↓

이상적인 질문: 시각 장애인이 능력을 발휘할 수 있는 **환경은?**

이 질문을 통해 '어둠 속의 대화Dialogue in the Dark'가 탄생했습니다. 빛 한 줄기 들지 않는 공간에서 시각 이외의 감각으로 대화한다는 이 프로그램은 어둠 속을 자유롭게 오가는 시각 장애인 스태프 없이는 결코 운영될 수 없습니다. 이 프로그램은 이제 40개국 이상으로 퍼져나가 900만 명 이상이 체험하는 세계적인 콘텐츠가 되었습니다.

10X 퀘스천

구글 또한 이상적인 질문의 힘을 최대한 활용하는 기업입니다. 구글은 매일 작은 경쟁에서 이기는 것보다도 더 큰 관점에서 물음을 던지는 '10X 퀘스천[10X question]'을 실천합니다. '10X 퀘스천'이란 기존 해결책보다 10배 더 큰 성과를 가져다줄 답을 찾는 방식이지요. "교통사고를 줄이려면 어떻게 해야 하는가?"라고 묻는다면, 기존에 있던 안전 기술의 연장선상에서 임팩트가 작은 아이디어들만 늘어놓게 됩니다. 그러나 "인간의 실수로 인한 교통사고를 없애려면 어떻게 해야 하는가?"라고 묻는다면, 전혀 다른 시스템을 생각하지 않는 한 대답할 수 없을 겁니다. 몹시 도달하기 어려운 '다른 차원'의 질문을 설정하면, 선입견에 사로잡히지 않는 발상을 이끌어낼 수 있습니다.

현실적인 질문: 교통사고를 줄이려면?

↓

이상적인 질문: **인간의 실수에 의한 교통사고가 없는 세상을 만들려면?**

이상은 눈앞의 대립을 초월한다

이상을 말하라니 너무 감성적이라고 느껴질지도 모릅니다. 그러나 현실의 복잡한 문제를 돌파하려면 때로는 눈높이를 높여야 합니다.

과거 아마존Amazon이 전자책 사업에 뛰어들려 할 때 출판업계의 반발은 불 보듯 뻔했습니다. 출판업계의 비즈니스를 지탱하는 종이책의 매출이 희생될 수밖에 없었으니까요. 하지만 미국 출판업계는 아마존의 전자책 서비스 킨들Kindle을 생각보다 쉽게 받아들였습니다. 킨들이 문제없이 받아들여진 요인 중 하나는 바로 컨셉이었습니다.

당시 아마존이 거듭 강조했던 킨들의 컨셉은 '전 세계 모든 서적을 60초 안에 구할 수 있도록 한다Every book ever printed, in print or out of print, in every language, all available within 60 seconds'였습니다. 이 컨셉은 모든 서적을 다루려는 아마존뿐만 아니라 출판업계에도 이상적인 미래를 보여주었습니다. '우리의 출판물을 세계 구석구석에 전하고, 서점이 없는 곳까지 닿게 한다.' 이러한 미래상 앞에서는 눈앞의 작은 이익을 지키려는 생각이 설득력을 얻기 힘들지요.

이상에 관한 질문은 이처럼 이해가 대립되는 상황을 극복할 때도 효과적인 수단이 됩니다.

④ 동사로 된 질문:
행동에 주목한다면?

컨셉을 생각할 때 사람들은 대부분 '명사'로 생각합니다. 차기 '스마트폰'은 어떠해야 하는가, 다음 시대의 '자동차'는 어떤 식으로 사용해야 하는가, 앞으로 '소셜 네트워크 서비스'로 어떤 일을 할 수 있는가. 이렇게 말이지요. 하지만 명사로 생각하기 시작한 순간, 고정관념에 사로잡힌다는 점을 알아야 합니다. 왜냐하면 이름이야말로 고정관념의 정체이기 때문입니다.

요크셔테리어, 허스키, 치와와……. 개는 실로 다양한 종류가 있지만, 개를 고양이나 너구리와 혼동하는 경우는 드뭅니다. 우리는 개나 고양이라는 명칭을 기억함으로써 세계를 구분하는 법을 배웁니다. 그렇게 구분된 영역에 이름이라는 라벨을 붙여 정보 처리를 원활하게 만드는 것이지요. 이것은 뇌의 뛰어난 인지 기능이기도 하지만, 인식을 지나치게 단순하게 만들어 판에 박힌 시각으로 이어진다는 부작용도 있습니다.

발명가이자 심리학자 그리고 수평 사고의 원조이기도 한 에드워드 드 보노Edward de Bono는 이를 '말의 경직성'이라고 불렀습니다. 그리고 이름이 가진 "말의 경직성은 분류 작용의 경직성으로 이어지며, 분류 작용의 경직성은 사물을 보는 시각의 경직성을 초래한다"라고 지적했습니다.

그럼 어떻게 해야 이름이라는 라벨에서 벗어날 수 있을까요? 세계적인 디자인 회사 아이디오IDEO의 공동 창립자 중 한 명인 빌 모그리지Bill Moggridge는 '명사가 아닌 동사'를 디자인해야 한다고 말했습니다. 행동에 초점을 맞추면 기존의 패러다임에서 해방된다는 뜻이지요. 실제로 아이디오 디자인 팀은 행동을 관찰하여 새로운 아이디어를 만들어냅니다. 예를 들어 아침 식사하는 모습을 관찰하다가 빵을 먹기 전에 '구운 빵을 늘어놓는' 별것 아닌 동작을 발견하고는, 빵을 세워둘 수 있는 토스터 뚜껑을 제작하는 식입니다.

넷플릭스 다큐멘터리 〈앱스트랙트: 디자인의 미학Abstract: The Art of Design〉에서는 캐스 홀먼Cas Holman이라는 장난감 디자이너가 명사가 아닌 동사로 묻는 것이 얼마나 중요한지 이야기합니다. 미대생에게 "새 컵을 디자인하자"고 제안했을 때는 새로운 발상이 나오지 않았지만, "물을 운반하는 새로운 방식을 디자인하자"고 말하니 스펀지 소재에 물을 흡수시켜 운반한다는, 형태에 구애받지 않는 자유로운 디자인이 나왔다고 하지요.

명사로 된 질문: 새 컵을 디자인한다면?

↓

동사로 된 질문: 물을 운반하는 새로운 방법을 디자인한다면?

홀먼은 초등학생과 함께한 워크숍에 대해서도 들려주었습니다. "새로운 스쿨버스는 어떤 모양일까?"라고 물으면 아이들은 기껏해야 색깔이 다른 버스를 그리지만, "학교에 가는 새로운 방법은 뭐가 있을까?"라고 묻는 순간 발상이 완전히 달라졌다고 하지요. 로켓을 타고 하늘을 날기도 하고, 통학로를 놀이기구처럼 만들기도 하고. 아이들이 보여준 모습은 놀랄 만큼 색달랐습니다.

동사로 물으면 사람이 주인공이 된다

컵을 '물 운반하기'로, 스쿨버스를 '학교에 가기'로. 이처럼 질문을 명사에서 동사로 바꿀 때, 질문의 중심은 자연히 물건에서 사람으로 이동합니다. 21세기 이후 인간을 중심으로 한 디자인의 중요성이 거론되었는데, 이를 이루기 위한 구체적인 방법 중 하나가 바로 동사로 질문하기입니다.

현재 많은 업계가 새로운 물음으로의 전환을 꾀하고 있습니다. 자동차 업계가 대표적이지요. 2010년대 전 세계의 다양한 자동차 회사가 스스로를 '모빌리티 컴퍼니'라고 지칭하기 시작했습니다. 이 또한 '자동차'라는 물체에서 벗어나 인류가 '이동한다'는 행위의 가능성을 묻겠다는 선언과 다름없지요.

2007년 당시 애플 컴퓨터는 회사명에서 '컴퓨터'라는 명사를 제외했습니다. 그 후 아이폰, 애플워치, 에어팟 등 컴퓨터에 얽매이지 않는 애플의 발전을 보면 그 결단이 옳았다고 할 수 있습니다.

스포츠 분야에서도 나이키Nike는 '러닝화'의 미래가 아닌 '러닝'의 미래를 물으며 'Nike+'라는 디지털 서비스를 런칭했습니다. 달리기 데이터를 기록하고 공유할 수 있도록 해서 달리는 목적과 의미를 바꾸어버렸지요.

일본에서는 체중계 메이커 타니타TANITA가 '맛있게 배부르게 먹었더니 저절로 살이 빠졌다'를 컨셉으로 한 사원 식당을 시작으로, 레시피와 일반인을 대상으로 한 레스토랑까지 사업을 다양하게 전개하고 있습니다. 기업의 중심 가치를 '체중계'라는 명사에서 '건강하게 살을 뺀다'는 동사로 전환한 결과입니다.

만들고자 하는 무언가를 명사에서 동사로 대체하는 것. 그리고 그 동사가 가진 의미의 미래를 묻는 것. 그것이 고정관념에 사로잡히지 않는 발상을 만드는 방법입니다.

⑤ 파괴하는 질문: 깨부숴야 할 지루한 상식은?

도무지 하고 싶은 일을 찾을 수 없을 때. 그럴 때는 '무엇을 만들 것인가'가 아니라 '무엇을 부술 것인가'를 고민해 봅시다. 모범생의 가면을 벗어던지고 반항아의 정신으로 세상을 바라보는 것입니다.

넷플릭스Netflix의 창업자 리드 헤이스팅스Reed Hastings는 대여점에서 영화 〈아폴로 13〉을 빌렸다가 연체료를 40달러나 지불한 경험을 계기로 DVD 대여 서비스에 정액제를 도입하게 되었다고 말했습니다. "왜 DVD 대여는 헬스장처럼 정액제를 적용하지 않는가?" 하는 한탄이 정액제 DVD 대여라는 서비스 컨셉의 기초가 됐다는 것이지요. 헤이스팅스가 나중에 꾸며낸 이야기라는 설도 있지만, 본질적인 문제의식은 이 일화에 반영되었다고 할 수 있습니다.

창조하는 질문: DVD 대여업의 새로운 서비스는?

↓

파괴하는 질문: 연체료라는 업계의 상식을 파괴하려면?

또한 카시오CASIO의 '지샥G-SHOCK'은 개발자가 실수로 아끼는 시계를 떨어뜨렸다가 바로 망가져버린 제품에 불만을 느낀 것이 계기가 되어 탄생했다고 합니다. '떨어뜨려도 망가지지 않는 손목시계'라는 문장이 그대로 개발 컨셉이 되었지요.

"무엇을 만들어야 하는가?"라는 질문은 자유도는 높지만, 대상을 좁힐 수 없습니다. 하지만 파괴하는 질문은 깨트려야 할 '가상의 적'을 설정하기 때문에 초점을 명확하게 맞출 수 있지요. 따라서 돌파력 있는 컨셉을 도출해 내기 쉽습니다.

파괴해야 할 사회악

물론 가상의 적을 만든다고 해서 다른 회사나 경쟁자에게 싸움을 걸라는 뜻은 아닙니다. 우리가 파괴할 대상은 무엇보다 인류의 진화를 막는 '사회악'입니다.

1장에서도 소개한 에버레인은 패션업계의 갖가지 어두운 이면들에 맞섭니다. 불투명한 가격, 과잉 생산과 폐기 문제, 공장 노동자들의 과로. "기존 의류 브랜드가 보고도 못 본 척해 온 문제를 어떻게 하면 사라지게 할 수 있을까?"라는 파괴의 질문으로부터 '급진적 투명성'이라는 컨셉이 탄생했습니다.

저렴한 가격에 다양한 제품을 선보이는 패션 브랜드 지유GU는 '불편한 펌프스•'에 도전장을 내밀었습니다. 옛 비즈니스 관행이 남아 있는 업계에서는 여전히 남성에게 넥타이를, 여성에게 구두를 요구합니다. 하지만 발을 다쳐가며 일한다고 말할 정도로 펌프스는 신기 불편한 신발이었습니다. 그래서 지유는 '펌프스는 불편하다'는 상식을 파괴하기로 했습니다.

창조하는 질문: 지금 잘 팔리는 **펌프스는?**

↓

파괴하는 질문: 펌프스는 불편하다는 상식을 뒤집으려면?

지유는 그런 야심만만한 질문에 답하기 위해 '신발을 발에 꼭 맞춘 듯한 착용감'을 추구한 끝에 반발력이 낮은 쿠션과 높은 쿠션을 조합하는 독자적인 제조 방식에 이르렀습니다. 그렇게 탄생한 '마시멜로 펌프스マシュマロパンプス'는 출시 1년 만에 170만 켤레가 팔리는 대표 상품이 되었습니다.

때로는 창조하려는 생각보다 파괴하려는 생각이 더욱 멋진 결과를 만들어내기도 합니다. 용납할 수 없는 일, 화나는 일, 참을 수 없는 일, 깨부수고 싶은 무언가만 적어보아도 긴 목록이 되지 않을

• 고리나 끈, 잠금장치가 없고 발등 부분이 드러나게 파진 스타일의 여성용 구두.

까요? 사회에 대한 분노를 컨셉으로 승화시켜 봅시다.

⑥ 목적에 관한 질문:
그것이 수단이라면 목적은 무엇인가?

과거 광대한 북아메리카에서는 역마차 네트워크가 운송을 책임졌습니다. 말 여섯 마리가 끄는 마차는 우편 등의 짐과 함께 사람 대여섯 명을 실어 날랐습니다. 이후 철도가 정비되자 역마차 기업은 사라지고 단번에 철도 회사의 시대가 열렸습니다. 그러나 이윽고 자동차가 발명되고 도로가 만들어지면서 자가용, 버스, 트럭에게 자리를 빼앗기고, 얼마 뒤 비행기의 시대가 열리며 철도 회사는 결정적인 타격을 입었습니다. 미국의 철도 회사는 지금도 그렇게 넓은 영토 안에서 기업 활동을 계속하면서도 그리 중요치 않은 존재로 남아 있습니다.

경영학자 시어도어 레빗은 "미국의 철도 회사가 쇠퇴한 것은 수단과 목적을 잘못 판단했기 때문"이라고 진단했습니다. 철도 회사는 자신들의 사업 컨셉이 '철도'라고 생각했습니다. 만약 '운송'을 비즈니스 컨셉으로 삼았다면, 철도라는 수단에 얽매이지 않고 자동차나 비행기 등 각 시대의 기술을 도입해 진화했으리라는 것이 레빗의 주장이지요. 그들은 철도라는 수단을 고집하지 말고 목적을 물어야 했습니다. 그야말로 '질문'이 운명을 가른 사례입니다.

수단에 관한 질문: 철도 사업을 앞으로 어떻게 발전시킬 것인가?

↓

목적에 관한 물음: 철도를 하나의 수단으로 삼았을 때

우리의 진짜 목적은 무엇인가?

철도 사례는 다른 나라의 오래된 이야기지만, 우리도 비슷한 실수를 저지르고 있을지 모릅니다. 미국의 철도 회사는 수단이어야 할 '철도'의 미래를 묻느라 목적인 '운송'의 가능성을 따지는 데 소홀했습니다. 여기서 '철도'와 '운송'을 다른 업계의 주제로 대체해도 같은 뜻이 될지도 모르지요. 실제로 경영 회의를 들여다보면 회사의 경영을 지키는 것이 '목적'인 양 "○○업계의 미래는 어떠해야 하는가?"라고 묻곤 합니다. 그럴 때야말로 과감하게 대상을 '수단'으로 바라보아야 합니다. 그리고 더 크고 본질적인 '목적'이 무엇인지 생각해야 합니다.

목적은 게임이 아니라 가족과 함께하는 시간

컨셉을 생각할 때는 "○○를 수단으로 바라본다면 진짜 목적은 무엇일까?"라는 질문의 ○○에 자신이 속한 업계를 대입해 봅시다.

닌텐도Nintendo의 가정용 게임기 위Wii는 "재미있는 게임을 수단으로 본다면 진짜 목적은 무엇일까?"라는 물음에 '가족과의 시간을 되찾겠다'는 남다른 답을 내놓았습니다. 처리 속도와 그래픽의 아름다움만으로 경쟁하던 시대에 게임을 넘어선 목적, 그것도 사회적 가치를 컨셉으로 삼는 것은 획기적인 일이었습니다.

뉴욕에서 시작해 한 시대를 풍미했던 D2C 매트리스 브랜드 캐스퍼Casper는 매트리스 업계에 닌텐도 위와 같은 기법을 적용했습니다. 오직 쿠션 등의 기능이 쟁점이었던 시대에 매트리스를 수단으로, '최고의 수면을 이끌어낸다'를 진짜 목적으로 삼았습니다. 그리고 스스로를 매트리스 회사가 아닌 '수면 회사The Sleep Company'라고 정의했습니다. 홍보 문구는 '당신의 내일을 사랑하라Love your tomorrow'. 최고의 내일은 최고의 잠에서 시작된다는 호소였습니다.

내가 만들고자 하는 것이 수단이라면 그 너머의 목적은 무엇인가. 생각이나 논의의 폭이 좁아진 듯한 느낌이 들 때는 이렇게 질문해 봅시다.

⑦ 이타적인 질문:
그러면 사회는 어떻게 개선되는가?

컨셉을 고민할 때 자신의 강점을 의식하는 것은 당연한 일입니다. 또한 매출이나 이익, 고객 획득과 같은 비즈니스 목표도 무시할 수 없습니다. 그러다 보면 컨셉은 자연스럽게 '이기적'인 방향에 가까워집니다. 자신들에게 편리한 컨셉을 내세우면, 조직 내에서 알력도 생기지 않습니다. 아무도 반대하지 않으니 매끄럽게 승인을 받아 완성되겠지요.

하지만 바로 여기에 함정이 숨어 있습니다. 하바스Havas 그룹의 조사Meaningful Brand Report 2021에 따르면 현대인은 전 세계에 존재하는 브랜드 중 75%가 "지금 당장 사라져도 전혀 문제가 되지 않는다"라고 응답했습니다. 아주 충격적인 수치입니다.

그렇다면 사람들은 어떤 브랜드가 남기를 바랄까요? 조사에 의하면 응답자 중 73%가 사회를 더 좋은 곳으로 만드는 브랜드라고 답했습니다. 사회에 긍정적인 영향을 주는 기업이야말로 생존해야 할 좋은 기업이라는 뜻이지요. 기업에게 편리한 컨셉으로는 시대의 변화에 뒤처질지도 모릅니다. 그러므로 브랜드는 이기적인 질문을 이타적인 질문으로 대체할 필요가 있습니다.

누구를 위한 기술인가?

과거 진행했던 워크숍에 차세대 의료 서비스를 구상 중인 참가자가 있었습니다. 그녀는 원격 진료에서 얻은 환자의 데이터와 3D 프린터를 이용해 환자에게 약을 개인 맞춤형으로 제공하는 새로운 원격 의료 시스템을 구상하고 있었습니다. 그런데 막상 컨셉에 적용하려 하니 '3D 프린터로 제작한 의약품을 이용한 원격 진료'라는 너무도 딱딱한 내용이 되어버렸지요. 고안한 서비스가 사회에 불러올 새로운 의미를 파악하지 못한 듯 보였습니다.

질문을 제시하는 방법을 잘못 알고 있다고 판단한 저는 "누구를 어떻게 행복하게 만드는 일인가요?"라고 물었습니다. 그러자 그녀는 '어떤 지역에 사는 사람이라도 최첨단 의료를 쉽게 접할 수 있도록 하고 싶다'는 생각이 구상의 계기였다고 대답했습니다. 비로소 컨셉 초안에 담겨 있던 사회적 의의를 명확하게 이해할 수 있었지요. 이를 원점으로 다시 고민한 끝에 그녀는 '누구에게나 가장 가까이 있는 의사가 되어준다'는 방향성에 도달했습니다. 두 질문을 한번 비교해 볼까요?

이기적인 질문: 최첨단 의료 기술로
남다른 의료 서비스를 만드려면?
↓
이타적인 질문: 최첨단 의료 기술로
누구를 어떻게 행복하게 할 것인가?

첫 번째 질문에는 '누구를 위한, 무엇을 위한 기술인가'라는 대의가 결여되어 있습니다. 그러니 전문적이고 범위가 좁은 컨셉이 나오는 것도 당연한 일이지요. 두 번째 질문에는 처음부터 기술을 수단으로 삼아 더 큰 목적을 바라보고자 하는 뜻이 담겨 있습니다. 그러므로 필연적으로 컨셉에 사회적 가치가 담기게 됩니다.

⑧ 자유로운 질문:
아직 나오지 않은 값진 질문은 없는가?

지금까지 순조롭게 진행했다면 새로운 질문 7가지가 만들어졌을 겁니다. 다시 말해 질문의 개수만큼 컨셉의 줄기가 생겨났다는 뜻이지요. 그중 정말 파고들고 싶은 질문이 있나요?

마지막으로 "아직 나오지 않은 값진 질문이 있지는 않을까?" 생각해 봅시다. 이 책에서 말한 방법이 아니라 여러분의 직감에 따라 앞선 7가지 질문과 겹치지 않는 질문을 써보기를 바랍니다.

재구성은 일방통행이 아니다

부분에서 전체로. 객관에서 주관으로. 현실에서 이상으로. 이러한 질문 바꾸기는 모두 '평소의 시야'에서 벗어나 자신의 관점을 부러 의식하지 않는 한 보지 못하는 각도로 돌리기 위함입니다.

그러나 질문의 재구성이 반드시 일방통행일 필요는 없습니다. 반대 방향으로 바꾸는 것이 더 효과적일 때도 있으니까요. '전체에 관한 질문'을 생각하다가 너무 막연하다는 느낌이 들 때는 '부분에 관한 질문'으로 방향을 전환해 봅시다. '주관적인 질문'을 설정했더니 너무 치우친 아이디어만 떠오른다면, 이번에는 '객관적인 질문'을 생각해 보세요. '이타적인 질문'이 위선적인 아이디어만 이끌어낼 때는 '이기적인 질문'을 떠올리면 됩니다. 렌즈를 교환하여 사진을 찍듯이 양방향으로 관점을 유연하게 바꾸어봅시다.

2-4

실전편
재구성하기

마지막으로 연습을 하며 2장을 마무리해 보겠습니다. 질문을 넓히며 생각도 함께 확장됨을 느끼면서 연습에 임해봅시다.

<과제>
냉장고

당신은 어느 제조사의 사원입니다. 신규 사업 개발부로 부서 이동을 한 당신은 미래의 어떤 제품을 만들게 될지 설레 가슴이 두근거렸습니다. 그런데 기대와 달리 당신은 '냉장고'를 담당하게 되었습니다. 상사는 '가정에서 가장 중요한 가전제품 중 하나이면서도 지난 20년간 가장 변화가 없는' 영역이라고 덧붙였습니다. 당신이 근무하는 업체에서는 아직까지 냉장고를 만든 실적이 없습니다. 그러므로 기존 냉장고에 얽매이지 않고 새로운 시장을 발굴해 낼 만한 발상이 필요합니다. 재구성 표를 활용해 8가지 질문에 답하는 방식으로 최대한 많은 플래시 아이디어•를 적어봅시다. (기준: 30분)

• 플래시 아이디어flash idea란 '착상'을 뜻하는 말입니다. 다듬어지지 않은 착상을 아주 짧은 메모로 적어보세요.

그림2-7. **새로운 발상이 담긴 냉장고란?**

① 전체에 관한 질문: 부분보다 전체를 헤아린다면?	② 주관적인 질문: 당신이 유독 좋아하거나 고집하는 것은?	③ 이상적인 질문: 우리가 지향해야 할 이상은 어떤 모습인가?
④ 동사로 된 질문: 행동에 주목한다면?	중심 질문 **새로운 발상이 담긴 냉장고란?**	⑤ 파괴하는 질문: 깨부숴야 할 지루한 상식은?
⑥ 목적에 관한 질문: 그것이 수단이라면 목적은 무엇인가?	⑦ 이타적인 질문: 그러면 사회는 어떻게 개선되는가?	⑧ 자유로운 질문:

해설

우선 재구성 표 중앙에 "새로운 발상이 담긴 냉장고란?"이라고 적습니다. 어디서부터 시작하든 상관없지만, 이 책에서는 편의상 좌측 상단의 질문부터 차례로 생각해 보겠습니다.

① 전체에 관한 질문
"냉장고를 부분이 아닌 전체로 생각한다면?"

-

'전체'를 어떻게 바라보느냐에 따라 아이디어를 떠올리는 방식 또한 달라집니다. '공간 전체'라고 보면 '집 전체를 하나의 냉장고로 삼는다'는 아이디어가 떠오릅니다. 인간을 위한 실내 온도 조절과 식량을 위한 냉장 및 보온. 즉, 집 내부의 온도 조절을 하나로 통합하는 시스템이 보입니다.

사람들의 '소비 행동 전체'를 포착해도 재미있는 아이디어가 나옵니다. 식자재를 사서 저장하고 조리하고 폐기하기까지 모든 흐름을 다시 조명해 보면 어떨까요? '구입부터 폐기까지 모두 맡기는 냉장고'라고 적을 수 있습니다.

② 주관적인 질문

"냉장고와 관련해 당신이 특히 좋아하거나 고집하는 부분은?"

-

객관적으로 옳고 그름에 대한 평가는 잠시 잊어주세요. 당신이 재미있게 느끼는지 아닌지를 무엇보다 중요하게 생각해 봅시다. 예를 들어, 저라면 욕실에 냉장고를 두고 싶습니다. 냉장고까지 가지 않아도 욕실에서 시원한 커피우유를 마실 수 있다면 참 좋겠다는 상상을 하곤 하지요. 그렇다면 서재에서 와인을 마신다든지, 발코니에서 맥주를 마시고 싶은 사람도 있겠지요. 이런 주관적인 의견을 통해 '집에서 특히 좋아하는 공간에 둘 수 있는 분산형 냉장고'를 떠올릴 수 있습니다.

냉장고와 조금 거리가 있는 다른 취향을 살려보는 것도 괜찮은 방법입니다. 예를 들어 관엽 식물을 좋아하는 사람이라면 추운 지역이나 더운 지역에서 자라는 식물을 집에서 길러보고 싶겠지요. 그런 취향을 바탕으로 식량이 아닌 '식물용 냉장·보온고' 등 냉장고의 새로운 응용 방법을 생각할 수 있습니다.

③ 이상적인 질문

"이 냉장고를 통해 기대하는 이상적 변화는?"

-

어떤 각도에서 이상을 바라보느냐에 따라 아이디어 또한 달라집니다. 이상적인 디자인을 묻는다면 '인테리어의 하나로 사람들에게 보여주고 싶은 냉장고'나 '냉장고처럼 느껴지지 않는 냉장고' 같은 아이디어가 쉽게 떠오릅니다. 이상적인 편리함을 묻는다면 '식단표까지 맡길 수 있는 냉장고'나 '장을 봐주는 냉장고'와 같은 발상이 나옵니다.

④ 동사로 된 질문
"냉장고와 관련된 행동을 다시 생각해 본다면?"

-

'시원하게 하다', '얼리다', '적절한 온도로 보관하다' 등 냉장고와 관련된 동사를 먼저 나열합니다. 그중 '시원하게 하다'에 초점을 둔다면, 식자재에 한정하지 않고 "옷을 시원하게 하는 건 어떨까?" 하며 생각을 넓혀봅시다. 티셔츠를 시원하게 해두면 무더운 여름철 외출하는 고통을 덜 수 있지 않을까요?
'적절한 온도로 보관하다'라는 동사를 생각한다면 음식물뿐만 아니라 예술품이나 귀한 책, 골동품, 피규어 등 '수집품을 적정 온도로 관리하는' 보관고로서의 가능성도 열어둘 수 있습니다. 그림이나 고가의 수집품은 각각 적절한 온도와 습도가 정해져 있어서 관리하기가 쉽지 않으니까요.

동사로 이루어진 질문에는 냉장고라는 명사, 즉 범주에 얽매이지 않는 아이디어를 이끌어낼 수 있다는 장점이 있습니다. 이러한 질문을 통해 기존 범주에서 벗어난 상품을 생각해 봅시다.

⑤ 파괴하는 질문
"냉장고에 관한 깨부수고 싶은 불만이나 상식은?"

-

평소 냉장고를 가졌던 불만이나 부정적인 감정을 떠올려 볼까요? 애초에 냉장고는 왜 커다랗고 네모나며 당당하게 집의 한 공간을 떡하니 차지하고 있을까요? 이런 불만을 느꼈다면 '유연하게 모양을 바꾸는 냉장고'와 같은 상식의 정반대에 있는 아이디어가 나올 수도 있습니다.

또는 "냉장고까지 몇 번이고 오가느라 낭비되는 시간을 없앨 수 있을까?"라는 불만에 공감하는 사람도 있을 법합니다. 집에서 요리하는 모습을 잘 관찰하면 많은 사람이 자기도 모르는 사이에 수십 번씩 냉장고와 조리 공간을 오가지요. '조리 공간에 둘 수 있는 작은 냉장고'가 있다면 지금보다 훨씬 편리해질지도 모릅니다.

⑥ 목적에 관한 질문
"냉장고가 수단이라면 목적은 무엇인가?"

-

가족을 생각하는 아버지, 어머니에게 냉장고를 구입하는 궁극적인 목적은 '가족의 건강'이 아닐까요? '가족의 건강을 지키는 냉장고'를 생각한다면, 체중계나 혈압 측정 기기 또는 스마트 디바이스와 연계해 새로운 기능을 구상할 수 있습니다.
비싼 냉장고를 구입하는 사람 중에는 가족뿐만 아니라 친구에게 맛있는 요리를 대접하기 좋아하는 사람도 있습니다. 이런 이들을 위해 '소중한 사람을 대접하기 위한 냉장고'를 개발해 보면 어떨까요? 초밥 재료를 보여주는 초밥집 냉장고처럼 디스플레이에 중점을 둔 음식점 냉장고는 설계의 힌트가 됩니다.

⑦ 이타적인 질문
"그 냉장고를 통해 사회는 어떻게 개선될까?"

-

사회적 과제와 냉장고를 연결하는 것이 바로 이타적인 질문입니다. 이를테면 환경 문제가 있습니다. '가정에서 음식물 쓰레기가 나오지 않게 만드는 냉장고'가 개발된다면 새로운 수요를 창출할 수 있겠지요. 이미 퇴비 제조 등을 활용해 쓰레기를 전혀 배출하지 않는 레스토랑도 있으니 가정용으로 적절히 응용한다면 충분히 가능하지 않을까요?
여성의 사회 진출과 냉장고도 밀접한 관계가 있습니다. 냉장고는 지금껏 여성 주부를 돕는 가전이었습니다. 여성이 사회에서 일하는 것이 당연한 상식이 된 지금은 냉장고의 역할에도 변화가 필요합니다. 예를 들어 '일하는 여성의 수고를 덜어주는 냉장고'라는 방향으로 컨셉을 고민하는 것도 의미가 있겠지요.

⑧ 자유로운 질문
"냉장고는 로봇이 될 수 있을까?"

-

지금까지 만든 질문을 되돌아보면 모두 생활을 편리하게 한다는 방향에 초점을 맞추고 있습니다. 이번에는 여덟 번째 칸을 이용해서 좀 더 재미있는 질문을 해보겠습니다. 예를 들어 "냉장고는 로봇이 될 수 있을까?"라는 질문은 어떨까요? 가전제품이 만약 '도라에몽'처럼 인격을 가진 존재가 된다면 어떨까 상상해 보면 재미있는 사고실험이 될 듯합니다.

아이들을 주요 사용자로 설정한다면 '놀아주는 냉장고'를 떠올릴 수 있겠지요. 냉장고가 퀴즈를 내서 아이가 정답을 맞히면 문이 열리고 간식을 주는 방식으로 소통할 수 있습니다. 앞으로 더욱 많아질 고령자 1인 가구에는 '고독을 달래주는 냉장고'가 필요해질지도 모릅니다. 대화 상대가 되어주고 건강을 신경 써주며 식단을 함께 고민하는 파트너가 되어준다면 어떨까요? 이렇게 사람처럼 생각하는 냉장고에는 다양한 가능성이 있습니다. 여러분이 생각했을 때 즐거워지는 질문은 무엇일까요? 그 물음에 어떤 답을 할 수 있을까요?

그림2-8. **답변 예시**

① 전체에 관한 질문: "냉장고를 부분이 아닌 전체로 생각한다면?"	**② 주관적인 질문:** "냉장고와 관련해 당신이 특히 좋아하거나 고집하는 부분은?"	**③ 이상적인 질문:** "이 냉장고를 통해 기대하는 이상적 변화는?"
• 집 전체를 하나의 냉장고로 삼는다 • 구입부터 폐기까지 모두 맡기는 냉장고	• 집 안에서 특히 좋아하는 공간에 둘 수 있는 분산형 냉장고 • 식물용 냉장·보온고	• 인테리어로서 사람들에게 보여주고 싶은 냉장고 • 장을 봐주는 냉장고
④ 동사로 된 질문: "냉장고와 관련된 행동을 생각해 본다면?"	중심 질문	**⑤ 파괴하는 질문:** "냉장고에 관한 깨부수고 싶은 불만이나 상식은?"
• 여름에 옷을 시원하게 만들어주는 냉장고 • 수집품을 적정 온도로 관리하는 보관고	**새로운 발상이 담긴 냉장고란?**	• 유연하게 모양을 바꾸는 냉장고 • 조리 공간에 둘 수 있는 작은 냉장고
⑥ 목적에 관한 질문: "냉장고가 수단이라면 목적은 무엇인가?"	**⑦ 이타적인 질문:** "그 냉장고를 통해 사회는 어떻게 개선될까?"	**⑧ 자유로운 질문:** "냉장고는 로봇이 될 수 있을까?"
• 가족의 건강을 지키는 냉장고 • 소중한 사람을 대접하기 위한 냉장고	• 가정에서 음식물 쓰레기가 나오지 않게 만드는 냉장고 • 일하는 여성의 수고를 덜어주는 냉장고	• 놀아주는 냉장고 • 고독을 없애는 냉장고

이제 본격적으로 컨셉 설계에 들어가고자 합니다. 질문을 통해 탄생한 '상상'을 누구나 이해하고 공감할 수 있는 치밀한 '구상'으로 바꾸어봅시다.

2장 요약

□ 컨셉은 질문에서부터 시작된다

- 정해진 질문에 답을 많이 내놓는 능력은 더 이상 창의성이라고 부르지 않는다.
- 의미 있는 질문을 만드는 것에서 의미 있는 컨셉이 탄생한다.

□ 질문의 좋고 나쁨은 '자유도'와 '임팩트'에 따라 결정된다

- '자유도'란 질문이 이끌어내는 답의 폭으로, 자유도가 높을수록 선택지가 늘어난다.
- '임팩트'란 질문에 답했을 때 나타나는 사회나 생활에 대한 영향력을 뜻한다.
- 좋은 질문은 좋은 패스와 같아서 받는 사람의 생각을 자유롭게 만들고 결정적인 답을 이끌어낸다.

□ 질문을 바꾸는 '재구성'

- 어리석은 질문, 나쁜 질문, 퀴즈는 좋은 질문으로 바꿔야 한다.
- 질문을 바꾸면 관점이 바뀌고 발상이 바뀌며 컨셉도 달라진다.

  예 엘리베이터 문제

□ **8가지 재구성 방법을 실천하자**

① **부분에 관한 질문 → 전체에 관한 질문**: 부분보다 전체를 헤아린다면?

② **객관적인 질문 → 주관적인 질문**: 당신이 유독 좋아하거나 고집하는 것은?

③ **현실적인 질문 → 이상적인 질문**: 우리가 지향해야 할 이상은 어떤 모습인가?

④ **명사로 된 질문 → 동사로 된 질문**: 행동에 주목한다면?

⑤ **창조하는 질문 → 파괴하는 질문**: 깨부숴야 할 지루한 상식은?

⑥ **수단에 관한 질문 → 목적에 관한 질문**: 그것이 수단이라면 목적은 무엇인가?

⑦ **이기적인 질문 → 이타적인 질문**: 그러면 사회는 어떻게 개선되는가?

⑧ **정해진 질문 → 자유로운 질문**: 아직 나오지 않은 값진 질문은 없는가?

양방향 어느 쪽으로든 질문을 전환해도 좋다.

3장

고객의 눈높이로 보기

'인사이트형' 스토리 설계

2장에서는 질문을 만드는 방법과 질문의 방향을 바꾸는 방법을 살펴보았습니다. 좋은 질문이 나왔다면 그다음은 스토리 형식에 대입하며 해결책을 생각해 볼 차례입니다. 어쩌면 "스토리라니 귀찮구만" 하는 생각이 들지도 모릅니다. "쉽고 명확하게 한 줄로 답하고 싶은데……" 이렇게 생각하는 사람도 있겠지요.

물론 최종적으로는 한 줄로 말할 수 있을 정도로 간결해야만 컨셉이 제대로 효과를 발휘합니다. 하지만 그렇다고 해서 훌륭한 한 줄만 가지고 모든 걸 해결할 수 있는 것은 아닙니다. 같은 팀 동료부터 조직 외 관계자까지 다양한 사람에게 공감을 얻기 위해서는 컨셉에 도달하는 과정 또한 중요하니까요. 이러한 '과정'을 이 책에서는 '스토리'라고 부릅니다.

아래 3가지 예문을 읽고 비교해 봅시다.

- **예문1 | 한 줄의 컨셉**

  전 세계 어디든 내 집처럼. 에어비앤비.

- **예문2 | 정보가 있는 컨셉**

  대상: 여행 경험이 많은 사람

서비스 개요: 여행자와 빈방을 연결해 주는 서비스

강점1: 현지에서의 생활을 안심하고 즐길 수 있다.

강점2: 벤치마킹한 호텔보다 저렴하게 숙박할 수 있다.

컨셉: 전 세계 어디든 내 집처럼. 에어비앤비.

- **예문3 | 스토리가 있는 컨셉**

여행에서 마주치는 마을들은 어디든 남다른 개성이 있습니다. 비슷한 풍경 따위는 하나도 없지요. 그런데 우리는 왜 어느 마을에 가든지 비슷한 시설에 묵을까요? 만약 현지인을 만나고 현지에 녹아들어 그들의 진정한 삶과 문화를 맛볼 수 있다면 어떨까요? 우리는 그 '만약'을 안전하게 그리고 합리적인 가격에 실현할 수 있습니다. 전 세계 어디든 내 집처럼. 여행 경험이 많은 당신에게 에어비앤비가 건네는 제안입니다.

예문1처럼 한 줄짜리 컨셉에서는 글에 담긴 목표나 전략까지는 읽을 수 없습니다. 그렇다면 예문2는 어떨까요? 꼭 필요한 최소한의 정보만 나열했습니다. 이런저런 단서는 얻을 수 있지만, 컨셉이 여전히 가져다

붙인 '장식'처럼 느껴지지 않나요? 정보 간의 관련성이 보이지 않아 따로 따로 같은 인상을 주기 때문입니다. 이렇게 연관성이 허술하면 아무리 훌륭한 컨셉이라도 설득력을 잃게 됩니다.

예문3은 예문2의 정보를 하나의 스토리로 만들었습니다. 요소와 요소가 또렷하게 연결되어 읽기가 수월해졌지요. 한 줄 한 줄 설득력이 더해져 최종적으로 '전 세계 어디든 내 집처럼'이라는 말에 담긴 뜻이 훨씬 강렬하게 전해집니다. 특히 참신한 아이디어에서 비롯된 컨셉일수록 순서에 따라 타인의 공감을 얻는 서사성이 더욱 중요해집니다.

그럼 어떻게 스토리를 짜야 할까요? 복잡하게 뒤얽힌 듯 보이는 영화에도 시나리오를 만드는 기본 틀이 있습니다. 컨셉도 마찬가지입니다. 이 책에서는 기본이 되는 2가지 유형, 인사이트형과 비전형 스토리에 대해 배워봅니다. 먼저 고객의 눈높이에 맞춰 설계하는 인사이트형부터 시작해 봅시다.

3-1

인사이트형 스토리의 뼈대

4개의 C로 이야기하기

'3C 분석'이라는 말을 들어보신 적이 있나요? 경영 전략이나 마케팅 플랜을 세울 때 사용하는 프레임워크로 3개의 C는 각각 Customer(고객), Competitor(경쟁자), Company(자사)를 가리킵니다. 고려해야 할 사항을 빠짐없이 확인하고 효율적으로 분석하기 위한 틀로써 널리 이용되어 왔습니다.

무언가 새로운 것을 세상에 제안하고자 할 때는 3C를 무시할 수 없습니다. '고객'의 과제를 해결하는 것, '경쟁자'에게 없는 가치를 제안하는 것, '자사'만의 강점을 살리는 것. 모두 컨셉을 설계할 때 확실히 확보해야 할 요소입니다.

다만 3C를 각각 채우기만 해서는 스토리가 되지 않습니다. 그래서 컨셉을 만들 때는 각각의 항목을 접속사로 연결한 뒤 마지막으로 'Concept(컨셉)'이라는 네 번째 C를 배치합니다. 그림3-1을 살펴볼까요? 마치 변형된 4컷 만화 같지요. 사실 형태에도 의미가 있는데, 그 부분은 다음 장에서 다시 설명하겠습니다.

고객 눈높이에 맞춘 스토리란 다시 말해 '고객을 구하는save 이야기'입니다. 4개의 C를 연결해서 옛날이야기처럼 읽으면 다음 같은 이야기가 됩니다.

1. 옛날 옛적 어느 마을에 ×× 때문에 어려움을 겪는 사람이 있었습니다.
2. 그러나 이 세상 누구도 그를 돕지 못했습니다.
3. 그래서 ○○는 자신의 특별한 힘을 이용해 도움을 주었습니다.
4. 즉, 고객은 □□라는 해결책으로 구원을 받았습니다.

고객이 겪는 어려움에서 출발해 해결을 돕는 방식으로 컨셉에 다다랐습니다. 참으로 바람직한 해피 엔딩이지요. 이번에는 이것을 스타벅스의 사례에 적용해 봅시다(그림3-2).

1. 어느 마을에 몹시 지친 사람들이 있었습니다. 매일 집과 직장만 오가는 반복되는 일상에 스트레스가 쌓였지요.

그림3-1. 4C 분석

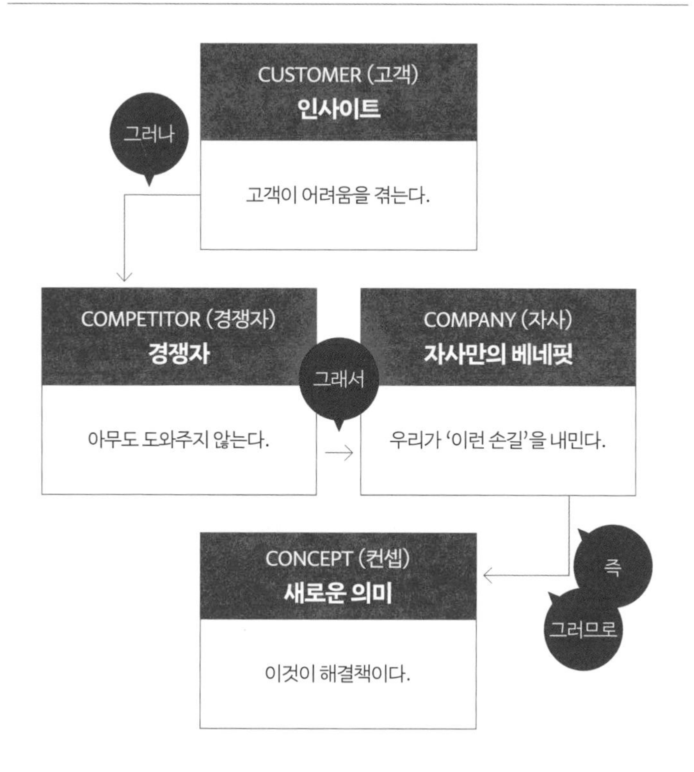

2. 그러나 도시에는 제대로 숨 쉴 곳이 없었습니다.
3. 그래서 스타벅스는 편히 쉴 수 있는 공간을 만들었습니다. 널찍한 공간과 고급 소파, 기분 좋은 음악과 커피 향. 혼자든 동료와 함께든 몇 시간이라도 느긋하게 머물 수 있습니다.
4. 즉, 스타벅스는 집도 직장도 아닌 '제3의 장소'. 이제 바쁜 현대인들에게 없어서는 안 될 공간이 되었습니다.

스타벅스가 제시한 고객 가치는 아주 명쾌합니다. 그렇기에 이처럼 알기 쉽게 이야기 형식으로 분해할 수 있지요. 반대로 말하면 이야기 형식에 맞춰 컨셉을 설계하면 고객 가치를 명확하게 만들 수 있다는 뜻이기도 합니다.

스토리의 뼈대가 어떻게 이루어지는지 이해가 되셨나요? 이제 3가지 C를 각각 자세히 살펴보겠습니다. 첫 번째 C는 '고객'입니다.

그림3-2. **스타벅스의 4C 분석**

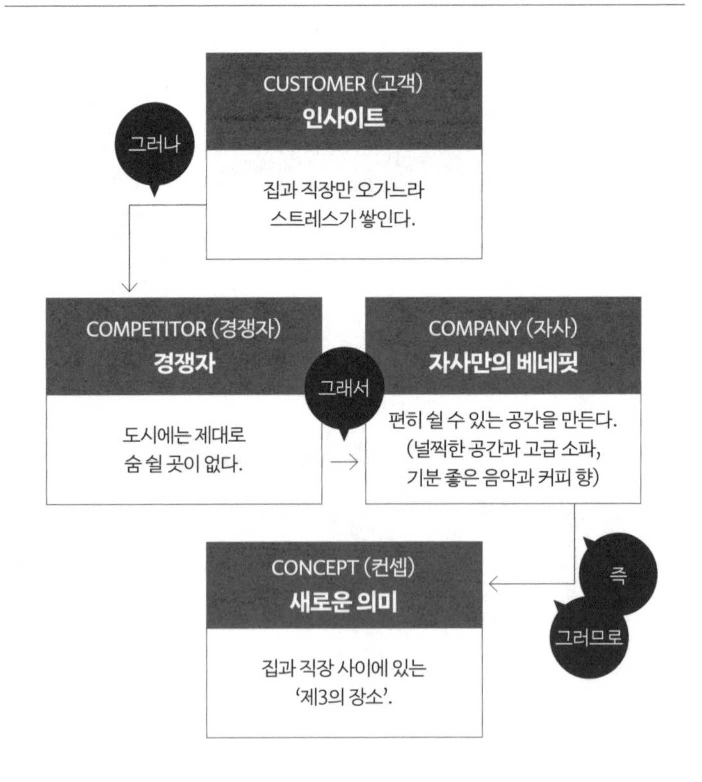

3-2

고객
고객의 인사이트를 찾는 방법

정말 하고 싶은 말은 표현하기 어려운 법

"일이랑 나랑 어느 쪽이 더 중요해?"

만약 배우자가 이렇게 묻는다면 어떻게 대답해야 할까요? 대부분 "물론 당신이 중요하지"라거나 "둘 다 소중하지"라고 대답합니다. 그런데 어떤 사람은 둘 다 엄청난 오답이라고 딱 잘라 말합니다. 올바른 대답은 "외롭게 해서 미안해"라고 사과하며 꼭 안아주는 것이라고 하더군요. 누군가 이런 질문을 던진다면 그 이유는 답을 듣기 원해서가 아니라, 외로움을 느끼지만 자신에게 좀 더 신경 써달라고 말할 수 없기 때문이라는 것이 그의 논리입니다. 물론 모든 상황에 알맞은 답변은 아닐 테고 권장하지도 않습니다. 하지만 지인의 이러한 생각에 묘하게 납득이 가는 이야기입니다.

정말 하고 싶은 말은 말로 표현하기 어렵다는 사실을 우리는 잘 압니다. 특히 연애할 때 많은 사람이 경험하지요. 수많은 사랑 노래는 말로 표현할 수 없는 괴로움과 안타까움을 시대를 넘어서 줄곧 표현해 왔습니다. 최근에도 광고에 사용된 일본 밴드 오프코스OFF COURSE의 대표곡 〈말로 표현할 수 없어〉를 비롯해 '말하지 못할', '전할 수 없는', '뭐라 말해야 할지 알 수 없는' 안타까움을 노래하는 곡들이 현대에도 끊임없이 나오고 있습니다.

물론 연애뿐만이 아닙니다. 여러분은 다른 사람과 대화할 때 모든 사실을 있는 그대로 드러내고 솔직하게 이야기하시나요? 잘 아는 친구와의 대화라면 그럴지도 모르지만, 사람들은 대부분 상황이나 분위기에 맞춰 자신의 체면을 지켜가며 대화를 나눕니다. 모두가 거짓말을 하는 셈이지요. 그럼에도 불구하고 사람들은 비즈니스를 할 때 어째서인지 '사람은 누구나 하고 싶은 말을 한다'는 전제하에 일을 진행해 버립니다.

샐러드가 먹고 싶다는 환청

어느 패스트푸드 회사에서 이런 일이 있었습니다. 대규모의 시장 조사를 실시한 결과, 햄버거나 감자튀김뿐만 아니라 '채소가 듬뿍 든 샐러드를 먹고 싶다'는 의견이 쏟아졌습니다. 전국 각지에서 쏟아진 고객의 생생한 목소리를 무시할 수는 없지요. 회사는 고객의 기대에 부응하기 위해 채소가 듬뿍 들어 포만감을 주는 샐러드 메뉴를 개발해 전국에서 판매하기 시작했습니다.

이제 남은 일은 매진 소식을 기다리는 것뿐. 그런데 판매는 부진한 실적으로 끝을 맺고 말았습니다. 과연 샐러드가 먹고 싶다는 목소리는 환청이었을까요? 그렇지 않습니다. 그저 설문과 인터뷰에 참여한 이들이 진솔하게 답하지 않았을 뿐이지요. 회의실 같은 장소에서 이성적인 질문을 받으면 사람은 무심코 평소의 마음과 다르게 형식적인 대답을 하게 됩니다. 게다가 무엇을 정말 먹고 싶은지는 고객 자신도 잘 모릅니다. 달리 깊은 고민 없이 '전 세계적으로 건강에 대한 관심이 날로 높아지고 있으니 틀림없이 잘 팔리겠지' 하는 생각에 샐러드를 추천했다고 해도 충분히 있을 법한 일이지요.

소비자의 말과 행동이 같지 않음을 다시금 깨달은 이 기업은 샐러드 출시 직후에 두꺼운 고기가 특징인, 어떤 의미에서는 샐러드와 정반대의 가치를 지닌 상품을 내놓았습니다. 그 결과 기록적인 대히트 상품이 되었습니다.

말로 표현할 수 있는 것은 5%뿐

하버드 대학의 제럴드 잘트먼Gerald Zaltman 박사는 저서 『How

Customers Think』에서 인간은 자신의 의식 중 5%밖에 인식하지 못하며, 나머지 95%의 무의식이 생각이나 행동에 큰 영향을 미친다고 말했습니다. 5%가 정말 정확한 숫자인지 아닌지에 대해서는 검증이 필요할 듯합니다만, 상당 부분이 무의식중에 이루어진다는 점은 현재로서 인간의 의식을 올바르게 이해했다고 볼 수 있겠습니다.

그림3-3을 살펴볼까요? 의식 전체를 빙산에 비유한다면, 사람이 자신의 욕구를 스스로 언어화할 수 있는 것은 해수면 밖으로 드러난 부분뿐입니다. 이것을 '니즈needs'라고 부릅니다. 반면, 해수면 아래에는 의식할 수 없는 또는 알아차리고 있어도 언어화할 수 없는 무의식의 영역이 방대하게 펼쳐져 있습니다. 바로 여기에 '인사이트insight'가 잠들어 있지요.

그림3-3. **니즈와 인사이트**

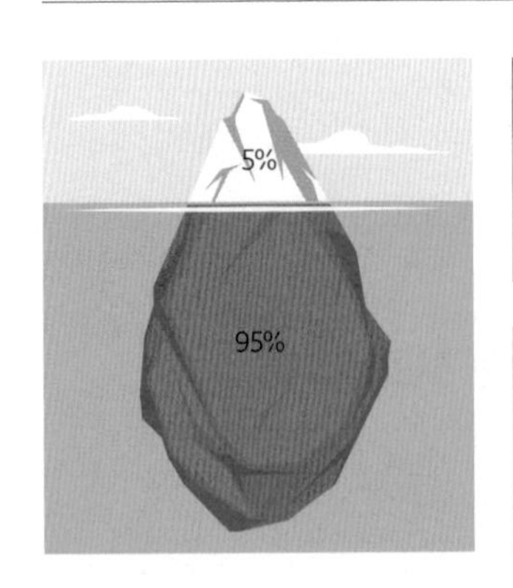

니즈

본인이 의식하고 언어화할 수 있는 부분.

인사이트

사람이 의식할 수 없는 혹은 어렴풋이 알아차리고 있지만 언어화할 수 없는 부분.

인사이트란 결국 무엇인가?

비즈니스에서 말하는 '고객 인사이트'를 한마디로 정의하자면 '아직 충족되지 않은 숨겨진 욕구'라고 표현할 수 있습니다. 이미 거기에 불만이나 고통이 존재하는데도 불구하고 본인조차 정체를 알아차리지 못합니다. 뛰어난 인사이트는 듣는 순간 "듣고 보니 그러네!" 하고 무릎을 탁 치고 싶어지지요. 이처럼 '무릎을 탁 치는' 감각은 '공감'과 '발견'의 곱셈을 통해 만들어집니다. 그림3-4를 참고해 볼까요?

세로축에 발견의 유무를, 가로축에 공감의 유무를 배치했습니다.

그림3-4. 인사이트 매트릭스

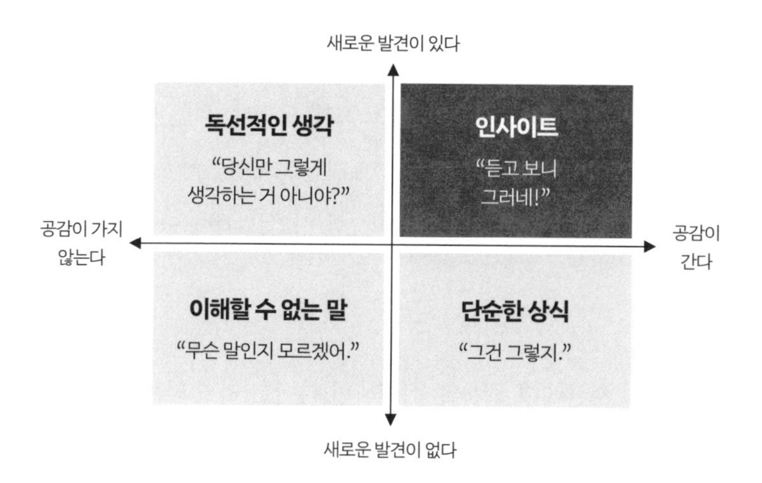

업무 관련 문서에서 자주 볼 수 있는 인사이트(가짜)는 우측 아래에 있는 '단순한 상식'에 해당합니다.

예를 들어 "밤에는 푹 자고 싶다"라는 말에는 아무도 반론을 제기하지 않습니다. 하지만 그 말에서 뭔가 새로운 깨달음은 전혀 얻지 못하지요. 그야말로 "그건 그렇지"라는 한마디로 정리할 수 있는 상식에 불과합니다.

그럼 무조건 새로우면 되는가 하면 그것도 아닙니다. 예를 들어 "내 수면 데이터를 가져와 스스로 분석하고 싶다"라는 인사이트 가설은 참신하게 들립니다. 하지만 공감 측면에서는 어떨까요? 지극히 소수의 인물 또는 기획자 본인만 이해할 수 있는 내용이라면 그저 '독선'이겠지요. 적어도 대상으로 설정한 사람이 "무슨 말인지 알겠어!"라고 반응할 수 있는 내용이어야 합니다. 모든 새로운 조짐을 인사이트라고 부를 수는 없다는 점을 반드시 유의합시다.

우리가 포착해야 할 인사이트는 그림 우측 상단에 나타나듯이 '공감'과 '발견'을 모두 갖추어 "듣고 보니 그러네!"라는 반응을 이끌어내는 말이어야 합니다. 모두가 오래전부터 알아차렸으나 아무도 말로 표현하지 못한 것. 그런 미묘한 심리를 찾아 언어화해 봅시다.

2021년 일본에서 출시된 '아리나민 나이트 리커버'는 피로 회복 음료로서, 잠들기 전에 영양 음료를 마신다는 새로운 습관을 확산시켰습니다. 그 결과 이 상품은 1년 만에 1250만 병 가까이 판매되는 히트 상품이 되었습니다. 지금껏 영양 음료는 일하는 시간에 마신다는 가정하에 개발되어 왔습니다. 하지만 사람들이 가장 바꾸고 싶어 한 것은 오후도 저녁도 아닌 '잠자리에서 일어나야 하는 아침'이었습니다. 그런 발견과 공감이 담긴 인사이트를 포착했기에 '아침이 바뀐다'는 카피가 소비자들에게 많은 지지를 얻었습니다.

그렇다면 인사이트를 어떻게 포착하고 표현하면 좋을까요? 먼저 다음에 소개하는 기본 구문을 익혀봅시다.

갈등 속에 숨겨진 속마음

일본의 온라인 슈퍼마켓 오이식스Oisix에서는 '키트 오이식스'라는 밀키트를 판매합니다. 요리에 필요한 재료가 모두 들어 있어 메인 요리와 반찬 한 가지를 20분 만에 만들 수 있게 되어 있습니다. 키트 오이식스는 2013년 7월 판매를 시작한 이후 매주 약 20종의 밀키트를 판매했고, 2021년 2월 누계 판매량이 7500만을 넘어섰습니다. 물론 2020년 코로나 사태로 집콕 소비가 늘어난 것도 이유 중 하나겠지요. 하지만 이러한 매크로 트렌드는 가정식에 대한 수요 전반의 성장을 설명할 수는 있어도 평균을 훨씬 뛰어넘는 키트 오이식스의 성장을 설명할 수는 없습니다. 키트 오이식스의 발전 뒤에는 어떤 인사이트가 있었을까요?

단순하게 생각하면 '요리에 수고를 들이고 싶지 않다'는 심리가 영향을 미쳤을지도 모른다는 생각이 듭니다. 하지만 그건 정답이 아님을 바로 알 수 있습니다. 20분 안에 2가지 요리를 한다는 건 다른 제품과 비교했을 때 꼭 쉽다고는 할 수 없으니까요. 시간을 훨씬 더 단축하는 데 특화된 밀키트는 얼마든지 찾을 수 있습니다.

오히려 오이식스는 요리에 약간의 '수고와 시간'을 들이도록 설계했습니다. 어째서일까요? 오이식스의 담당자는 인터뷰에서 '고객이 스스로 만든 요리라고 실감할 수 있는지가 상당히 중요하기 때문에 특히 주의를 기울인다'고 답했습니다. 그뿐만 아니라 그들은 서비스 개발의 키워드로 '찜찜함과 죄책감의 해소'를 꼽습니다.

사람들은 확실히 '품이 많이 들지 않는 음식'을 원합니다. 코로나 사태 이후 집에서 식사할 기회가 전보다 많아졌으니까요. 한편으로는 모순되어 보이지만 그러면서도 '식사를 부실하게 하고 싶지는 않다'고 생각합니다. 재료의 균형과 건강에도 신경을 써서 '제대로 만든 음식'을 가족에게 먹이고 싶다고 생각하지요.

즉, 키트 오이식스가 포착한 인사이트는 '품을 많이 들이고 싶지는 않지만, 부실한 건 원치 않는다'라는 것이었습니다. 한 문장 안에 큰 모순이 담겨 있지요. 그렇기에 스스로는 깨닫기 어렵고 말

그림3-5. **키트 오이식스**

출처: https://www.oisix.com/shop.kounyuu—oic_intro_shinki_kit__html.htm

로 표현할 수도 없었을 겁니다.

설문 조사에서 고객에게 어떤 밀키트를 원하냐고 물어도 제대로 방향을 제시하지 않는 한 "수고스러운 음식은 만들고 싶지 않아요"라든지 "채소가 듬뿍 든 건강한 음식이 좋아요"처럼 시간 단축이나 건강에 치우친 대답만 돌아오기 마련입니다. 고객의 목소리가 그대로 인사이트가 된다고 믿는다면, 빠르게 조리할 수 있는 밀키트나 과정이 얼마나 복잡하든 몸에 좋은 밀키트를 만들게 되겠지요. 하지만 오이식스는 그런 실수를 범하지 않았습니다. 수고를 들이고 싶지 않은 현대인의 마음 이면에 요리를 대충한다는 죄책감과 괴로움이 숨어 있다는 점을 놓치지 않았습니다.

인사이트가 보이는 문장 만들기

오이식스의 사례처럼 인사이트는 상반된 감정을 일으키는 갈등 속에 존재합니다. 그렇다면 이를 표현하는 말 또한 당연히 모순을 표현하는 화법이 되겠지요. 그림3-6은 인사이트를 서술하기 위한 기본 구문입니다. 먼저 심리A와 심리B에는 각각 상반된 심리 상태를 적습니다. 오이식스의 사례를 대입하면, 심리A는 '식사 준비에 품을 많이 들이고 싶지 않다', 심리B는 '부실하게 먹고 싶지는 않다'가 됩니다. 상반된 A와 B를 연결하면 '식사 준비에 품을 많이 들이고 싶지 않다. (하지만) 부실하게 먹고 싶지는 않다'라는 문장이 완성됩니다. 이 'A이지만 B'가 인사이트를 포착하는 기본 구문입니다. 그럼 이제 다른 사례들의 인사이트도 같은 구문을 이용해 언어화해 볼까요?

그림3-6. **오이식스의 인사이트 구문**

심리A	**식사 준비에 품을 많이 들이고 싶지 않다**
	하지만
심리B	**부실하게 먹고 싶지는 않다**

페브리즈의 인사이트

페브리즈Febreze는 1998년 섬유용 탈취제 및 방향제로 세상에 처음 소개되었습니다. 지금은 가정에 없어서는 안 될 필수품이 되었지요. 페브리즈가 포착한 인사이트를 말로 표현한다면, 어떻게 서술할 수 있을까요?

심리A : 집 냄새를 제거하고 싶다

우선 첫 번째 심리는 역시 냄새를 제거하고 싶은 마음이 아닐까 싶습니다. 스스로 알아차린다면 모를까, 손님이나 친구가 왔을 때 왠지 냄새가 난다는 말은 듣고 싶지 않으니까요. 그러나 '냄새를 제거하고 싶다'는 생각만으로는 페브리즈를 구입할 이유가 되지 않습니다. 또 하나 모순되는 마음을 찾을 필요가 있습니다.

심리B : 모든 걸 세탁하기는 귀찮다

일본 사람들은 냄새가 나면 무엇이든 세탁했습니다. 그래서 페브리즈를 일본에 들여올 때도 "깔끔한 것을 좋아하는 일본인이 정말 이 상품을 필요로 할까?"라는 우려가 있었다고 합니다. 그런데 실제로 페브리즈를 사용하게 해보니 이불을 햇볕에 말리기 전에 많이 사용한다는 사실이 밝혀졌습니다. 냄새가 날 때마다 이불 빨래를 한다면 끝이 없겠지요. 소파나 커튼도 마찬가지입니다. 냄새가 신경 쓰이면 뭐든 세탁하는 일본 사람들도 역시 매번 빨래하기는 귀찮았던 겁니다.

이렇게 페브리즈는 '집 냄새는 없애고 싶지만, 빨래를 하기는 귀찮다'는 인사이트를 발견했습니다. 나아가 이 새로운 인사이트를 통해 '빨래할 수 없는 것을 빤다'는 컨셉을 세우고, 일본에서 탈취 살균 스프레이라는 새로운 시장을 개척하는 데 성공했습니다.

더 퍼스트 테이크의 인사이트

'더 퍼스트 테이크THE FIRST TAKE'는 2019년 11월 문을 연 유튜브 채널로, 2021년 11월, 2년 만에 구독자 수가 500만 명을 돌파했습니다. 총 재생 횟수는 15억 회를 넘어서며 일본에서 가장 영향력 있는 음악 미디어 중 하나로 성장했습니다. '원 테이크one take로 음악과 마주한다'는 컨셉에 따라 아티스트는 마이크 외에 아무것도 없는 빈 스튜디오에 서서 연주하고 노래하며 이 모습을 원 테이크로 촬영합니다. 도중에 가사나 음정을 틀려도 그대로 영상에 담고, 원칙적으로 재촬영이나 가공은 일절 하지 않습니다. 유튜브상에 다양한 연출을 입힌 영상이 무수히 존재하는데도 어째서 이렇게 심플한 음악 채널이 큰 반향을 불러일으켰을까요? 이 점을 인사이트라는 측면에서 분석해 봅시다.

심리A: 부담 없이 음악을 즐기고 싶다

유튜브 채널이니 아무래도 부담 없이 음악을 즐기고 싶은 마음이 전제이겠지요. 유튜브에서는 좋아하는 아티스트의 채널을 구독하거나 추천 동영상으로 새로운 아티스트를 만나기도 합니다. 이제 유튜브는 젊은 세대의 음악 미디어로 완전히 자리 잡았다 해도 과언이 아닙니다. 그러나 그 편리함의 이면에 사용자는 어딘가 부족함을 느낀 듯합니다.

심리B: 아티스트의 진심을 느끼고 싶다

더 퍼스트 테이크의 운영팀은 인터넷상의 음악 동영상을 볼 때는 왜 라이브를 볼 때와 같은 감동이 느껴지지 않을까 고민했습니다. 유튜브에서 재생할 수 있는 공식 영상들은 대부분 여러 번 다시 녹화하고 가공해 완벽하게 완성한 음원이지요. 라이브 영상조차 좋은 부분을 편집하고 가공하여 업로드합니다. 그러나 원래 라이브의 감동이란 단 한 번뿐인 오늘 이 순간을 위해 '진심으로 음악과 마주하겠다'는 아티스트의 각오에서 비롯되는 것 아닐까요? '한 번뿐이기에 사람들은 그것을 진짜라고 느낀다. 음악을 좋아하는 사람일수록 진심을 원한다.' 이것이 더 퍼스트 테이크 팀이 찾은 또 다른 심리였습니다.

다시 말해, 더 퍼스트 테이크는 '부담 없이 음악을 즐기고 싶지만, 아티스트의 진심을 느끼고 싶다'는 팬들의 욕심 가득한 인사이트에 아주 분명한 답을 내놓은 셈입니다.

지금까지 인사이트를 표현하는 구문을 살펴보았습니다. 인사이트를 다루는 데 익숙해질 때까지는 'A이지만 B'라는 구문을 꼭 지킵시다. 좋은 인사이트란 정반대의 모순된 마음을 포착하는 것이니까요. 다만 인사이트를 반드시 이 구문으로 표현해야 하는 것은 아닙니다. 익숙해진 후에는 다양한 표현을 시도해 보아도 좋습니다.

인사이트와 컨셉은 동전의 양면과 같습니다. 정곡을 찌르는 인사이트를 발견하면 자연히 컨셉도 눈에 보이기 마련이지요. 그리고 이러한 인사이트와 컨셉의 관계야말로 인사이트형 스토리의 축입니다. 고객의 어떤 갈등을 마주하고, 어떻게 해결책을 제시하는가. 이처럼 확고한 메시지가 담긴 스토리를 구상해 봅시다.

3-3

경쟁자
진정한 경쟁 상대를 찾는 법

고객, 즉 인사이트 다음으로 경쟁자[Competitor]에 대해 이야기해 보겠습니다. 경영 전략이나 마케팅 전략을 세울 때 경쟁을 다양한 관점에서 분석할 수 있지만, 스토리를 설계할 때는 경쟁자의 '약점'과 고객에 대한 '소홀함'을 찾는 것이 핵심입니다. 쉽게 말해 '타깃 고객이 어려움을 겪고 있는데도 아무도 대책을 강구하지 않는다'고 지적할 수 있는 시장의 빈 곳, 즉 기회를 찾으면 됩니다.

경쟁자는 라이벌이 전부가 아니다

우선 넓은 시야에서 진정한 경쟁자가 누구인지 알아보는 것부터 시작해 봅시다. 다음에 나오는 그림3-7을 살펴볼까요?

그림3-7. 경쟁자를 찾는 방법

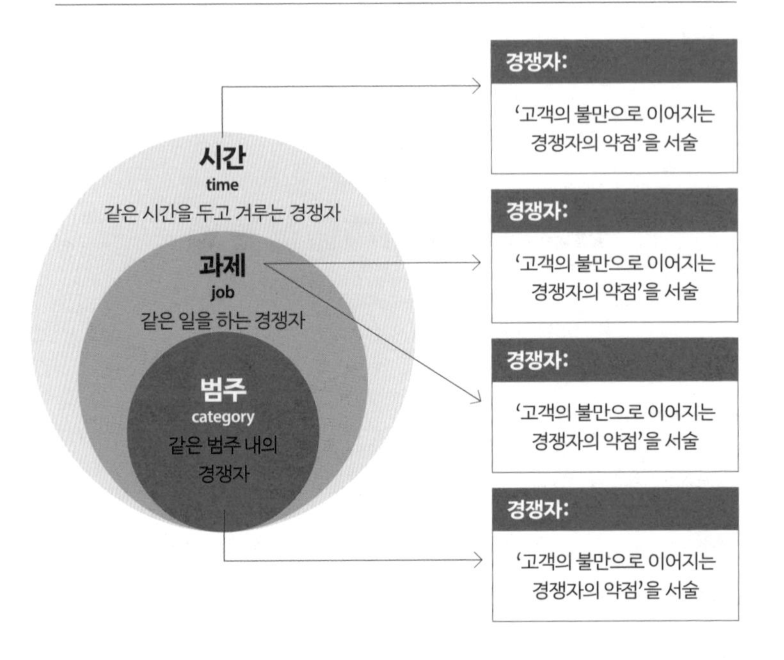

이 그림은 경쟁 상대를 찾고 동시에 경쟁에서 승리하는 길을 찾아내기 위한 틀입니다. 좌측에는 크기가 다른 3개의 원이 있지요. 크기가 작은 순서대로 범주category, 과제job, 시간time이라는 3가지 기준을 통해 경쟁자를 찾게 됩니다. 구체적으로 알아낸 경쟁자의 이름은 우측 네모 칸 안에 써 넣습니다. 그리고 그 밑에는 '고객의 불만으로 이어지는 경쟁자의 약점'을 씁니다. 틀을 제대로 채우면 이 그림을 보기만 해도 경쟁 상대가 누구인지, 그 상대가 '소홀한' 부분이 어디인지 알 수 있습니다. 도전하는 쪽에게는 기회를 한눈에 파악할 수 있는 도구가 되지요.

여기서는 아마존의 전자책 단말기 '킨들'을 '출퇴근길 전철 안에서 책을 읽는 회사원'에게 판매한다는 과제를 상정하고, 경쟁자를 분석하면서 자세한 과정을 알아보고자 합니다. 먼저 가장 작은 동그라미인 '같은 범주에 속하는 경쟁자'부터 살펴볼까요?

범주: 같은 범주 내의 경쟁자

고객이 시장에서 비교·검토하는 상대가 바로 '같은 범주 안에 속하는 경쟁자'입니다. 소위 라이벌 기업이나 라이벌 상품을 주로 떠올리게 됩니다. 청량음료 부문의 코카콜라와 펩시콜라, 항공 부문의 ANA와 JAL은 각각 개성도 기업 철학도 사업 구조도 다르지만, 고객이 구매를 결정할 때 함께 고려하는 경우가 많다는 점에서 같은 범주 안의 경쟁자라고 할 수 있습니다.

킨들의 경쟁 상대는 타사의 전자책 단말기입니다. 그림3-7의 '경쟁자' 칸에는 구체적인 브랜드명이나 기업명을 적어도 상관없습니다. 그 아래 칸에는 경쟁자가 고객에게 '소홀한' 부분, 즉 '고객의 불만으로 이어지는 약점'을 써 넣어줍니다.

예를 들어 킨들에 비해 타사 전자책 단말기의 '상품 종류가 충분하지 않은' 경우, 독서를 즐기는 회사원 고객들은 불만을 느낄지도 모릅니다. 그 밖에도 단말기 사용법이나 배터리 지속 시간, 가독성 등을 비교해도 좋습니다.

이렇게 조사해서 데이터를 얻는다면, 다른 회사들을 포함한 기존 업계가 어느 부분에 부족한지 한층 더 자세히 들여다볼 수 있습니다. 하지만 이렇게 같은 시장 안의 경쟁만 보고 비교해서는 발상이 확장되지 않습니다. 여기서 더 나아가 과제와 시간이라는 관점에서도 경쟁 상대를 찾아봅시다.

과제: 같은 역할을 하는 경쟁자

여기서 '과제'란 '구입하는 상품이나 서비스를 통해 고객이 이루고자 하는 것'을 뜻합니다. 예를 자동차로 들면, 같은 범주의 경쟁자는 다른 자동차 회사이지만, 고객이 '출퇴근'이라는 과제를 위해 자동차를 사용한다면 전철, 택시, 버스, 오토바이, 자전거 등도 경쟁 상대에 포함된다고 볼 수 있지요. 고객이 출퇴근이라는 목적을 달성하기 위해 다양한 선택지 안에서 가장 좋은 것을 '고용'한다고 보는 것이 '과제'라는 발상입니다.

킨들은 아주 단순하게 본다면 크게 2개의 과제로 나눌 수 있습니다. 하나는 '책을 사는' 것이고, 다른 하나는 '책을 읽는' 것입니다. 첫 번째 '책을 사다'라는 과제에 대한 경쟁 상대로는 오프라인 서점을 들 수 있습니다. 오프라인 서점에는 뜻밖의 만남과 발견이 있으며 디지털로는 결코 대체할 수 없는 가치가 있습니다. 그러나 서점에서는 책을 찾는 데에는 시간과 품이 많이 들지요. 서점을 좋아하는 사람들이라도 업무용으로 갑자기 특정 전문 서적이 필요한 경우에는 불만을 느끼기도 합니다.

또 하나, '책을 읽는다'는 과제를 위해 고객이 고용할 수 있는 경쟁 상대로는 '종이책'을 들 수 있습니다. 종이책은 분량을 좀 더 쉽게 파악할 수 있고, 글씨를 쓰거나 귀퉁이를 접어가며 자유롭게 사용할 수 있다는 장점도 있습니다. 반면, 여러 권의 책을 가지고 다니기에는 불리하지요. '무겁고 부피가 크다'는 종이의 약점은 킨들에게는 기회가 됩니다. 전자책은 100권을 넣어 다녀도 몇백 그램밖에 되지 않으니까요.

시간: 같은 시간을 두고 겨루는 경쟁자

마지막으로 눈여겨보아야 할 부분은 시간이라는 관점에서 찾는 경쟁자입니다. 킨들은 전철로 출퇴근하는 회사원들의 시간을 빼앗기 위해 어떤 상품이나 서비스와 경쟁하고 있을까요?

예를 들어, 스마트폰의 뉴스 어플리케이션은 어느새 비즈니스를 하는 사람들의 새로운 습관으로 자리 잡았습니다. 출퇴근 시간에 즐기는 콘텐츠라는 의미에서는 팟캐스트 같은 음성 콘텐츠도 무시할 수 없습니다. 또는 소셜 네트워크 서비스를 즐기는 사람도 있고요. 어떤 사람은 홈쇼핑 사이트에서 쇼핑을 하기도 합니다.

그중에서도 콘텐츠를 즐기는 방식이 킨들과 유사한 '정액제 영상 스트리밍 서비스'를 경쟁 상대로 설정해 보겠습니다. 영상 스트리밍 서비스에 대항할 방법은 어떻게 찾아야 할까요? 몇 가지 관점이 있지만, 이를테면 인기 많은 영상의 '원작'에 주목해 볼 수 있습니다. 영상 스트리밍 서비스 사이트에서 특히 큰 인기를 끈 작품들은 대부분 소설이나 만화 등 원작이 있으니까요. 시청자 리뷰를 보면 '원작도 꼭 읽어보세요'라는 팬들의 추천이 끊이지 않습니다. 스트리밍 서비스를 이용하는 사람이라면 '원작을 알아야 영상을 더 깊이 있게 즐길 수 있다'는 말에 어느 정도 설득력을 느낄지도 모릅니다.

그림3-8. **킨들의 경쟁 상대**

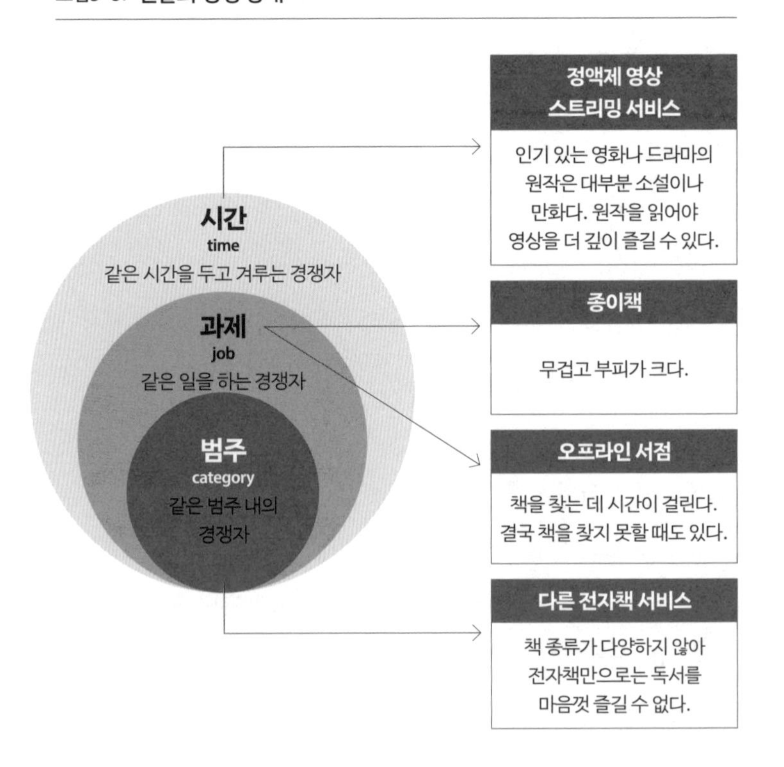

그림3-8은 지금까지 살펴본 킨들의 경쟁 상대에 관한 정보를 정리한 내용입니다. 세 단계를 따라 경쟁 상대를 설정하고, 상대의 약점이나 소홀한 부분을 나열했습니다. 모두 자신의 혹은 자사의 기회와 다름없지요. 경쟁자와 비교하지 않았다면 알지 못했을 관점 또한 얻을 수 있었습니다. 자신의 가치를 발견하는 것. 이처럼 경쟁 상대를 헤아리는 행위의 본질은 스스로 새로운 가능성을 찾는 것이기도 합니다.

3-4

자사
우리만이 제공할 수 있는 베네핏

강점을 3가지로 구분 짓기

지금까지 고객이 어떤 어려움을 겪고 무엇을 원하는지 알아내고, 경쟁 상대가 어떤 면에 소홀하고 약한지 분석해 보았습니다. 그다음은 우리가 무엇을 할 수 있는지 보여줄 차례입니다. 오직 나 또는 우리 회사만이 내밀 수 있는 '손', 다시 말해 자사의 강점을 헤아리는 것이 세 번째 C, 기업Company이라는 항목의 주제입니다.

상품과 서비스의 강점을 분석할 때는 팩트fact, 메리트merit, 베네핏benefit 총 3가지로 구분 지어 생각합시다. 각 개념의 정의는 아래 그림3-9를 참고해 주세요.

앞서 아마존 킨들의 경쟁자를 분석할 때 '종이책은 무겁고 부피가 크다'는 항목이 있었습니다. 이와 관련해 킨들이 어떤 제안을 할 수 있을지 생각하며 강점을 나눠보겠습니다. 타깃은 전과 동일

그림3-9. **강점의 3가지 구분**

FACT 팩트	MERIT 메리트	BENEFIT 베네핏
그 상품이나 서비스가 지닌 흔들림 없는 객관적 사실	'사실'이 불러오는 일반적인 이익	타깃에게 특히 강력하게 어필하는 이익

하게 회사원으로 설정하겠습니다.

우선 팩트부터 살펴볼까요? 팩트란 '상품이나 서비스가 지닌 객관적 사실'을 말합니다. 가장 기본적인 킨들 단말기의 사양을 살펴보면(2023년 3월 시점) 무게가 158g이라고 적혀 있습니다. '무게 158g.' 이건 객관적인 사실이지요.

다음으로 팩트에 의한 메리트를 생각해 보겠습니다. 여기서 메리트란 '누구나 이해할 수 있는 일반적인 이익'을 뜻합니다. '무게 158g'의 전자책 단말기라는 팩트에서는 이를테면 '책을 몇 권이든 가지고 다닐 수 있다'는 메리트를 이끌어낼 수 있습니다.

마지막은 베네핏입니다. 베네핏은 타깃에게 특히 강하게 호소할 수 있도록 '메리트'를 다른 말로 표현한 것이라 할 수 있습니다. '책을 몇 권이든 가지고 다닐 수 있다'는 메리트는 회사원에게 어떤 의미가 있을까요? 이를테면 '서재를 통째로 옮길 수 있다'라고 표현하면 어떨까요? 이것이 킨들이 회사원에게 제공할 수 있는 베네핏입니다.

베네핏은 타깃에게 강하게 어필할 수 있는 반면, 그 외의 사람들에게는 그리 와닿지 않는다는 특징이 있으니 유의해야 합니다. 만화를 좋아하는 고등학생에게 '무거운 참고 자료가 전부 주머니 속에 들어간답니다'라고 말해봤자 감흥이 전혀 없겠지요. 타깃을 전제로 하느냐 그렇지 않느냐에 따라 메리트와 베네핏이 나뉩니다.

다음에 나오는 그림3-10에서는 '700만 권이 넘는 책'이라는 팩트에서 어떠한 메리트와 베네핏을 도출할 수 있을지 아울러 적어보았습니다. 700만 권 이상의 전자책을 갖추었다는 점은 인터넷 환경만 갖추면 '읽고 싶은 책 대부분을 언제든 구할 수 있다'는 메리트가 되지요. 비즈니스를 하는 사람 입장에서는 '자료를 찾는 수고나 시간을 줄일 수 있다'는 베네핏으로 바꾸어 말할 수 있습니다.

그림3-10. **킨들의 강점 구분**

팩트 (객관적 사실)	메리트 (일반적인 이익)	베네핏 (타깃에게 강하게 어필하는 이익)
• 무게 158g. • 총 700만 권 이상의 전자책이 구비되어 있다.	• 몇 권이든 가지고 다닐 수 있다. • 읽고 싶은 책을 언제든 손에 넣는다.	• 서재를 통째로 옮길 수 있다. • 자료 찾는 데 필요한 시간을 일하는 데 쓸 수 있다.

이렇게 3가지 C로 스토리의 뼈대를 만들었다면, 마지막으로 한 줄 컨셉으로 바통을 넘길 차례입니다. 133쪽의 프레임워크를 사용해서 '즉'이나 '그래서' 등의 접속사로 연결해서 만든 스토리를 통해 '새로운 의미'를 서술하면 됩니다. 그리고 그렇게 만든 컨셉을 여러 관점에서 다듬어야 합니다. '컨셉은 인사이트에서 표현한 고객의 갈등을 해결하는가.' '경쟁자가 흉내 낼 수 없는 자사만의 강점을 온전히 활용하는가.' 이러한 관점에서 확인하면서 말이지요. 컨셉을 한 줄로 만드는 방법에 대해서는 5장에서 다시 설명할 예정이니 이번 장에서는 3개의 C를 쌓아 스토리를 만들어 컨셉을 '임시 저장'하는 것을 목표로 삼아봅시다.

3-5

실전편
인사이트형 스토리 설계

3장에서 살펴본 내용을 정리하기 위해 이번에는 연습 삼아 스토리를 직접 설계해 보겠습니다. 시간을 들여 과제를 한번 살펴본 후 진행하면 더욱 효과적입니다.

<과제>
이시다 두부

이시다 두부는 약 70년 전에 문을 연 오래된 두부 가게입니다. 제조부터 직영 점포의 판매, 인터넷 판매 사이트도 운영하고 있습니다. 간판 상품은 '돌두부'라고 부르는 단단한 두부입니다. 돌두부에는 일반 두부의 2.8배에 달하는 대두가 들어가 단백질 등 영양가가 무척 높다고 알려져 있습니다. 그러면서도 일반 두부와 마찬가지로 칼로리도 낮습니다. 국산 대두와 천연

간수를 원료로 현지의 깨끗한 물을 사용해 제조하며, 가격은 한 모에 400엔 전후로 일반 두부의 3배 정도입니다. 잘라서 양념을 뿌려 먹기보다는 보통 '두부 스테이크'를 만들어 먹으며, 마파두부 요리에 사용해도 쉽게 부서지지 않습니다. 잘게 잘라 생식으로도 맛볼 수 있습니다. 지금까지 지역 특산품으로서 선물용으로, 온라인 판매에서도 호평을 받아왔습니다.

그러나 이시다 두부의 사장은 더 나아가 돌두부를 일반 가정에도 널리 알리기 위해 새로운 상품과 서비스를 개발하고자 합니다. 타깃은 도시에 사는 가족입니다. 맛은 물론 '고단백'과 '저칼로리'에 초점을 맞춰 헬스장에 다니는 부부나 스포츠를 배우는 아이들이 있는 가정을 겨냥한다는 전략을 세웠습니다.

여러분이라면 어떤 신상품과 새로운 서비스에 대한 아이디어를 생각하고 컨셉을 설계할까요? 4개의 C를 분석하고 그 아래 4줄로 구성된 스토리 형태로 표현해 보세요. 4가지 요소를 제대로 연결하는 것이 가장 중요합니다. 말의 어미나 표현은 문장의 내용에 따라 바꾸어도 괜찮습니다. (기준: 1시간)

대상: 도시에 사는 가족

부부 중 한 명 이상이 헬스장에 다닌다. 또는 아이들이 스포츠를 배운다.

1. 어떤 가족이 ________ 라는 갈등을 겪고 있습니다.

(Customer | 인사이트)

2. 그러나 다른 상품이나 기업에는 ________ 라는 문제가 있습니다.

(Competitor | 경쟁자)

3. 그래서 이시다 두부는 ________ 하기로 했습니다.

(Company | 자사만의 베네핏)

4. 즉, ________ 를 제안합니다.

(Concept | 새로운 의미)

풀이 방법과 해설

두부를 이 과제의 소재로 삼은 이유는 누구에게나 친숙한 재료라는 점 그리고 전통 식재료이므로 유행이나 기술에 영향을 받지 않고 순수하게 상품과 사람 간의 관계 속에서 스토리를 떠올릴 수 있기 때문입니다. 물론 컨셉은 정답과 오답으로 구별할 수 없지만, 참고를 위해 하나의 줄거리를 예시로 제시하겠습니다.

① CUSTOMER 인사이트

-

인사이트는 'A이지만 B'라는 구문으로 서술한다는 점, 기억하실까요? 헬스장에 다니는 부부가 어떤 면에서 음식 문제로 고민할지 생각해 봅시다.

심리A : 단백질을 효율적으로 섭취하고 싶다

헬스장에 가면 강사가 운동뿐 아니라 식생활의 중요성에 대해서도 자세히 가르쳐줍니다. 특히 단백질을 효율적으로 섭취해야 한다고 강조하지요. 실제로 헬스장 근처 편의점에서는 고단백 식재료와 음식이 매우 잘 팔립니다. 따라서 헬스장에 다니는 부부는 먼저 '효율적으로 단백질을 섭취하고 싶다'는 생각을 하게 되지요. 다음으로 이와 방향이 정반대여서 갈등을 일으키는 또 다른 심리가 있는지 생각해 봅시다.

심리B : 심심한 식사는 싫다

고단백 음식은 맛이 심심한 경우가 적지 않습니다. 근육 단련에 큰 도움이 되는 닭가슴살만 해도 조리법이 아주 다양하지만 그럼에도 한계가 있지요. 즉, 예상 구매자는 '심심한 식사는 싫다'는 생각을 하기 쉽습니다.

이를 바탕으로 이끌어낸 인사이트는 '효율적으로 단백질을 섭취하고 싶지만, 밋밋한 식사는 싫다'입니다. 그 밖에도 '양질의 단백질을 섭취하고 싶지만, 요리는 귀찮다'든지 '근육은 늘리고 싶지만, 살은 찌고 싶지 않다' 같은 방향도 있습니다. 모두 말이 되지만, 어떤 인사이트를 바탕으로 하느냐에 따라 스토리가 크게 달라지니 유의합시다.

② COMPETITOR 경쟁자

-

타깃이 정해지고 인사이트에 관한 가설이 생겼다면, 다음으로는 경쟁자를 분석해야 합니다. 세 단계에 따라 경쟁자를 파악하고 '약점'이나 '소홀함'을 찾는 과정입니다.

범주: 일반 두부

약점: 이시다 두부에 비하면 단백질이 적다

같은 범주 안의 경쟁자는 일반 두부입니다. '효율적으로 단백질을 섭취한다'는 관점에서는 다소 값이 비싸더라도 돌두부가 우위를 차지할 듯합니다.

과제: 닭가슴살이나 단백질 기능 식품 등 고단백 식재료

약점: 요리의 종류가 한정적이다

과제를 '단백질을 섭취한다'로 설정한다면, 경쟁자는 닭가슴살 등을 예로 들 수 있습니다. 효율적으로 단백질을 섭취할 수는 있지만 계속 먹다 보면 질릴 겁니다. 단백질 기능 식품도 편리하지만, 이것만으로 식사를 완전히 대체하기는 어렵습니다. 고단백 식재료에는 '요리의 종류가 한정적'이라는 약점이 있는 셈입니다.

시간: 건강식을 판매하는 레스토랑 등

약점: 돈과 시간이 많이 들어 가족에게 적합하지 않다

시간이라는 의미에서는 외식도 경쟁자에 포함되지 않을까요? 운동을 마친 다음을 노리는 음식점도 있습니다. 보디빌더 같은 전문가들을 위해 양질의 단백질을 다양한 메뉴로 제공하는 가게도 있지만, '돈과 시간이 많이 들어 매일 가족 모두가 이용하기는 어렵다'는 점은 분명하지요.

앞서 발견한 '효율적으로 단백질을 섭취하고 싶지만, 심심한 식사는 싫다'는 인사이트에 비추어본다면, '고단백 식재료는 요리의 종류가 한정적이다'라는 점이 노려야 할 기존 상품의 약점으로 보입니다.

③ COMPANY 자사만의 베네핏

-

'밋밋한 식사는 싫다'고 생각하는 사람에게 돌두부는 어떤 제안을 할 수 있을까요? 돌두부의 매력을 팩트, 메리트, 베네핏으로 구분 지어봅시다.

팩트: 대두의 양이 일반 두부의 2.8배, 요리해도 부서지지 않는 단단함

돌두부에는 강력한 팩트가 있습니다. '일반 두부의 2.8배'에 해당하는 대두가 들어가 단백질이 풍부하다는 점이지요. 또한 다른 두부보다 단단하기 때문에 마파두부 같은 요리에 사용해도 부서지지 않습니다.

메리트: 몸에 필요한 단백질을 보다 다양한 요리법으로 맛볼 수 있다

팩트에 바탕을 둔 일반적인 메리트는 무엇일까요? 첫 번째는 몸에 필요한 단백질을 많이 섭취할 수 있다는 점입니다. 또 하나는 스테이크나 마파두부 같은 포만감 있는 요리를 만들 수 있다는 점입니다. 단백질을 질리지 않게 다양한 요리로 맛볼 수 있다는 점은 많은 사람이 납득할 만한 메리트입니다.

베네핏: 즐겁게 몸을 가꿀 수 있다

이러한 식재료의 장점이 타깃에게 가져다주는 이익은 식생활에서도 다소 까다롭고 어려울 수밖에 없는 신체 단련을 좀 더 쉽고 즐겁게 계속할 수 있다는 점입니다.

④ CONCEPT 새로운 의미

-

지금까지의 흐름을 정리해 볼까요? 타깃은 도시에 사는 가족 가운데서도 헬스장에 다니며 건강을 챙기는 부부 또는 스포츠를 배우는 자녀가 있는 가정이었습니다.
'효율적으로 단백질을 섭취하고 싶지만, 심심한 식사는 싫다'는 인사이트가 있지만, '고단백 식재료는 요리의 종류가 한정적'이라는 점이 방해를 하는 상황이었지요. 그래서 '대두 함유량이 일반 두부의 2.8배'라는 돌두부의 특징을 살려 '몸에 필요한 단백질을 다양한 요리법으로 맛볼 수 있으므로 즐겁게 몸을 가꿀 수 있다'는 베네핏을 어필하고자 했습니다.

이런 흐름을 바탕으로 이번에는 '즉' 또는 '그래서'로 이어지도록 컨셉을 생각해 보겠습니다. 영양가는 물론 조리법이 다양함을 알려주는 것이 가장 중요하겠지요. 그것만 가능하다면 가게는 고객에게 날마다 두부를 제공할 수 있고, 고객도 질리지 않고 매일 식사를 즐길 수 있습니다. 그렇다면 컨셉을 '튼튼한 몸을 만드는 맛있는 습관'으로 하고, 신상품으로 '돌두부 100일 레시피'를 내놓으면 어떨까요?
돌두부를 이용한 '레시피'를 메인으로 삼은 이유는 두부를 일시적으로 판매하는 데서 그치지 않고, '건강 습관'으로 자리 잡게 하기 위해서입니다. 100일 동안 계속 먹어도 질리지 않을 만큼 요리가 다채롭다는 어필로도 이어지고요. 처음 일주일 치만 두부를 배송하고, 고객이 마음에 들면 추가로 주문할 수 있는 방식도 좋을 듯합니다.

⑤ 4개의 C

이로써 4개의 C가 모두 모였습니다. 이제는 아이디어 자체보다 스토리에 주목해야 합니다. 먼저 그림3-11을 볼까요? 4개의 박스가 연결되어 하나의 스토리가 완성되었습니다. 여기서는 ①에서 발견한 인사이트를 ④에서 적은 컨셉이 제대로 반영하고 있는지도 확인해야 합니다. 빈칸을 채워나가다 보면 첫 번째 C와 어긋나는 결론으로 나아갈 수도 있으니까요.

처음부터 4C를 완벽하게 갖추려 하기보다는 전체를 살피면서 요소 하나하나를 조정하는 것이 좋습니다. 앞서 살펴본 내용을 4개의 문장에 담아내면 다음과 같습니다.

그림3-11. **이시다 두부의 4C**

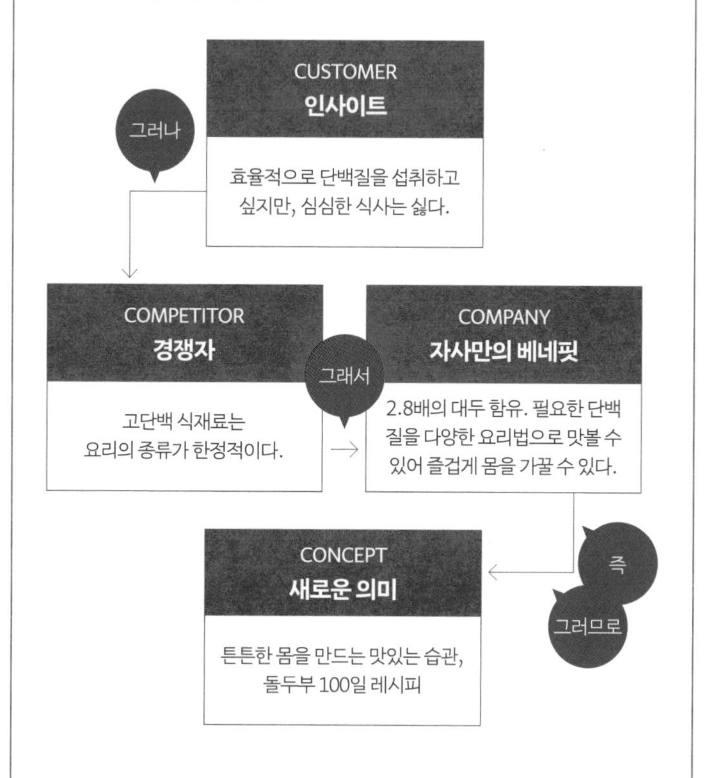

1. '효율적으로 단백질을 섭취하고 싶지만, 심심한 식사는 싫다'며 갈등하는 사람이 있었습니다.
2. 그러나 안타깝게도 고단백 식재료에는 '요리의 종류가 한정적'이라는 문제점이 있었습니다.
3. 그래서 우리는 돌두부의 '대두 함유량이 일반 두부의 2.8배'라는 팩트에 착안해 '몸을 만드는 데 필요한 단백질을 다양한 요리법으로' 제공하여 '신체 단련을 즐겁게 지속할 수 있도록' 돕기로 했습

니다.

4. 즉, 여러분께 '튼튼한 몸을 만드는 맛있는 습관'을 제안합니다. '돌두부 100일 레시피'를 시도해 보면 어떨까요?

컨셉을 문장으로 만들기

마케팅 조사를 실시할 때는 컨셉을 문장으로 만들어서 예상 고객에게 보여주어 평가를 받기도 합니다. 아래 글은 앞서 만든 4줄의 스토리 구조 그대로를 바탕으로 아이디어를 이해할 수 있도록 서비스에 관한 정보를 추가한 내용입니다.

'효율적으로 단백질을 섭취하고 싶지만, 심심한 식사는 싫다.'

근육 단련을 시작하고 몇 달쯤 지나고 나면 누구나 이런 생각을 합니다. 고단백 식재료를 이용한 요리의 종류가 너무 빈약해서 고민하고 계시지는 않나요?

그렇다면 당신에게는 돌두부가 반드시 필요합니다.

대두 함유량이 무려 일반 두부의 2.8배.

썰어서 생식으로도 먹을 수 있고, 구우면 스테이크가 되는 만능 두부로 필요한 단백질을 다양한 요리를 통해 맛볼 수 있어 질릴 일이 없습니다. 자연스레 식사를 즐기면서 꾸준히 몸을 만들 수 있습니다.

근육을 늘리고 싶은 어른에게도, 한창 자라는 아이에게도.

가족 모두가 좋아하는 100일분의 레시피와

돌두부 일주일 치를 세트로 보내드립니다.

오늘의 식사는 내일의 몸.

미래를 바꾸는 식습관을 시작해 보세요.

튼튼한 몸을 만드는 맛있는 습관, 돌두부 100일 레시피

- 이시다 두부

네 칸에 들어간 말을 되도록 그대로 썼기 때문에 다소 어색한 표현도 있습니다. 하지만 이 단계에서는 광고 문구처럼 멋지거나 아름다운 문장을 쓰려 할 필요도, 미사여구나 단어 선정에 연연할 필요도 없습니다. 우선은 뜻을 바르게 전달하는 것이 첫 번째 목적이니까요. 한번 써보는 것만으로도 스토리가 긴밀하게 연결되는지 확인할 수 있고, 프레젠테이션도 매끄럽게 할 수 있다는 장점이 있습니다. 그러니 컨셉을 문장으로 만드는 습관을 길러봅시다.

3장 요약

□ 인사이트형 스토리란 고객을 구하는 이야기다

- 4개의 C로 구성된다.
- Customer(고객), Competitor(경쟁자), Company(자사) 그리고 Concept(컨셉).
- 구조는 '어떤 사람이 어려움을 겪는다. 그러나 아무도 도와주지 않는다. 그래서 내가 손을 내밀었다. 즉……'과 같다.

□ 고객 - 인사이트란 '아직 충족되지 않은 숨겨진 욕구'다

- 인사이트를 서술하는 기본 구문은 'A이지만 B'.
  A와 B는 모순된 2가지 심리를 가리킨다.
- 키트 오이식스의 사례
  '식사 준비에 품을 많이 들이고 싶지는 않다. (하지만) 부실하게 먹고 싶지는 않다.'
- 더 퍼스트 테이크의 사례
  '부담 없이 음악을 즐기고 싶다. (하지만) 아티스트의 진심을 느끼고 싶다.'
- 페브리즈의 사례
  '집 냄새는 없애고 싶다. (하지만) 빨래를 하기는 귀찮다.'
- 인사이트와 컨셉의 연결이 중요하다.

□ **경쟁자 – 상대를 분석하면 가치를 발견할 수 있다**

- 3가지 관점에서 경쟁 상대의 '약점'이나 '소홀함'을 찾는다.

  그것이 브랜드의 기회가 된다.

  ① 범주category : 같은 범주 안의 경쟁자는 누구인가?

  ② 과제job : 같은 역할을 하는 경쟁자는 어디 있는가?

  ③ 시간time : 같은 시간을 두고 겨루는 경쟁자는 누구인가?

□ **기업 – 자사만의 베네핏은 무엇인가?**

- 강점을 3개의 관점으로 나눈다.

  ① 팩트fact : 상품이나 서비스가 가진 객관적 사실은 무엇인가?

  ② 메리트merit : 타깃과 상관없는 일반적인 이익은?

  ③ 베네핏benefit : 타깃에게 강하게 어필하는 이익은?

4장

미래 관점으로 바라보기

'비전형' 스토리 설계

3장에서는 고객의 눈높이에서 스토리를 만드는 방법을 배웠습니다. 사람들의 심리적 갈등을 헤아려 꼼꼼히 설계하면 누구나 고객에게 공감받는 컨셉을 만들 수 있습니다. 하지만 인사이트형 스토리도 만능은 아닙니다. 시대를 앞서가는 컨셉을 만들기는 어렵다는 약점도 있으니까요.

인사이트를 설명할 때, 새로운 관점이 있어도 공감을 얻지 못하는 것은 '독선'일 뿐이라고 말했습니다(140쪽 참조). 그러나 역사를 되돌아보면, 후에 혁신이라 불리게 된 컨셉도 때로는 독선적인 구상이나 망상에 의해 탄생했지요.

많은 경영인이 "고객의 목소리를 듣지 말라"라는 말을 남겼습니다. 자동차 양산에 성공한 헨리 포드Henry Ford의(다만 출처는 명확하지 않다) "고객에게 무엇을 원하느냐고 물었다면 더 빠른 말을 원한다고 답했을 것이다"라는 명언은 유명하지요. 스티브 잡스도 "사람들은 직접 보여주기 전까지는 자신이 무엇을 원하는지도 모른다"라며 고객에게 니즈를 묻는 시장 조사를 싫어했습니다. 소니Sony의 창업자인 이부카 마사루井深大도 "시장 조사에 따라 신제품을 기획하는 것은 미국의 상식이지만, 정말 새로운 것은 출시하고 난 다음에야 조사할 수 있다"(1970년 10월 이노베이션 국제

회의 강연에서)고 이야기했습니다.

물론 이런 발언들을 '고객을 무시하라'는 메시지로 받아들인다면 정말 경솔한 행동입니다. 인사이트에 관해 이야기할 때 설명했듯이 고객은 자신이 정말 원하는 것을 말로 표현하지 못합니다. 그러므로 제품이나 서비스를 만드는 사람이 먼저 가치 있는 것을 만들어 제시해야 한다는 메시지로 받아들여야 하지요.

4장에서는 미래의 관점으로 이야기하는 비전형 스토리의 설계에 대해 살펴보겠습니다. 만드는 사람이 믿는 미래를 출발점으로 삼고 컨셉을 이끌어나가는 방식이지요. 미래를 말할 때 없어서는 안 될 미션과 비전이라는 두 개념을 이해하는 데서부터 시작합시다.

4-1

비전형 스토리의 뼈대

과거와 미래를 말로 연결하라

한 번쯤 미션이나 비전이라는 말을 들어본 적이 있을 겁니다. 그런데 무슨 뜻인지 정확히 설명할 수 있을까요?

그림4-1. 미션과 비전의 정의

미션mission이란	조직이 계속 짊어져야 할 사회적 사명
비전vision이란	조직이 목표로 삼아야 할 이상적 미래

'Mission(미션)'의 어원은 라틴어로 '보내다'를 뜻하는 mittere(미테레)입니다. 기독교 문화에서 '하나님의 말씀을 전하다'라는 의

미를 띠기 시작한 뒤 '전도'라는 종교적 행위와 이어져 오늘날처럼 '사명'을 나타내는 말이 되었습니다. 신의 말씀과 연관되어서인지, 지금도 미션에는 '사회로부터 요구된다'는 뉘앙스가 강하게 남아 있습니다. 그런 점에서 단순한 '목표'나 '목적'과 차이가 있지요. 따라서 비즈니스의 문맥에 따라 표현한다면 미션은 '사회적 사명'이라고 보는 것이 적절할 듯합니다.

한편 'Vision(비전)'의 어원은 라틴어 videre(비데레)로, '보다'라는 뜻으로 쓰였습니다. 그래서 시각이나 시력, 예지나 전망이라는 의미가 되었지요. 비즈니스에서는 '조직이 목표로 삼아야 할 이상적 미래'라고 바꿔 말할 수 있습니다.

미션과 비전은 다양한 정의가 난무해 자칫 잘못하면 신학 논쟁처럼 이야기가 복잡해질 수도 있습니다. 하지만 정의보다는 이 용어들을 어떻게 사용하느냐가 중요합니다. 미션과 비전은 시간 축 안에서 이해하고 사용하는 것이 좋습니다. 우측의 그림4-2를 봅시다.

기업이나 브랜드가 태어난 시점부터 미래에 이르는 시간 축에 미션, 컨셉, 비전을 배치했습니다.

미션은 조직이나 브랜드가 태어나면서부터 짊어지기 시작해 끝까지 함께하는 존재입니다. 즉, 미션이란 창업부터 미래까지 영원히 지속될 스토리의 근원이지요.

역사를 짊어지는 미션과 달리 비전은 미래의 풍경을 나타냅니다. 미션은 영원히 지속되는 전제이지만, 비전은 이루어지는 순간

그림4-2. 비전형 스토리의 구조

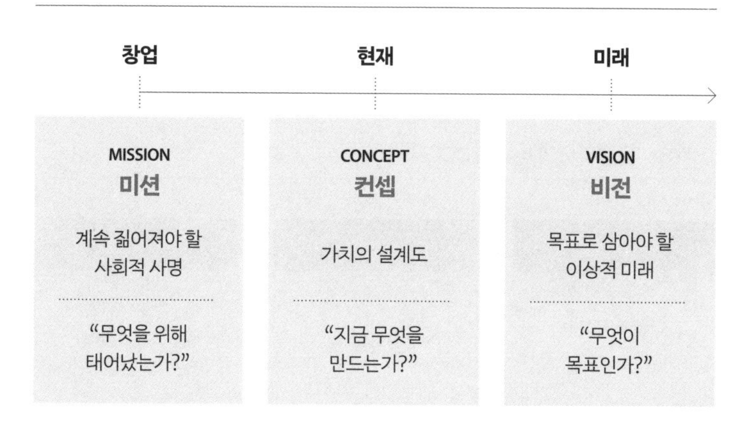

사라집니다. 그림4-2의 상단을 보면 시간의 흐름을 나타내는 화살표가 비전 너머로 뻗어나가고 있지요. 하나의 비전을 이룬 조직이 다음 비전을 목표로 나아간다는 것을 뜻합니다.

여기서 컨셉은 비전을 향한 첫걸음으로 '현재'에 해당합니다. 5년 후, 10년 후, 30년 후에 다가가야 할 이상적인 미래를 위해 지금 실현할 수 있는 최선을 말로 표현한 것이 바로 컨셉입니다.

모모타로와 대통령 이야기

'처음'부터 짊어져 온 사명을 뜻하는 미션, '언젠가'의 미래를 말하는 비전, '그것을 위해 지금' 해야 할 일을 표현하는 컨셉. 이 3가지를 명확하게 파악하면 시간 축을 갖춘 스토리 구조가 완성됩니다.

유명한 모모타로• 이야기를 통해 구조를 하나씩 짚어보도록 할까요? 먼저 그림4-3을 봅시다.

그림4-3. **모모타로의 비전형 스토리 구조**

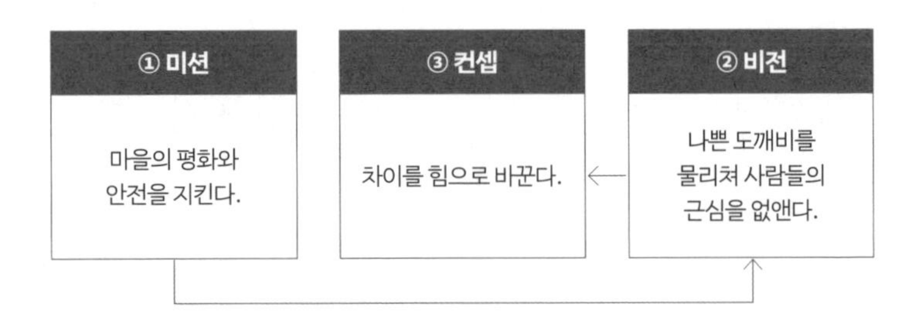

모모타로의 미션은 '마을의 평화와 안전을 지키는' 것입니다. 이 미션은 모모타로가 존재하는 한 결코 변하지 않습니다. 모모타로의 개인적인 사정 때문이 아니라 마을 사람들의 요구에 의한 사회적 사명이라는 점 또한 명심해야 합니다.

그다음 미래로 건너가 비전을 살펴볼까요? 모모타로는 마을의 평화를 지키기 위해 '나쁜 도깨비를 물리쳐서 사람들이 근심할 필요 없는' 미래에 도전합니다. 그렇게 도깨비를 쓰러뜨려 비전을 달성한 모모타로에게는 또 다른 비전이 나타납니다. 예를 들어 '다른

• 일본의 전설 속 영웅 소년. 도깨비를 없애기 위해 길을 떠났다가 도중에 개, 원숭이, 꿩을 만나 함께 도깨비를 무찌르는 이야기다.

도깨비가 나타나지 않도록 한다'든지 '안전을 스스로 지킬 수 있는 마을을 만든다'든지 '세계에 평화를 전파하는 마을 만들기' 등을 떠올릴 수 있습니다. 만약 역병이나 자연재해가 발생했다면, 그런 문제를 해결하기 위한 비전이 될지도 모르고요. 이처럼 비전은 다양해질 수 있지만, 한 가지는 잊지 말아야 합니다. 어떤 비전이든 모모타로가 처음 모험을 떠난 순간부터 미래까지 모든 시간을 관통하는 한 가지, 즉 '마을의 평화와 안전 지키기'가 목적이라는 사실 말이지요.

마지막으로 컨셉은 비전을 실현하기 위한 첫걸음을 서술한다고 이해하면 됩니다. '도깨비를 물리친다'는 비전을 달성하기 위해 지금 할 수 있는 일은 무엇이 있을까요? 도깨비는 막강한 힘을 가졌으니 혼자 힘만으로는 맞설 수 없겠지요. 그래서 모모타로는 원숭이, 개, 꿩 같은 각기 다른 개성을 가진 동료들을 모아 힘을 합쳤습니다. 그렇게 '서로 다름을 원동력 삼는' 것이 전략의 기본 컨셉이 되었습니다.

덧붙여 이 기본 컨셉을 바탕으로 정리한 일상적인 행동 지침을 가치라고 부릅니다. 기업 문화를 언어화할 때는 일반적으로 미션, 비전, 가치 3종 세트[MVV]를 고려하지요. 가치에 관해서는 6장에서 자세히 알아보겠습니다.

다시 모모타로 이야기로 돌아가 볼까요? 시간 순으로 정리하면 미션, 컨셉, 비전이지만, 이야기로 풀어낼 때는 ①미션, ②비전, ③컨셉 순으로 나열합니다. 과거와 미래를 이야기한 뒤 중심에 컨셉을 두는 셈이지요. 그리고 내용을 '처음', '언젠가', '그것을 위해 지금'이라는 말로 연결하면 3줄짜리 원고가 완성됩니다.

① 미션

맨 처음 우리는 '마을의 평화와 안전을 지키기' 위해 일어섰다.

② 비전

언젠가 '나쁜 도깨비를 물리쳐 사람들의 근심을 거두는' 것이 목표다.

③ 컨셉

그것을 위해 지금 '서로 다름을 원동력 삼아야' 한다.

매우 단순한 구조지만, 이것만으로도 갖가지 사업 구상을 논할 수 있습니다. 실제로 경영뿐만 아니라 정치인의 연설 등에서도 비슷한 스토리 구조를 응용합니다.

특히 미국은 민족적, 인종적, 종교적 배경이 다양한 사람들로 이루어져 있습니다. 그들에게 눈높이를 맞추고, 합의를 얻고, 의사 결정을 하기 위해 대통령을 비롯한 미국의 정치인들은 일찍이 이야기를 효과적으로 활용하는 법을 배워왔습니다.

이를테면 연설을 시작할 때 건국 이념을 언급하는 것은 아주 전형적인 방법입니다. 유럽 대륙에서 새로운 세상을 찾아 바다를 건너온 필그림 파더스Pilgrim Fathers부터 서부 개척 시대에 이르기까지 "프런티어 정신이 미국을 만들어왔다"고 말하며 애국심을 자극하지요. 이처럼 미션에는 지금까지 공동체가 걸어온 길을 긍정적으로 바라보며 소속감을 높이는 효과도 있습니다.

정치인이 그다음으로 꺼내는 주제는 비전입니다. 케네디 대통령의 경우, "우리는 새로운 프런티어에 직면했다"라고 말한 뒤 뉴 프런티어 정책으로 인구 문제와 교육, 과학과 우주 개발의 미래를 이야기했습니다.

회장이 열기를 띠기 시작하면 마지막으로 컨셉을 제시합니다. 비전을 새로운 법안이나 정책, 투자 전략 등 구체적인 행동으로 연결하는 것이지요. 미션과 비전으로 큰 흐름을 이해한 후이므로 청중도 새로운 컨셉을 한결 쉽게 받아들입니다.

그림4-4. 케네디 대통령의 비전형 스토리 구조

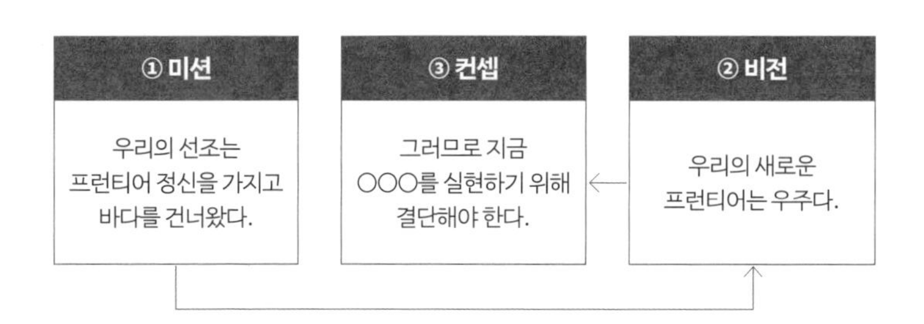

정치 연설에서는 특히 비전을 제시하는 것이 가장 중요합니다. 1963년 링컨 기념관 계단 위에서 진행된 마틴 루터 킹Martin Luther King 목사의 연설은 "나에게는 꿈이 있습니다I Have a Dream"을 8번에 걸쳐 반복하며 청중들에게 인종차별 없는 미래의 풍경을 보여주는 데 성공했습니다. 아래에 원고의 일부를 발췌했습니다.

> "저에게는 꿈이 있습니다. 언젠가 조지아의 붉은 언덕 위에서 옛 노예의 자손과, 옛 노예의 주인이었던 사람의 자손이 한 테이블에 둘러앉을 수 있으리라는 꿈입니다."

> "저에게는 꿈이 있습니다. 언젠가 저의 귀여운 네 자녀들이 피부색이 아닌 그들의 됨됨이로 평가받는 나라에 살게 되리라는 꿈입니다."

마틴 루터 킹은 추상적인 논리로 청중을 현혹하는 것이 아니라, 구체적인 일상의 장면을 선명하게 그려내 감동시켰습니다.

물론 역사에서 연설이 악용되어 사회를 잘못된 방향으로 이끈 사례도 있다는 점에는 주의할 필요가 있습니다. 윤리에 어긋나는 내용이더라도 설득만 할 수 있으면 된다는 생각에 이 책은 분명히 반대합니다.

기업이나 브랜드는 미래의 관점으로 이야기하는 힘을 어떻게 활용할 수 있을까요? 국가를 뛰어넘을 정도로 큰 영향력을 갖게 된 기업의 사례를 살펴보겠습니다.

일론 머스크의 스페이스X

2020년 5월 30일 미국의 우주 탐사 기업 스페이스X^Space X^가 쾌거를 이뤘습니다. 비행사 2명을 태운 우주선 '크루 드래건'이 민간 최초로 국제우주정거장으로의 유인 비행에 성공한 겁니다. 이듬해 2021년 9월에는 민간인 4명을 태우고 지구 궤도로 날아올라 사흘간 지구를 비행했습니다. 이로써 본격적인 '우주여행'의 시대가 시작될지도 모른다는 예감이 세계를 감쌌습니다.

스페이스X는 IT 사업에서 성공한 일론 머스크^Elon Musk^가 2002년 설립한 기업입니다. 우주 개발에 막대한 비용이 들어가자 미국 정부는 민간의 자유 경쟁을 이용해 비용을 낮추려는 방침을 내놓았습니다. 스페이스X는 그때 가장 먼저 나선 기업 중 하나입니다. 불과 20년도 채 되지 않아 압도적인 성과를 이룬 요인은 물론 탄탄한 기술력이겠지요. 하지만 기술을 가진 인재와 투자를 끌어모아 하나의 목적을 바라보게 만든 힘 또한 무시할 수 없습니다. 그것이 바로 '이야기하는 힘'입니다. 그렇다면 일론 머스크는 어떤 이야기를 했을까요? 그의 미션, 비전, 컨셉을 차례차례 살펴보겠습니다.

미션: 인류의 밝은 미래를 보여준다

'국가를 뛰어넘는 스타트업 기업'이라고 불릴 정도로 규모가 큰 기업인 만큼 미션도 참으로 웅장합니다. 인류의 밝은 미래를 보여주겠다고 선언할 수 있는 나라가 지금 몇이나 될까요? 머스크는 환경 파괴로 인해 지구가 멸망할 가능성을 진지하게 받아들이고 행동하고 있는 듯 보입니다. 그는 스페이스X뿐만 아니라 전기차와 에너지 관리 그리고 반도체를 다루는 테슬라Tesla도 운영하고 있지만 미션은 같습니다. 한쪽은 지속 가능한 지구를 만들기 위해서, 다른 한쪽은 지구에 의존하지 않는 선택지를 만들기 위해서 비즈니스라는 수단을 선택했다고 볼 수 있지요.

그가 말하는 미션에 대해 처음에는 '위선'이니 '취미'니 하며 비난하는 사람도 적지 않았습니다. 미디어를 떠들썩하게 하는 머스크 본인의 장난스럽고 때로는 무례한 성격도 여느 때처럼 불에 기름을 부었지요. 그러나 거듭된 위기를 넘길 때마다 그 생각이 투자자에게 보여주기 위한 위선이 아니라 진짜라는 사실을 믿을 수밖에 없게 되었습니다. 예를 들어 2008년 리먼 쇼크 때는 자금이 바닥나 스페이스X도 테슬라도 위태로운 상황이었습니다. 이때 머스크는 "마지막 1달러까지 회사에 쓰겠다"라고 선언하고, 전 직원에게 "당신의 상사를 위해서가 아니라 인류의 미래를 위해 일하십시오"라는 내용의 메일을 보냈습니다.

리먼 쇼크를 간신히 넘긴 후에도 시련은 계속해서 찾아왔습니다. 시험 제작한 로켓이 폭발하고 공장의 문제점이 만천하에 드러났으며 자금난이 여러 차례 보도됐지만, 머스크는 그럼에도 '모든 것은 인류를 위해서'라는 입장을 결코 저버리지 않았습니다. 그리고 눈앞에 있는 문제에 주변 사람들이 흔들릴 때일수록 비전을 이야기했습니다.

비전: 사람들이 여러 행성에서 살 수 있게 한다

지구뿐 아니라 다른 행성에서도 살 수 있는 선택지를 만드는 것Making Life Multiplanetary. 행성에서 행성으로 이동하는 시스템을 만드는 것. 이것이 스페이스X의 궁극적인 비전입니다. 머스크는 100년에 걸쳐 화성에 100만 명의 인류를 보내 자급자족하며 살 수 있는 땅을 만들고자 합니다. 엉뚱한 소리로 들리시나요? 사실 완벽하게 이해하기 어려운 부분도 있으니 모든 말을 순진하게 믿을 수는 없겠지요.

"300년 전 사람에게 하늘을 날 수 있다고 말한다면 틀림없이 미쳤다는 소리를 들을 겁니다."

하지만 2012년 캘리포니아 공과대학교 연설에서 머스크가 한 말을 보면 불가능한 일은 없다는 생각이 듭니다. 물리학의 법칙에 어긋나지 않는 한 상상 가능한 모든 것은 현실이 될 수 있다고 확신한다는 점이 엔지니어이기도 한 머스크의 강점입니다. 나아가 스페이스X는 비전을 말로만 끝내지 않기 위해 하나의 컨셉을 철저히 추구해 왔습니다.

컨셉: 재사용이 가능한 로켓

화성이라는 목표로 나아가는 데 있어 가장 큰 장애물은 기술이 아니라 예산이었습니다. 미국 정부가 우주 개발을 민간에 맡긴 것도 자유 경쟁을 통해 비용을 줄이기 위해서였으니까요. 그래서 머스크는 처음부터 "우주는 손에 닿는 가격이어야 한다"라고 말해왔습니다. 목표는 NASA 로켓의 100분의 1. 어떻게 가격을 낮추어야 하는가. 그에 대한 답이 '재사용 가능 로켓Reusable Rocket'이라는 개발 컨셉이었습니다.

스페이스X의 로켓은 상공에서 분리된 뒤 본체가 지상으로 '낙하'하지 않고 수직으로 '착륙'하도록 만들어졌습니다. 그래서 소모 부품만 교체하면 몇 번이든 다시 쏘아 올릴 수 있지요. 일회용인 기존 로켓에 비해 비용이 크게 줄었습니다. 미국 정부가 발사하는 인공위성 하나에 2억 달러 안팎이 드는 데 비해, 스페이스X는 한 번 발사하는 데 6000만 달러가량(2020년 기준)이 들었습니다. 이미 비용을 3분의 1 수준으로 낮추는 데 성공한 셈이지요.

민간인의 우주여행을 확대하려는 이유도 로켓 가격을 낮추기 위해서입니다. 우주로 가는 비용이 해외여행 정도의 시세로 안정되어야 비로소 화성을 현실적으로 바라볼 수 있기 때문입니다.

그림4-5. **스페이스X의 사례**

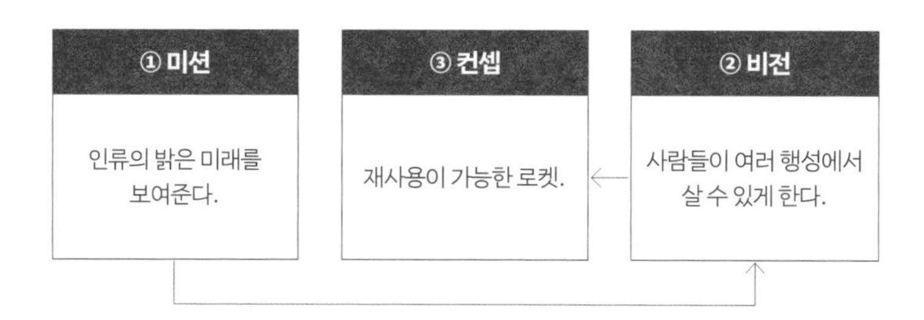

이제 지금까지 이야기한 스페이스X의 브랜드 스토리를 '처음', '언젠가', '그것을 위해서 지금'으로 구성되는 세 문장 원고로 만들어봅시다. 엄청나게 큰 규모지만, 요소들은 또렷하게 이어져 있고, 논리에도 어긋남이나 비약이 없습니다.

맨 처음 스페이스X는 '인류의 밝은 미래를 보여주기' 위해 시작됐다.

언젠가 '사람들이 여러 행성에서 살 수 있게 만드는' 것이 그들의 비전이다.

그것을 위해서 지금 스페이스X는 '재사용 가능 로켓'을 만든다.

전체 구조를 살펴보았으니, 다음으로는 미션과 비전에 필요한 언어 표현에 대해 각각 자세히 알아보겠습니다.

4-2

미션
과거를 되돌아본다

과거의 의미는 한 가지가 아니다

먼저, 미션을 작성하기 위해서는 과거를 되돌아보는 작업이 필요합니다. 이 작업의 핵심은 본질적인 가치를 찾아내는 데 있습니다. 2장에서 소개한 '목적에 관한 질문'을 기억하실까요? 실제로 판매하는 것을 수단으로 보고, 그보다 본질적인 목적이 무엇인지 묻는 방법이었지요. 미션을 찾을 때는 "지금껏 우리가 만들어온 것이 수단이라면, 진짜 목적은 무엇인가?"라고 스스로 질문해 보았으면 합니다. 미션의 정의에서 설명했듯이 여기서 목적은 '사회가 요구한 사명'이라고 생각하면 됩니다.

가상의 비누 회사 A를 통해 과거를 다시 정의하고 미션을 찾는 작업을 살펴봅시다. A사의 비누는 피부 건강을 중요하게 여기는 여성들에게 사랑받아 왔습니다. 하지만 현재 비누 시장은 포화 상태입니다. A사는 한층 더 성장하기 위해 회사의 미션을 재검토하기로 했습니다. 여기서 '목적에 관한 질문'을 떠올려야겠지요. "지금까지 만들어온 비누가 수단이라면, 진짜 목적은 무엇이었을까?" 이 질문에 대해 '여성의 건강미'가 목적이었다는 답을 도출한다면, 그것이 미션이 되고 다음 사업을 구상하는 토대가 됩니다. 건강미의 개념을 더욱 확장하기 위해 비누에서 기초화장품으로 그리고 메이크업용 화장품으로 라인을 넓힐 수 있겠지요.

이야기를 좀 더 이어볼까요? A사가 세계적인 화장품 브랜드가 된 뒤 이미 성숙한 화장품 시장에서 다시 한번 변화를 꾀한다면, 이번에는 "이제까지 만들어온 화장품이 수단이라면, 진짜 목적은 무엇이었을까?"라고 물을 겁니다.

여성의 아름다움이라는 개념은 시대에 따라 계속 변화해 왔습니다. 여성이 집에서 가정을 돌보는 것이 당연하게 여겨졌던 시대와 여성이 사회의 얼굴이 되는 시대는 아름다움의 의미도 역할도 각각 다릅니다. A사는 변화에 발맞추어 여성이 당당하게 살아가는 시대를 만들어왔습니다. 그런 점에서 A사는 '여성의 자신감'을 제안해 온 회사였다고 과거의 행보를 돌아볼 수 있겠지요. 따라서 A사는 앞으로 '교육과 커리어 지원'처럼 겉모습뿐 아니라 충실한 인간성을 지향하는 사업을 그릴 수 있을 듯합니다.

미래는 과거의 발견에서 시작된다

'비누 만드는 회사'에서 '여성의 건강미를 책임지는 회사'로, 나아가 '여성의 자신감을 제안하는 기업'을 지향하게 되었습니다. 긴 역사 속에서 계속 변화해 온 기업들은 A사처럼 고비가 닥칠 때마다 몇 번이고 자신의 미션을 다시 정의했습니다. 과거의 의미는 역사를 되돌아보는 관점이나 입장에 따라 달라집니다. 또한 찾아낸 과거의 의미에 따라 미래가 규정된다는 점도 주목할 만합니다. '여성의 건강미'를 추구하는 기업의 미래와 '여성의 자신감'을 추구하는 기업의 미래는 크게 달라질 겁니다. 즉, 미션은 비전의 방향성을 결정합니다.

그림4-6. 미션을 찾는 방법

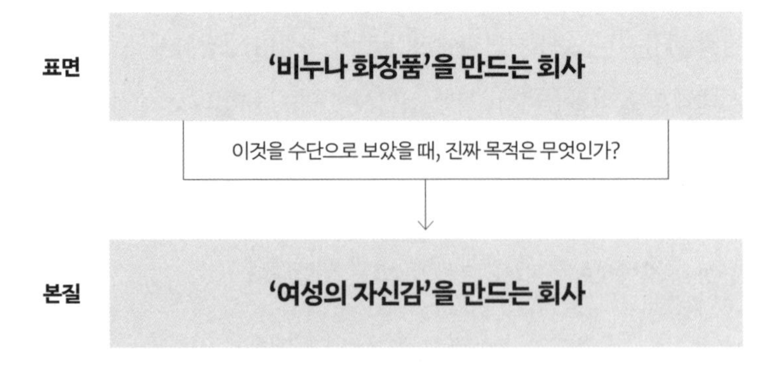

'보편성'과 '고유성'

야마하 모터Yamaha Motor는 오토바이를 비롯해 보트, 제트스키, 스노모빌, 전동 휠체어 등 다양한 이동 수단을 개발하는 회사입니다. 앞선 화장품 회사 사례에 비해 제품이 다양해서 미션을 찾기가 더 어렵게 느껴질지도 모릅니다. 하지만 사업 분야가 여럿이라 해도 본질은 다르지 않습니다. 여러 제품을 그저 수단으로 본다면, 목적은 어떻게 표현할 수 있을까요?

야마하 모터는 자신들이 만들어온 제품을 A지점에서 B지점까지 효율적으로 '이동하기' 위한 도구가 아니라 '감동하기' 위한 도구라고 보고, 스스로를 '감동을 창조하는 기업'이라고 정의했습니다(그림4-7). 제품 구성을 다시 한번 살펴보면 실용적인 이동 수단

그림4-7. **야마하 모터의 사례**

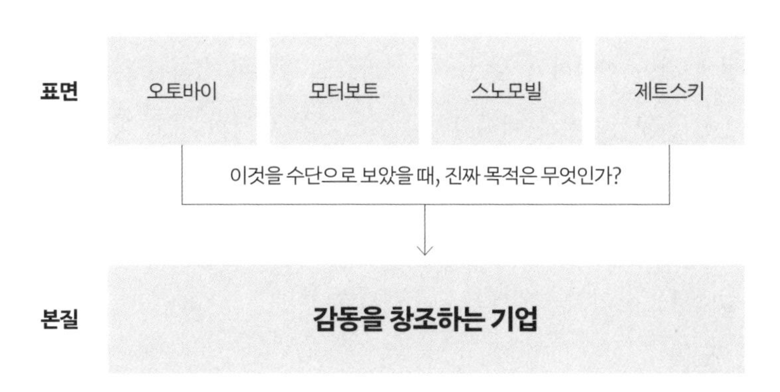

뿐만 아니라 바다에서 설산까지 취미의 영역에서도 강점을 발휘하고 있지요. 감동이라는 단어는 다양한 사업 영역을 커버할 만큼 넓으면서도 야마하 모터다운 면까지 담고 있습니다. 다음에는 또 어떤 감동을 줄지 고민하면서 야마하 모터만의 비전도 이끌어낼 수 있을 테고요.

같은 모빌리티 산업이지만 토요타 자동차Toyota Motor는 2020년 3월부터 '행복을 양산한다幸せを量産する'라는 미션을 내걸었습니다. '행복'은 흔한 단어이지만 '양산'이라는 단어와 조합한 데서는 고유성이 느껴집니다. 토요타는 같은 시기에 자동차 회사에서 모빌리티 회사로의 변혁을 선언했습니다. '행복의 양산'이라는 개념은 자동차를 양산해 온 과거를 되돌아보게 하고, 자동차를 넘어선 이동의 가능성을 양산하는 미래로 나아가게 합니다.

'감동의 창조', '행복의 양산', '여성의 자신감'처럼 미션에는 구체성보다 보편성이 필요합니다. 미션을 오토바이나 자동차, 비누 등과 같이 구체적인 물건이나 서비스로 정의해 버리면 앞으로의 발전을 구상하기가 어려워지니까요. 과거 미국의 철도 회사들이 스스로를 '철도를 건설하는 회사'로만 정의하고, '사람과 사물의 이동을 책임지는 회사'로는 인식하지 못했기 때문에 쇠퇴할 수밖에 없었다는 이야기는 앞에서도 소개했습니다.

또한 미션은 기업이나 브랜드 '고유'의 특성을 담아낼 필요가 있습니다. '감동'이나 '양산' 같은 회사의 뿌리와 관련된 개념을 찾는 것이 중요하지요. 보편성과 고유성, 이 2가지를 포착하는 것이 미션을 언어화하는 포인트임을 꼭 기억합시다.

4-3

비전
미래를 내다본다

보이는 말과 보이지 않는 말

다음으로 비전에 대해 알아보겠습니다. 아래의 글은 '자사의 비전'을 작성하라는 과제로 수강생들이 제출한 내용입니다.

- 정보 기술로 사람을 행복하게 한다 | 인쇄 회사
- 스포츠를 통해 100년 인생을 건강하게 | 고령자 전용 스포츠 교실
- 기업의 생산성을 높인다 | 컨설팅 기업
- 모두가 서핑을 즐기는 시대로 | 자영업

위의 내용 모두 사업에 대한 설명이나 경영 이념으로서는 내용이 훌륭하니 반론할 부분이 없어 보일지도 모릅니다. 그러나 아쉽

게도 모두 '비전'이라고 부르기에는 적합하지 않습니다. 이유가 뭘까요?

비전이 '보다'를 뜻하는 말이라고 앞서 설명했지요. 목표로 삼아야 할 이상적인 미래를 '보이는 언어'로 표현하는 것이 비전의 역할입니다. 들은 사람이 풍경을 떠올리며 스케치할 수 있을 정도로 구체적이어야 합니다. 그런 점에서 수강생들이 쓴 비전은 어떤가요? 이들의 말을 바탕으로 그림을 그리기는 어려울 듯합니다. 아직은 보이는 말이 아니라는 뜻이지요.

뛰어난 경영자는 대부분 미래를 가시화하는 것을 매우 중요하게 여겼습니다. 교세라Kyosera의 창업자 이나모리 가즈오稲盛和夫는 비전을 '현실의 결정체'라고 부르며, 비전을 달성한 모습이 흑백이 아닌 컬러로 보일 때까지 생각하라고 말했습니다.

> 스포츠에서 말하는 이미지 트레이닝과도 비슷한데, 이미지도 한계까지 농축하면 '현실의 결정체'로 보이기 마련이다. 거꾸로 말하면 완성된 모습이 선명하게 보일 때까지 먼저 깊이 생각하고, 진지하게 몰두하지 않으면 창조적인 일이나 인생에서 성공하기는 어렵다.
>
> _이나모리 가즈오 저, 『어떻게 살아야 하는가』

다음 페이지의 그림4-8을 볼까요? 세로축은 시제(미래-현재)를, 가로축은 말이 얼마나 구체적인가(추상적-구체적)를 나타냅니다. 이

그림4-8. **무엇을 적으면 비전이 되는가**

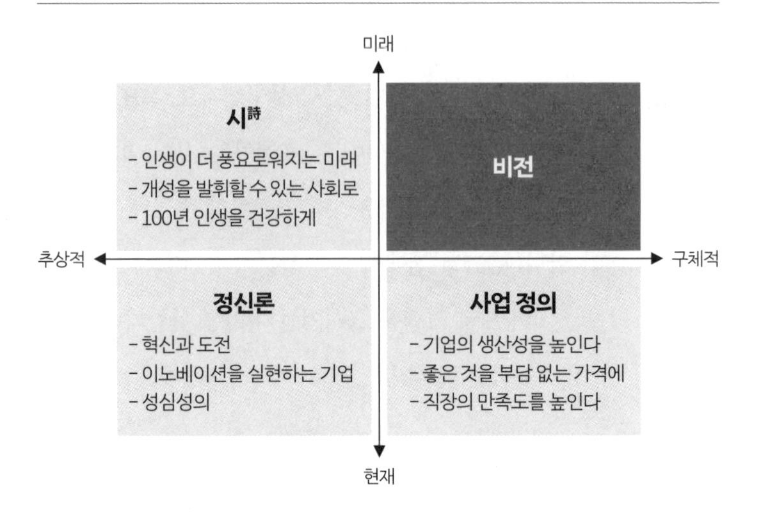

그림을 이용해 비전을 표현한다면, '미래'를 '구체적'으로 서술하는 우측 상단에 해당합니다.

스페이스X의 비전은 '사람들이 여러 행성에서 살 수 있게 한다'였습니다. 만약 '우주 이노베이션'이나 '우주에서도 풍요로운 생활을' 같은 애매한 말로 얼버무렸다면 과연 지금과 같은 성과를 올릴 수 있었을까요? 소니의 이부카 마사루도 트랜지스터라는 새로운 기술을 손에 넣었을 때 '혁신적인 제품을 만들자' 같은 애매한 지시는 내리지 않았습니다. 아직 라디오가 한 집에 한 대뿐이었던 시절에 '주머니에 들어가는 라디오를 만들자'라는 말로 새로운 생활상을 생생하게 전달하며 엔지니어들을 독려했습니다. 눈에 보이는 말은 존재만으로도 주위 사람들에게 '실현하고 싶다'는 생각을 심어주는 힘이 있습니다.

사람들은 미래를 이야기할 때 추상적인 말로 도망쳐 버리곤 합니다. 그 결과, 그림4-8의 좌측 상단에 해당하는 '시'가 됩니다. '인생이 더 풍요로워지는 미래'나 '개성을 발휘할 수 있는 사회로' 같은 말이 전형적인 예지요. 시로서는 어떨지 모르지만, 비전으로서는 실패작입니다.

또 한 가지, 비전과 혼동하기 쉬운 것이 우측 하단의 '사업 정의'입니다. 비전이라 부르면서 미래 이야기가 아니라 현재의 당연한 이야기를 하는 경우가 많습니다. 수강생이 쓴 '기업의 생산성을 높인다'는 미래가 아니라 현재의 사업 그 자체를 설명하는 말이지요. 비전으로 활용하고 싶다면, 생산성을 높인 다음 어떠한 이상을 향해 나아가고자 하는지를 표현해야 합니다.

비전을 작성하는 2가지 포인트

처음부터 핵심을 꿰뚫는 비전을 쓰려고 애쓸 필요는 없습니다. 우선 써보고, 그것을 바탕으로 동료들과 의견을 교환하며 몇 번이고 다시 작성해 봅시다. 그렇게 시행착오를 겪으면서 갈고닦으면 됩니다. 이때 2가지 포인트에 유의하며 정확도를 높여봅시다.

포인트① 해상도를 높인다

첫 번째 포인트는 말의 해상도를 높이는 것입니다. 앞에서 소개한 '스포츠를 통해 100년 인생을 건강하게(고령자 전용 스포츠 교실)'라는 비전을 소재로 삼아보겠습니다. 내용은 훌륭할지 몰라도, 그럴 만한 풍경이 떠오르지는 않습니다. 그럴 때는 문장에서 가장 모호한 단어인 '건강'이라는 말에 주목해야 합니다. 스포츠를 통해 어떠한 '건강'을 실현할 수 있는지 구체화하는 것이지요.

이를테면 건강을 '100세에도 활발하게 움직일 수 있는 상태'라고 풀어보면 어떨까요? 조금 전보다 쉽게 풍경이 떠오르지 않나요? 한 걸음 더 나아가서 '움직일 수 있는'도 구체화해서 '100세에도 100m를 전력으로 달릴 수 있다'고 표현하면 더욱 인상에 남는 미래상이 됩니다. 이렇게 문장 속의 모호한 부분을 없애고 쉽게 상상할 수 있는 말로 다듬는 것이 해상도를 높이는 작업입니다. 수정 전후를 한번 비교해 볼까요?

수정 전 **스포츠를 통해** 100년 인생을 건강**하게**

수정 후 **모든** 100세 노인이 100m를 달릴 수 있는 **시대로**

말을 조금 바꿨을 뿐인데 내용을 전하는 비전의 전달력이 크게 달라졌습니다. 수정한 문장을 보면 누구나 풍경을 떠올릴 수 있겠지요. 그 밖에 몇 가지 수정 사례들도 살펴보겠습니다.

수정 전 정보 기술로 사람을 행복하게 한다

수정 후 정보 기술로 불치병을 고친다

이것은 인쇄 회사의 신규 사업 비전입니다. '사람을 행복하게 한다'는 말의 내용을 구체적으로 물어보니 최첨단 인쇄 기술을 응용해 신약 연구에 이바지하겠다는 의미라고 하더군요. 인쇄업이란 정보업이기도 합니다. 그런 힘을 이용해 질병을 고치겠다는 구상을 한 겁니다. 이렇게나 목표가 명확한데 비전에 반영하지 않으면 아깝지 않을까요? 간단하게 행복을 '병을 고치다'로 바꾸기만 해도 미래를 명확하게 보여주는 한 문장이 됩니다.

수정 전 모두가 서핑을 즐기는 시대로

수정 후 서핑을 생태학의 필수 과목으로

수정 전에는 '무엇을 위해' 서핑을 널리 알리려 하는지 알 수 없었습니다. 과제를 제출한 수강생에게 이야기를 들어보니 서핑을 하다 보면 지구의 환경 변화를 민감하게 느끼게 된다는 점에 주목하고 있었습니다. 그 수강생의 사상을 반영해 수정하고 나니 서핑의 사회적 의의까지 명확하게 드러나는 말이 되었습니다.

포인트② 안전지대를 넘어선다

비전을 작성하는 또 다른 포인트는 현재와 적당히 거리가 있는 미래를 담아야 한다는 점입니다. 먼저 그림4-9를 봅시다. '조직의 현재 능력'을 고려했을 때 목표의 난이도에 따라 3개의 존으로 나타낸 그림입니다. 중심에서 거리가 멀어질수록 난이도가 올라간다고 보면 됩니다.

한가운데는 '컴포트 존Comfort Zone'이라 부르는 안전지대입니다. 이 구역에 들어가는 목표는 평소 업무의 연장선 위에 있으며 심리적 부담도 없습니다. 신중한 사람일수록 실현 가능성을 중시하며

그림4-9. 비전의 적절한 거리를 찾는 방법

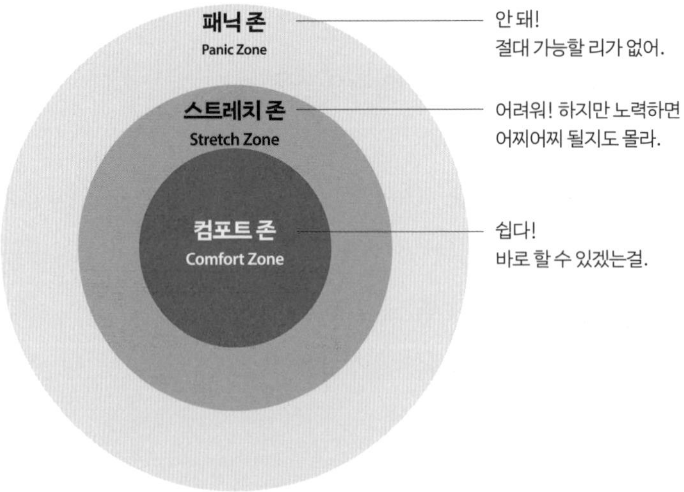

패닉 존
Panic Zone
안 돼!
절대 가능할 리가 없어.
스트레치 존
Stretch Zone
어려워! 하지만 노력하면
어찌어찌 될지도 몰라.
컴포트 존
Comfort Zone
쉽다!
바로 할 수 있겠는걸.

컴포트 존 안에서 비전을 정의하려 하지요.

한 층 바깥으로 나가면 '스트레치 존Stretch Zone'입니다. 이 구역에 포함되는 목표는 기존의 방식으로는 실현할 수 없습니다. 하지만 비현실적이지도 않지요. 발돋움해서 팔을 뻗으면 잡힐 것 같은 느낌을 줍니다. 그래서 새로운 발상과 도전이 왕성해지고 조직도 활기를 띠게 됩니다. 비전은 이 스트레치 존 안에서 써야 합니다.

가장 바깥쪽에는 '패닉 존Panic Zone'이 있습니다. 영원히 실현되지 않을 것 같은 이상적인 미래를 무작정 내걸면, 어디서부터 손을 대야 할지 막막하겠지요. 설레기는커녕 혼란스럽고 두렵게 느껴지기도 합니다. 비전을 도출하기 위해서는 안전지대에서 벗어나는 발상이 필요하지만, 멀고 어렵기만 하면 된다는 뜻은 아닙니다.

앞서 소개한 '기업의 생산성을 높인다(컨설팅 기업)'라는 말은 컴포트 존에 해당합니다. 컨설팅 기업이니 평소에도 생산성을 높이기 위한 일을 자주 해왔을 테니까요. 같은 내용을 스트레치 존으로 옮겨 온다면, '기업의 인력 낭비, 시간 낭비를 제로로 만든다'라고 표현할 수 있습니다.

수정 전 기업의 생산성을 높인다

수정 후 기업의 인력 낭비, 시간 낭비를 제로로 만든다

최신 시스템을 도입하면 생산성은 그런대로 오르기 마련입니

다. 어려운 일은 아니지요. 하지만 낭비 '제로'를 실현하려면 새로운 차원의 아이디어가 있어야 합니다. 다시 말해, 이러한 비전이 팀의 눈높이를 높여서 지금까지 존재하지 않았던 새로운 컨셉을 이끌어낼 수 있다는 뜻입니다.

2장에서 살펴본 구글의 10X 퀘스천은 비전을 컴포트 존 바깥으로 끌어내는 조직적인 장치라 할 수 있습니다.

수정 전 **사람의 실수에 의한** 교통사고를 줄인다

수정(10X) 후 **사람의 실수에 의한** 교통사고가 없는 세상**을 만든다**

자신이 제시한 비전이 내일 당장 실천할 수 있을 만한 내용이 되어버렸다면, 10배 규모로 키워서 설정하는 것도 괜찮은 방법일지도 모릅니다.

비전에서 컨셉으로: 샤넬의 사례

이렇게 미래의 풍경을 그려낼 수 있게 되면 '이상적인 미래에는 있고 현재에는 없는 것'이 무엇인지 또렷이 드러납니다. 즉, 비전을 통해 자연히 컨셉을 떠올릴 수 있게 된다는 뜻이지요. 이러한 원칙을 코코 샤넬Coco Chanel이라는 유례없는 기업가의 사례를 통해 살펴보겠습니다.

20세기 초 샤넬Chanel이 등장하기 전까지 여성복은 지금과 전혀 달랐습니다. 화려하고 갑갑한 옷이 여성들의 몸을 꽁꽁 얽매고 있었지요. 샤넬은 '여성복'이 남성이 남성의 눈높이로 구입하는 '남성을 위한 옷'으로 소비되는 실태를 간파했습니다. 그래서 샤넬은 '여자의 몸을 자유롭게 한다'는 비전을 품기 시작했습니다. 그가 생각하는 이상적인 미래란 여성들이 속박에서 벗어나 자신의 뜻대로 자유롭게 일하는 세상이었습니다. 샤넬은 그런 새로운 시대의 여성을 위해 옷을 디자인했습니다.

먼저 샤넬은 일부러 당시 상식이었던 '코르셋'을 사용하지 않는 드레스를 디자인했습니다. 이전에도 코르셋 없는 옷을 선보인 디자이너는 있었지만, 어디까지나 작은 실험에 그쳤지요. 코르셋을 과거의 것이라고 부정한 건 샤넬이 처음이었습니다. 시간이 흘러 샤넬은 당시를 이렇게 돌아보았습니다.

"레이스와 코르셋, 속옷과 충전재로 차려입고 땀 흘리던 몸을 자유롭게 해준 거야." _폴 모랑 저, 『샤넬의 매력L'allure de Chanel』

코르셋 추방에 이어 샤넬은 당시 말 조련사용 유니폼이나 스포츠 의류에 쓰이던 저지jersey 소재에 주목해 여성용 드레스를 만들었습니다. 유연하면서 움직이기 편한 '저지 드레스'는 그야말로 샤넬의 비전이 그대로 반영된 제품이었습니다. 몸을 자유롭게 한 후에는 어깨에 걸치는 '숄더백'을 발명해 여성의 양손을 자유롭게 해주었습니다. 또한 밖에서도 언제든지 화장을 고칠 수 있도록 '립스틱'을 발명했습니다.

상복 색으로 인식되었던 검정을 유행하는 색으로 바꾼 리틀 블랙 드레스나 액세서리(이미테이션 쥬얼리) 등 샤넬이 만들어낸 컨셉은 현재 여성복의 상식이 되었습니다. 모두 여성이 활발하게 일하고 자립하는 시대를 위해 고안한 패션이었지요.

그리고 샤넬 본인은 여성 기업가의 선구자가 되어 비전을 몸소 실현했습니다. 비전이 컨셉뿐만 아니라 삶의 방식까지 보여주었다 할 수 있습니다.

모두가 찬성한다면 비전이 아니다

마지막으로 비전을 구상할 때 하나 더 마음에 새겨두었으면 하는 점이 있습니다. 좋은 비전은 찬성과 반대 의견을 모두 이끌어낸다는 점입니다. 새롭고 의미 있는 비전일수록 기득권을 쥔 사람이나 조직은 당연히 반대 목소리를 올리기 마련이지요. 뒤집어 생각하면, 아무 마찰도 없이 동의를 얻는 비전은 이미 사회나 조직에서 합의가 끝난 뻔한 미래일 가능성이 높습니다. 반대나 비판을 과도하게 두려워하느라 추상적인 말로 적당히 얼버무리지 말고 또렷한 미래를 제시합시다.

4-4

실전편
비전형 스토리 설계

이번 장을 마무리하기 위해 연습을 해보려 합니다. 소재는 3장에서 다루었던 두부 가게의 뒷이야기입니다.

<과제>
이시다 두부, 두 번째 이야기

이시다 두부의 신상품이 좋은 반응을 얻었습니다. 튼튼한 몸을 만드는 맛있는 습관을 컨셉으로 '돌두부 100일 레시피'를 일주일 치 두부와 함께 온라인으로 판매한 결과, 의도한 대로 도시에 사는 가족들에게 좋은 반응을 얻었습니다. 몸 만들기에 신경 쓰는 부모 세대에게 돌두부의 높은 단백질 함유량이 매력적으로 비쳤다는 점, 쉬운 방법으로 다채로운 요리를 만들 수 있는 편리함, 그리고 성장기 아이들도 안심하고 먹을 수 있

다는 점 등이 인기 요인인 듯합니다.

70년의 역사를 가진 이시다 두부는 이러한 성공을 계기로 '지방의 특산물 브랜드'에서 '전국에서 알아주는 브랜드'로 나아가기로 결심했습니다. 그러려면 한 번의 성공으로는 만족할 수 없지요. 자신들의 사명은 무엇인가. 어떤 미래를 목표로 할 것인가. 무엇보다 미션과 비전을 정하는 것이 급선무입니다. 그래서 여러분에게 의견을 구하고자 합니다. '튼튼한 몸을 만드는 맛있는 습관'이라는 컨셉과 연결되도록 미션과 비전을 설정해주세요.

기업 또는 조직의 미션과 비전을 세울 때는 보통 역사를 연구하거나 관계자를 취재하기도 하고 경우에 따라서는 워크숍을 실시하기도 합니다. 이번 과제에서는 '가설'을 만든다고 생각하고 배경지식이 없는 상태에서 시도해 봅시다. '튼튼한 몸을 만드는 맛있는 습관'이라는 컨셉으로 이어지는 문맥을 만들 수 있느냐 없느냐가 핵심입니다. (기준: 30분)

풀이 방법과 답변 예시

1. 미션: 사회적 사명을 찾아낸다

-

미션을 생각할 때의 포인트는 "지금까지 만들어온 것이 수단이라면, 진짜 목적은 무엇인가?"라고 묻는 것입니다. 그렇게 해서 구체적인 물건이 아니라 그 물건을 통해 제공해 온 보편적 가치를 찾으면 됩니다. 주제는 지역의 전통 음식 '돌두부' 하나로 외길을 걸어온 이시다 두부입니다. '돌두부'가 수단이라면 무엇이 목적이라고 할 수 있을까요? 특히 '사회적 사명'이라는 점에서 생각하면, 일반적으로 다음과 같은 관점이 떠오릅니다.

관점1. 지역 문화 (돌두부를 수단으로) 지역만의 개성이 담긴 문화를 지킨다.

관점2. 건강 (돌두부를 수단으로) 건강한 식습관을 널리 전파한다.

관점3. 소재/자연 (돌두부를 수단으로) 콩의 힘을 끌어낸다.

관점4. 장인의 기술 (돌두부를 수단으로) 장인의 기술을 전승한다.

관점5. 환경 (돌두부를 수단으로) 식사에 필요한 CO_2를 줄인다.

여기서 이번 과제인 변화의 방향성을 되짚어 보겠습니다. 앞에서 '지방의 특산물 브랜드'에서 '전국에서 알아주는 브랜드'로 나아가겠다고 했지요. 왜 지방의 특산물이었던 상품을 전국적으로 확산시켜야 할까요? 관점1인 '지역 문화'와 관점2인 '건강'을 조합하면 답을 낼 수 있을 듯합니다. 각 지역에서 대를 이어 지켜온 전통 식문화에는 현대인에게 꼭 필요한 건강한 음식이 많습니다. 이번 변화의 계기가 된 컨셉도 돌두부라는 '전통 음식'의 단백질에 주목해, 현대의 가족을 위한 '건강식'으로 전환한다는 내용이지요. 미션을 '지역 전통 음식을 일본의 건강식으로 만든다'라고 해보면 어떨까요?

지역의 음식 문화만 고집하지도, 지역성을 완전히 잊고 무리하게 전국적인 브랜드화를 추진하는 것도 아닌, 지방에 뿌리를 둔 채 전국으로 뻗어나가는 이시다 두부에 걸맞은 미션이 될 듯합니다.

2. 비전: 목표로 삼아야 할 이상을 언어화한다

-

미션의 연장선 위에서 이루고자 하는 미래를 어떻게 서술하면 좋을까요? 건강식이라는 키워드로 미래를 내다보면 '식사에 의한 생활 습관병이 존재하지 않는 시대를 만든다' 같은 비전을 생각할 수 있습니다. 과거 일본에는 생활 습관병이 많지 않았습니다. 약 대신 식습관을 바꿔 병을 막을 수 있다면 사회적인 영향력은 어마어마하게 클 겁니다. 하지만 냉정하게 생각하면 두부 가게가 내세우기에는 규모가 너무 큰 비전일지도 모릅니다. 스트레치 존을 넘어 패닉 존에 발을 들여놓은 셈이지요. 한 걸음 현실로 되돌아가 탄탄한 비전을 생각해 봅시다. 핵심은 식습관이니 우선 건강식으로 두부를 습관처럼 먹는 풍경을 그려볼까요? 저녁 식사의 메인 요리를 고민할 때 고기냐 생선이냐가 아니라 "고기냐 생선이냐 두부냐" 하고 매일 선택지로 떠오르는 존재로 만들 수 있다면 어떨까요? 그렇다면 비전을 '두부가 메인 요리인 식탁을 당연하게'라고 정리할 수 있습니다.

새롭게 생각해 낸 미션과 비전을 컨셉과 연결하면 아래의 3줄짜리 스토리가 나옵니다.

- 맨 처음, 이시다 두부는 '지역의 전통 음식을 일본의 건강식으로 만드는' 브랜드로 다시 태어났다.
- 언젠가 '두부가 메인 요리인 식탁을 당연하게' 만드는 것이 그들의 비전이다.
- 그러기 위해 지금 이시다 두부는 '튼튼한 몸을 만드는 맛있는 습관'을 만든다.

물론 이것만이 정답은 아닙니다. 다양한 내용과 조합으로 3줄 스토리를 만들 수 있습니다. 이미 설명했듯이 이 연습 과제에서는

미션, 비전, 컨셉, 이 3가지 요소를 하나의 스토리로 완성할 수 있느냐를 확인합시다. 문제없이 다른 사람에게 이야기할 수 있도록 완성되었다면 합격입니다.

4-5

인사이트와 비전을 하나로

3장과 4장에 걸쳐 컨셉 스토리를 설계하는 방법에 대해 알아보았습니다. 편의상 인사이트형과 비전형으로 나누어 설명했지만, 원래는 '어느 한쪽'이 아니라 '두 방향 모두' 생각해야 합니다. 이 2가지 프레임워크를 통합한 것이 그림4-10의 컨셉 피라미드입니다.

인사이트를 시작으로 위에서 아래로 흐르는 화살표가 피라미드 가장 아래쪽에 다다르면 미션과 비전이 나타내는 시간의 흐름과 만납니다. 그 교차점에 바로 컨셉이 있습니다. 다시 말해, 컨셉은 고객의 인사이트에 부응하는 내용이자 조직이나 팀의 비전을 이루는 첫걸음으로서 2가지 목적을 모두 고려해 설계해야 한다는 사실을 나타냅니다.

6개의 빈칸 중 어디서부터 시작하든 상관없습니다. 이시다 두부의 사례처럼 인사이트형 스토리로 컨셉을 고안하다가 비전으로

그림4-10. 컨셉 피라미드

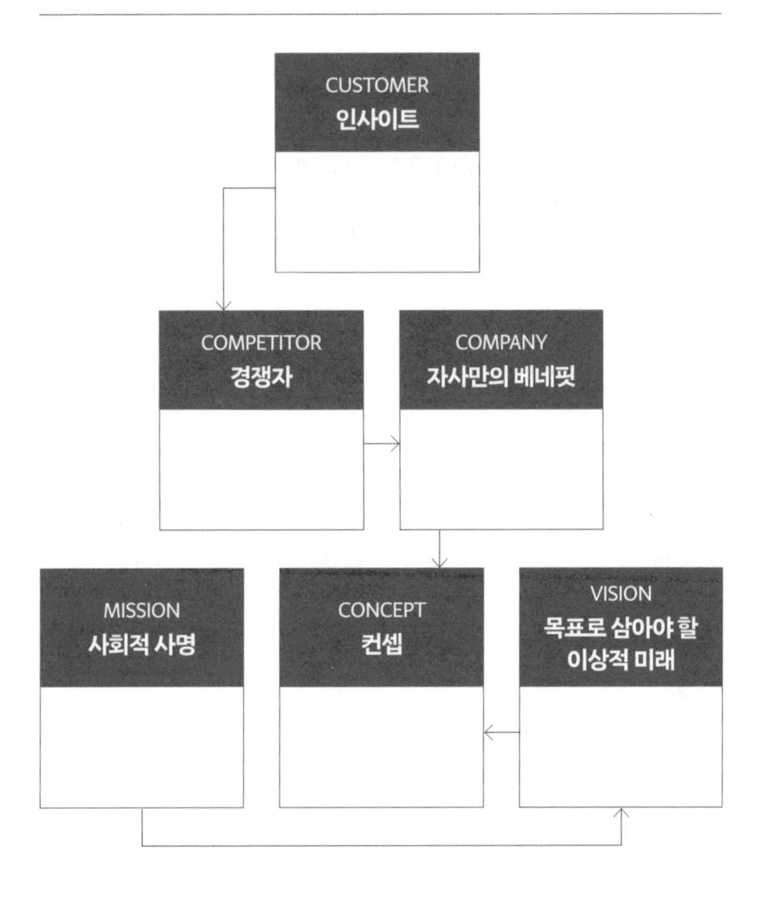

확장할 수도 있고, 비전형 스토리부터 생각한 다음 고객의 인사이트를 검증할 수도 있습니다. 자사의 강점이나 경쟁자와의 차별화에서부터 스토리를 시작하는 경우도 많습니다.

마지막으로 에어비앤비의 사례를 통해 피라미드 구조를 살펴보겠습니다. 먼저 인사이트형 스토리를 따라가 봅시다.

인사이트형 스토리

여행에 익숙한 사람들을 위한 새로운 체험으로

CUSTOMER 인사이트 여행에 익숙한 젊은 세대에게는 '처음 방문하는 마을에서도 이방인 취급을 받고 싶지 않다'는 고객에 대한 인사이트가 있었습니다. 현지 문화를 깊이 접할 수 있는 체험일수록 잊을 수 없는 추억이 된다는 사실을 경험을 통해 깨달았기 때문입니다. 이들은 평범한 여행으로는 만족하지 못합니다.

COMPETITOR 경쟁자 불필요한 스트레스 없이 편안히 지내고 싶은 비즈니스맨이나 해외가 익숙지 않은 여행자에게는 위치가 편리하고 고객을 극진히 대접하는 고급 호텔이야말로 최고의 경험이 될지도 모릅니다. 하지만 고유의 문화를 맛보고 싶은 사람에게는 '실제 생활과 동떨어져 있다'고 느껴지기도 하지요. 2012년부터 2021년까지 메리어트 인터내셔널Marriott International의 CEO였던 아르네 소렌슨Arne Sorenson은 "이집트 카이로에서 눈을 떴을 때, 이집트에 있다고 느끼고 싶지, 미국에 있는 시골 방과 똑같은 곳에서 눈 뜨고 싶지는 않으니까요"라며 에어비앤비의 가치를 인정했습니다.

COMPANY 자사만의 베네핏 그래서 에어비앤비는 '전 세계 게스트를 맞이하는 호스트 커뮤니티' 육성을 무엇보다 중요하게 여깁니다. 물리적인 집(하우스)이 아니라 사람과 사람의 감정적인 연

그림4-11. 에어비앤비의 컨셉 피라미드

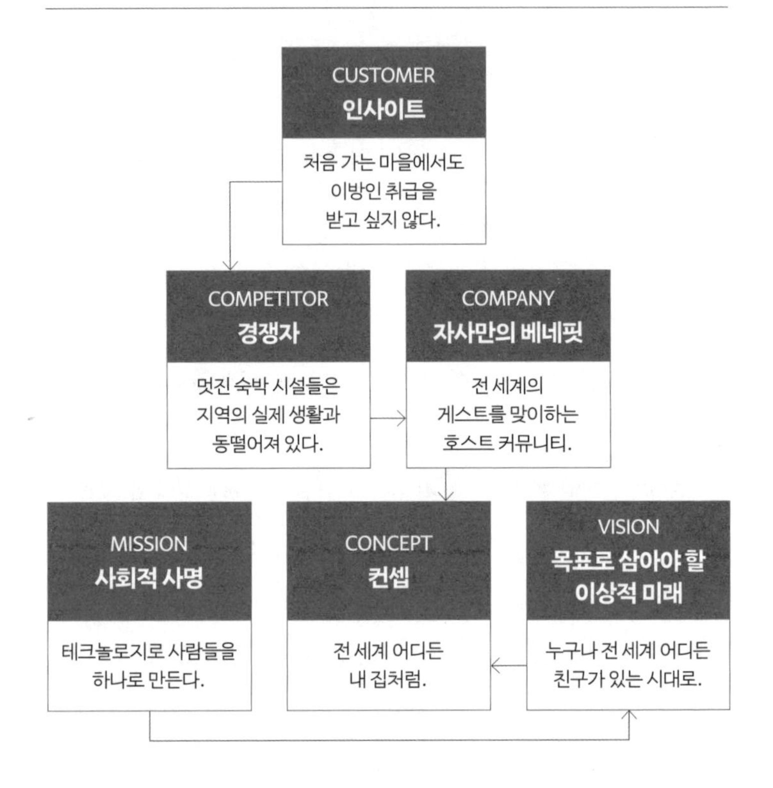

결(홈)이 가치의 원천이지요. 물론 호스트와 직접적으로 접촉하지 않는 경우도 많습니다. 하지만 호스트가 가꾼 집에서 생활하고, 평소 걷지 못할 현지 길거리를 호스트의 시선으로 걷고, 호스트와 같은 일상을 공유할 때 게스트는 호스트와 정신적으로 연결된 듯 느낍니다.

CONCEPT 컨셉 '전 세계 어디든 내 집처럼'이라는 컨셉은 판에 박힌 여행으로는 만족하지 못하는, 좀 더 진짜에 가까운 문화를 체험하고자 하는 여행자에 대한 제안이라 할 수 있습니다. 내용을 정리하면 아래와 같은 인사이트형 스토리가 완성됩니다.

에어비앤비 인사이트형 스토리

1. '처음 방문한 마을에서도 이방인 취급을 받고 싶지 않다'고 생각하며 판에 박힌 여행을 싫어하는 여행자들이 있습니다. 그들은 지금까지 이용한 숙소들이 편리하기는 하지만 '실제 생활과 동떨어져 있다'고 느꼈습니다.
2. 그래서 에어비앤비는 '전 세계의 게스트를 맞이하는 호스트 커뮤니티'를 만들었습니다. 현지인들을 만나고 그들 사이에 녹아들어 현지의 진정한 삶과 문화를 맛볼 수 있습니다.
3. '전 세계 어디든 내 집처럼'. 여행에 익숙한 당신을 위해 새롭게 제안합니다.

비전형 스토리
세계에 새로운 연결 고리를

다음으로 미션과 비전을 통해 미래의 관점이 담긴 스토리를 생각해 보겠습니다.

MISSION 미션 인터넷이 등장하고 소셜 미디어가 전 세계로 확산된 지금, 사람들은 더욱 긴밀하게 연결되기는커녕 오히려 단절되었다고 에어비앤비는 생각했습니다. 팔로워가 아무리 늘어도, 온라인상에 친구가 수만 명 있어도, 사람은 고독을 느끼기 마련입니다. 우리에게 정말 필요한 것은 공동체가 아닐까. 에어비앤비는 그런 신념을 바탕으로 '테크놀로지로 사람들을 하나로 만든다'는 미션을 내걸었습니다.

VISION 비전 창업자 브라이언 체스키는 2015년 #OneLess Stranger라는 캠페인을 실시했습니다. 직역하면 전 세계에서 '모르는 사람'을 한 명씩 줄여나가자는 뜻입니다. 이 캠페인에서 그의 비전을 엿볼 수 있습니다. 에어비앤비는 숙박 서비스를 넘어서 사람과 사람을 이어 '누구나 전 세계 어디든 친구가 있는' 시대를 만들고자 합니다. 세계 모든 도시에 실제로 만난 적 있는 사람이 있다면 세상은 훨씬 작게 느껴질 테고 다툼도 잦아들겠지요. 온라인으로만 연결되는 SNS로는 결코 실현할 수 없는 미래입니다.

미션과 비전을 연결하면 '전 세계 어디든 내 집처럼'이라는 컨셉에 담긴, 여행을 뛰어넘는 커다란 의미가 한눈에 보이지 않을까요? 내용을 정리하면 다음과 같은 비전형 스토리가 완성됩니다.

에어비앤비 비전형 스토리

1. 사람들이 갈수록 단절되어 가는 시대에 에어비앤비는 '테크놀로지로 사람들을 하나로 만들기' 위해 존재합니다. 사람 간의 진정한 결속이야말로 고독을 달랠 수 있다고 믿습니다.
2. 에어비앤비의 목표를 구체적으로 설명하자면 '누구나 전 세계 어디든 친구가 있는' 시대입니다. 그것이 현실이 된다면 세계는 점점 작게 느껴질 테고 다툼도 잦아들겠지요.
3. 목표를 이루기 위해 우리는 '전 세계 어디든 내 집처럼'이라는 구조를 널리 확산하고 있습니다. 현지인들을 만나고 그들 사이에 녹아들어 현지의 진정한 삶과 문화를 맛보세요.

같은 컨셉이지만 인사이트형에서는 '해결책'이, 비전형에서는 큰 목적을 이루는 '첫걸음'이 되었습니다. 치밀하게 설계한 컨셉은 이처럼 2가지 측면에서 이야기할 수 있습니다.

지금까지 살핀 내용을 이해했다면 스토리 설계의 기본은 충분히 익혔다고 보아도 좋습니다. 다음 장에서는 컨셉을 핵심 문구로 만드는 방법에 대해 알아보겠습니다.

4장 요약

□ **비전형 스토리란 과거와 미래를 잇는 이야기 형식이다**

- '처음'의 사명을 이야기하고, '언젠가'의 미래를 제시하며, '그것을 위해 지금' 해야 할 일을 컨셉으로 지정한다.

  예 모모타로와 대통령 이야기

  예 로켓을 쏘아 올린 스페이스X 이야기

□ **미션은 조직이 계속 짊어져야 할 '사회적 사명'**

- 상품을 넘어서 무엇을 만들어왔는지를 통해 보편적 가치를 묻는다.
- 기업의 뿌리와 관련된 독자적인 말이 무엇인지를 통해 고유성을 묻는다.

  예 감동을 창조하는 기업, 야마하 모터

□ **비전은 목표로 삼아야 할 '이상적 미래'**

- 이상적인 미래를 '눈에 보이는 말'로 서술한다.
- 비전을 작성하는 2가지 포인트

  ① 해상도를 높인다 ② 안전지대(컴포트 존)를 뛰어넘는다

  예 사람들이 여러 행성에서 사는 미래를 준비하는 스페이스X

□ **인사이트형과 비전형 통합하기**

- 전체를 6칸짜리 피라미드로 표현한다.
- 어느 칸부터 시작하든 문제없다.
- 비전부터 시작하더라도 인사이트를 반드시 염두에 둔다. 반대도 마찬가지다.

5장

컨셉을 '한 문장'으로 쓰기

이 장에서는 컨셉을 한 문장으로, 즉 핵심 문구key phrase로 만드는 과정을 배웁니다. 새로운 의미를 또렷하게 전달하는 한 줄로 만들려면 3장이나 4장에서 배운 '이야기를 부풀려 구성하는' 작업과 정반대로 '깎아내고 다듬는' 발상이 반드시 필요합니다.

나쓰메 소세키夏目漱石의 『열흘 밤의 꿈』이라는 소설에는 도다이지 남대문의 금강역사상•으로 널리 알려진 불상 제작자 '운케이'가 등장합니다. 아래에 인용한 글은 주인공이 꿈속에서 운케이가 작업하는 모습을 지켜보는 장면입니다.

> "저렇게 아무렇게나 끌을 쓰면서 잘도 원하는 대로 눈썹이나 코를 만드는구나!" 하고 감탄하며 혼잣말처럼 중얼거렸다. 그러자 아까 그 젊은 남자가 "아니, 저건 끌로 눈썹과 코를 만드는 게 아니야. 저 모양 그대로 나무 속에 파묻힌 눈썹과 코를 끌과 망치의 힘으로 파내는 것뿐이지. 마치 땅속에

• 도다이지는 일본 나라현에 있는 사찰로 일본 최대의 청동 불상으로 유명하다. 금강역사는 불교의 수호신으로 대부분 사찰의 문 좌우에 수호신장으로 세워지는 경우가 많다.

서 돌을 파내는 것과 같으니 절대 잘못될 리가 없어"라고 말했다.

천재 불상 제작자와 비교하자니 조금 염치없지만 핵심 문구를 만드는 작업도 이와 비슷합니다. 두루뭉술한 생각에서 불필요한 부분을 깎아내고 마침내 하고자 하는 말을 찾아내는 과정이지요. 조각을 하듯 정보를 깎아내 본질적인 의미를 빚어내는 행위입니다.

이 장에서는 '한 문장으로 만들기'를 3단계로 나누어 설명합니다. 먼저 하고 싶은 말을 '정리'하고, 그다음 불필요한 정보를 '깎아내고', 마지막으로 '다듬어' 나갑니다. 다만 이 과정은 어디까지나 배우기 위한 순서라고 생각해 주세요. 정해진 순서를 따르는 것보다 직감에 따라 썼을 때 더 잘되는 사람도 있을 테니까요. 이 책에서 기본을 익힌 다음 각자에게 알맞은 방법을 찾으면 됩니다.

5-1

한 문장으로 만드는 방법

STEP 1.
의미를 정리한다: 3점 정리법

먼저 핵심 문구로 전달하고자 하는 내용을 정리합니다. 모든 컨셉은 궁극적으로 'A가 B하기 위해 C의 역할을 맡는다'라는 문장 구조로 표현할 수 있습니다. '고객', '목적', '역할'이라는 3개의 점으로 의미를 정리하므로 3점 정리법이라고 부릅니다. 우선 그림 5-1을 살펴봅시다.

먼저 'A'에는 타깃이 되는 고객을 '주어'로 넣습니다. 1장에서 설명했듯이 컨셉은 항상 고객의 눈높이에서 작성해야 합니다. 컨셉의 주어를 소비자로 설정하면 자연히 고객의 눈높이로 작성할 수 있게 됩니다.

그림5-1. **컨셉의 3점 정리법**

고객	목적	역할
A(주어)	**B(동사)**	**C(명사)**
가	하도록	의 역할을 한다

목적 'B'에는 반드시 '동사'가 포함된 문장을 적습니다. A에 써넣은 고객은 어떠한 일을 할 수 있게 될까요? 지금까지 하지 않았던 행동을 파악해 적어줍시다.

역할 'C'는 상품이나 서비스 등 브랜드가 제공하는 역할을 '명사'로 써넣습니다. 고객이 새로운 행동을 하는 데 어떻게 이바지할 수 있는지 명확하게 나타내는 말을 생각하면 됩니다.

여러 차례 언급한 스타벅스와 킨들의 컨셉은 3점 정리법을 이용해 아래와 같이 서술할 수 있습니다.

예1) 스타벅스

고객 도시 생활에 지친 사람들이

목적 도시에서 편히 쉴 수 있도록

역할 직장과 집 사이의 쉼터 역할을 한다.

예2) 킨들

고객	이 세상 모두가
목적	모든 책을 60초 안에 손에 넣을 수 있도록
역할	서점 겸 전자책 단말기 역할을 한다.

위 사례는 이미 컨셉의 최종 버전을 소개했기 때문에, 지금 이 상태로는 다소 어색하게 읽힐지도 모릅니다. 이 '어색함'을 없애는 것이 이번 장의 목적입니다. 다음 2가지 컨셉은 이 책에서 다룬 적은 없지만, 세간에 잘 알려진 상품의 사례입니다. 이 내용을 어떻게 한 줄로 만들면 좋을까요?

예3) 미래의 컴퓨터

캘리포니아주 팰로앨토에 있는 제록스Xerox 연구소에서 근무하던 앨런 케이Alan Kay는 1972년에 쓴 논문으로 컴퓨터의 미래를 바꾸어버렸습니다. 당시 컴퓨터는 방을 가득 채울 정도로 거대한 기계였습니다. 운용하는 데만 막대한 예산과 인력이 필요했지요. 과학자도 엔지니어도 크기가 커지는 것이야말로 컴퓨터의 진화라고 믿어 의심치 않았습니다.

앨런 케이는 그런 시대의 상식과 반대로 컴퓨터를 작게 만들어 한 사람이 한 대씩 사용한다는 미래를 제시했습니다. 디자인은 지금의 태블릿 단말기처럼 납작한 판 모양이고, 가격은 1000달러 이하로 비교적 저렴한 설정이었습니다. 앨런 케이는 이 상품을 설명할 때 아이들이 '영상이나 게임을 즐기면서 읽고 쓰기를 배우기' 위한 것이라고 했습니다. 어른을 위한 거대한 비즈니스 도구에서 아이가 사용하는 창의적인 학습 도구로. 컴퓨터를 새롭게 정의한 그의 논문은 컨셉의 관점에서 다음과 같이 정리할 수 있습니다.

고객 '아이들'이
목적 '즐기면서 읽고 쓰는 법을 배울 수' 있도록
역할 '각자 한 대씩 사용하는 컴퓨터' 역할을 한다.

예4) 스테디셀러가 된 신형 오븐

2004년 출시된 신형 오븐은 이미 성숙 산업이었던 가정용 오븐 분야에 새로운 바람을 일으켰습니다. 신형 오븐의 특징은 '가열한 수증기를 이용해 조리한다'는 점에 있었습니다. 쉽게 말하면 '물로 굽는' 기술이라고 할 수 있지요. 하지만 업소용 오븐에서는 이미 예전부터 사용해 온 방식이었으니 엄밀히 말하면 혁신적인 기술은 아니었습니다. 오히려 '조리하면서 기름과 소금을 줄일 수 있다'는 건강상의 이점에 착안한 점이 더욱 새로웠습니다. 출시 후 20년 넘게 인기를 끌고 있는 이 시리즈의 컨셉은 다음과 같이 설명할 수 있습니다.

고객 '생활 습관병을 걱정하는 사람들'이
목적 '기름과 소금을 줄여 건강하게 요리할 수' 있도록

역할 '물로 굽는 오븐' 역할을 한다.

이 단계의 목적은 표현해야 할 새로운 의미를 확실하게 포착하는 데 있습니다. 문장이 다소 길어져도 문제없습니다. 그만큼 세세한 뉘앙스까지 포함해서 제대로 전달할 수 있도록 씁시다.

STEP 2.
핵심만 남긴다: 목적인가 역할인가

다음으로는 컨셉의 핵심을 찾아야 합니다. 컨셉의 핵심 문구는 기본적으로 목적형이나 역할형으로 나눌 수 있습니다.

앞서 수행한 3점 정리법의 두 번째 줄(목적)과 세 번째 줄(역할) 가운데 어느 쪽에 '새로운 의미'의 핵심이 담겨 있을까요? 3점 정리법의 예제 4개를 다시 읽고 '목적'과 '역할' 중 더 중요해 보이는 쪽을 각각 선택해 봅시다. 새로운 의미를 전달할 수 있는 내용은 어느 쪽인지, 혹은 한 줄만 가지고도 오해 없이 전할 수 있는 내용은 어느 쪽인지를 고려하면 좋습니다.

먼저 스타벅스입니다. '도시에서 편히 쉴 수 있도록'이라는 목적을 선택할 것인가, '직장과 집 사이의 쉼터'라는 역할을 선택할 것인가. '도시에서 편히 쉴 수 있도록' 한 줄만 있다면 테이크아웃이나 캔 커피로도 충족된다고 볼 수 있겠지요. 즉, 규정하는 힘이 약합니다. 역시 스타벅스의 사례는 '공간'을 창출한다는 점에 큰 의미가 있습니다. 따라서 '역할'이 더 중요하다고 판단할 수 있습니다.

고객 **'도시 생활에 지친 사람들'이**
목적 **'도시에서 편히 쉴 수' 있도록**
역할 '직장과 집 사이의 쉼터' 역할을 한다.

다음은 킨들의 사례입니다. '서점 겸 전자책 단말기'라는 역할은 일반적인 내용이므로 다른 회사의 제품과 비교해 크게 차별화할 수 있는 점이 아닙니다. 목적은 어떨까요? 발매 당시 '모든 책을 손에 넣는다'고 단언할 수 있는 기업은 아마존뿐이었습니다. 새로운 의미의 핵심은 '모든 책을 60초 안에 손에 넣는다'는 목적에 있다고 판단할 수 있습니다.

고객 **'이 세상 모두'가**
목적 '모든 책을 60초 안에 손에 넣을 수' 있도록
역할 **'서점 겸 전자책 단말기' 역할을 한다.**

미래형 컴퓨터의 사례는 답이 쉽게 나오지 않을까요? 가장 솔깃한 제안은 바로 '각자 한 대씩 쓰는 나만의 컴퓨터'라는 역할에 담겨 있지요. 거대한 메인 프레임 컴퓨터의 시대에 정반대의 방향성

을 보여주었다는 점에 가치가 있습니다. 덧붙여 '즐기면서 읽고 쓰는 법 배우기'는 다른 교재로도 충분히 가능하니까요.

고객 '아이들'이
목적 '즐기면서 읽고 쓰는 법을 배울 수' 있도록
역할 '각자 한 대씩 쓰는 나만의 컴퓨터' 역할을 한다.

마지막은 신형 오븐입니다. '물로 굽는 오븐'이라는 기술 자체가 새로웠던 것은 아니라고 앞에서 설명했지요. 또 소비자 입장에서 생각해 보아도 '물로 굽는' 방식은 화제성이 있지만, 그것 자체가 돈을 지불하는 이유가 되지는 않습니다. 따라서 새로운 의미는 '기름과 소금을 줄여 건강하게 요리한다'는 데에 있다고 할 수 있지요.

고객 '생활 습관병을 걱정하는 사람'이
목적 '기름과 소금을 줄여 건강하게 요리할 수' 있도록
역할 '물로 굽는 오븐' 역할을 한다.

STEP 3.
날카롭게 다듬는다: 두 단어 규칙

마지막은 글을 한 문장으로 다듬는 단계입니다. 예전에 미국에

서 일을 할 때, 이런 조언을 자주 받았습니다. 좋은 컨셉으로 만들려면 영단어 2개 이내로 쓰는 것을 목표로 하라.

실제로 두 단어의 원칙은 이 책에서 다룬 많은 사례와도 맞아떨어집니다. 소니의 '주머니에 들어가는 라디오'는 Pocketable Radio라는 두 단어, 스타벅스의 The Third Place도, 에버레인의 Radical Transparency도 두 단어이지요. 에어비앤비의 Belong Anywhere도 두 단어인데, Belonging이라는 한 단어로도 표기할 수 있습니다.

왜 두 단어를 지향할까요? 가장 근본적인 이유는 사람이 한 번에 인식할 수 있는 개념은 기껏해야 2가지이기 때문입니다. 예를 들어 '주머니에 들어가는 완전 방수 라디오', '라떼가 맛있는 제3의 장소', '급진적인 투명성과 압도적인 기능성'이라고 하면 초점이 흐려져서 이해하기 어렵지 않을까요? 세 번째 개념을 더하는 순간, 컨셉의 정밀함이 급격히 떨어져 버립니다.

모든 혁신은 이미 존재하는 개념들의 조합이라고 말합니다. 아무리 새로워 보이는 기술이나 아이디어라도 결국은 2가지 요소를 곱한 것으로 볼 수 있다는 뜻이지요. 여기에 언어 표현의 문제를 대입하면, 아무리 새로워도 대부분은 잘 알려진 단어 2개를 조합해서 표현할 수 있다는 말이 됩니다.

물론 영어를 쓰는 나라와 똑같은 규칙을 적용하고 모든 컨셉을

'두 단어'로 표현하기는 어렵습니다. 조사 등으로 뉘앙스를 섬세하게 조정할 수 있는 한국어의 장점을 희생하기도 아깝고요. 그래도 구성 요소는 크게 '두 개념의 조합'을 목표로 합시다.

STEP2에서 스타벅스의 '직장과 집 사이의 쉼터'라는 문장에는 '직장', '집', '쉼터'라는 3개의 개념이 등장합니다. 핵심 문구다운 날카로운 맛은 없지요. 기억하기 어렵고 쓰기도 힘듭니다. '제3의 장소The Third Place'는 본래 3개의 개념으로만 설명할 수 있는 내용을 2개의 개념으로 표현하도록 고안했다고 해석할 수 있습니다.

'직장과 집 사이의 쉼터'

↓

제3의 장소 / 서드 플레이스

킨들의 '모든 책을 60초 안에 손에 넣는다'는 그 자체로도 거의 완성된 컨셉입니다. 보충하는 말이 붙었지만, '책'과 '60초'라는 두 개념의 조합으로 이루어져 있으니까요. 그렇기 때문에 딱 떨어지는 키워드가 아님에도 불구하고 쉽게 이해하고 상상할 수 있습니다.

그렇다면 미래 컴퓨터 사례의 '각자 한 대씩 사용하는 나만의 컴퓨터'는 어떻게 고칠 수 있을까요? '한 사람에 한 대'라는 점을 한 단어로 표현하는 것이 가장 이상적입니다. 영어에는 마침 좋은 말이 있습니다. 바로 '퍼스널personal'입니다. '퍼스널 컴퓨터personal computer'는 이제 하나의 상품 카테고리를 가리키는 말이지만, 당시에는 아주 획기적인 컨셉였습니다. 거대한 컴퓨터가 찬양받던 당시에는 생각지도 못했던 의외의 단어들이 만나 273쪽에서 설명할 모순법의 표본으로서 대중에게 커다란 충격을 안겨주었습니다.

'각자 한 대씩 **사용하는 나만의 컴퓨터**'

↓

퍼스널 **컴퓨터**

마지막으로 신형 오븐 사례를 살펴볼까요? '기름과 소금을 줄여 건강하게 요리한다'라는 말을 어떻게 탄탄하게 만들면 좋을까요? 두 단어 규칙으로 생각하면 '건강'과 '요리'가 뼈대가 됩니다. 그대로 하나의 단어로 바꾸면 '건강 요리'가 되겠지요. 이런 컨셉을 바탕으로 탄생한 제품이 샤프SHARP의 스테디셀러 헬시오Healsio입니다. 헬시오라는 이름도 컨셉대로 '헬시healthy한 오븐'에서 비롯되었지요. 동시에 '염분을 줄인다'는 뜻도 담겨 있습니다•. 단 세 글자로 사람들에게 새로운 '동사'를 선명하게 제시하는 컨셉입니다.

• '헬시오'의 일본어 발음은 '헤루시오'로, '헤루'는 일본어로 줄어든다는 뜻이고 '시오'는 소금을 뜻한다.

'기름과 소금을 줄여 건강하게 요리한다'

↓

건강 요리 / 헬시오

핵심 문구의 3가지 유형

지금까지 컨셉의 의미를 정리하고, 불필요한 정보를 깎아내고, 마지막으로 다듬는 3단계로 한 문장 만들기에 대해 설명했습니다. 이렇게 만든 핵심 문구는 구성 요소에 따라 3가지 형태로 나눌 수 있습니다.

하나는 3점 정리법의 목적에 초점을 맞춘 목적형입니다. 목적형에는 '주머니 속의 1000곡'이나 '건강 요리', '전 세계 어디든 내 집처럼' 등이 해당됩니다. 주로 사람들의 새로운 행동을 나타낸 말이 됩니다.

이와 달리 역할에 초점을 맞추는 것이 역할형입니다. '제3의 장소'나 '퍼스널 컴퓨터'가 역할형에 해당되지요. 목적형이 새로운 행동의 의미를 포착하는 반면, 역할형은 상품이나 서비스 자체의 역할이 얼마나 새로운가에 주목합니다. 기본적으로 기업이나 브랜드의 역할을 나타내는 명사로 표현하지요.

핵심 문구는 일반적으로 한 줄로 줄이는 것이 가장 바람직하지만, 기업 문화나 컨셉을 사용하는 문맥에 따라서는 어느 정도 설명이 필요할 때도 있습니다. 그럴 때는 목적과 역할을 세트로 사용하는 연결형으로 만들어봅시다.

예를 들어 '퍼스널 컴퓨터'를 전 인류가 아니라 의사를 타깃으로 염두에 두고 개발한다면, '진료 기록을 가지고 다닐 수 있는 퍼스널 컴퓨터'라고 문맥을 보충해야 의미가 더 명확해집니다. 헬시오 또한 영양사나 의료 관계자를 타깃으로 할 때는 '기름과 소금을 줄이는 건강 요리'처럼 건강과 관련된 의미를 보충하는 편이 이해하기 쉬울 테고, 엔지니어가 타깃일 때는 '물로 굽는 건강 요리'처럼 기술에 관한 말을 보충해야 할지도 모릅니다.

또한 새로운 카테고리를 개척하고자 한다면 연결형이 반드시

그림5-2. **핵심 문구의 3가지 유형**

목적형	역할형	연결형
'동사'로 서술	**'명사'로 서술**	**'동사 + 명사'로 서술**
전 세계 어디든 내 집처럼 건강 요리 주머니 속의 1000곡	제3의 장소 퍼스널 컴퓨터 급진적 투명성	기름과 소금을 줄이는 건강 요리 교통체증을 해소하는 하늘의 승차 공유

필요합니다. 기존 시장에 없는 새로운 영역을 만들고자 할 때는 '완전히 새로운 목적을 가진 완전히 새로운 것'을 떠올리기 마련이지요. 따라서 목적과 역할이 세트를 이루지 않으면 의미를 온전히 전달하지 못할 우려가 있습니다.

2018년 택시 배차 어플리케이션과 음식 배달로 알려진 우버 테크놀로지스Uber Technologies가 하늘을 나는 자동차를 이용한 신규 사업 '우버 엘리베이트Uber Elevate'의 계획을 발표했습니다. 회장에 모인 학자와 언론인, 기업가와 투자자, 벤처캐피털리스트들의 공감을 불러일으킨 것은 '교통체증을 해소하는 하늘의 승차 공유'라는 컨셉였습니다. 이것을 3점 정리법으로 다시 써볼까요?

고객 '도시에 사는 사람들'이
목적 '교통체증에서 해방될 수' 있도록
역할 '하늘의 승차 공유' 역할을 한다.

역할로 좁혀 '하늘의 승차 공유'라고 해도, 목적으로 좁혀 '교통체증에서 해방되다'라고 해도 뭔가 부족하다는 느낌이 들지 않을까요? '하늘의 승차 공유'만 가지고는 무엇을 위해 하늘을 나는지 알 수가 없습니다. 순수한 아이들의 꿈 이야기처럼 들리지요. '교통체증에서 해방되다'만 있으면 하늘을 난다는 임팩트가 사라집니다. 필요와 새로움. 새로운 카테고리의 컨셉에는 이 2가지가 없어서는 안 됩니다.

덧붙여 우버는 본업이 일시적으로 실적 부진에 빠진 점 등 때문에 항공 교통 시스템 사업을 타사에 매각했습니다. 하지만 하늘을 나는 자동차라는 상상의 산물을 '교통체증을 해소한다'는 사회적 의의가 담긴 비즈니스 컨셉에 반영하는 데 매우 큰 역할을 했습니다.

이러한 '목적+역할'로 컨셉을 서술하는 연결형은 구상한 내용을 온전히 전달할 수 있습니다. 하지만 핵심 문구의 날카로움(모두가 기억하고 쓸 수 있게 되는 유통성)이 무뎌진다는 점에는 유의해야 합니다.

5-2

실전편
한 문장 만들기

한 문장 만들기 순서에 따라 연습 문제에 도전해 볼 차례입니다. 우선 가상의 기업을 소재로 한 과제 지문을 살펴봅시다.

<과제>
호텔 예약 사이트 '트레일 재팬'

트레일 재팬은 일본에서 3~4위를 다투는 호텔 예약 사이트입니다. 일본 전국의 숙박 시설을 망라하지요. 지금까지는 사이트를 사용하기 편리하고 사진을 쉽게 볼 수 있다는 점 등으로 차별화해 사용자를 모았습니다. 하지만 인터넷으로 여행을 예약하는 것이 당연해지고 경쟁이 치열해지면서 순식간에 사이트 품질 면에서 타사에 따라잡히고 말았습니다. 현재 트레일 재팬이 앞서는 영역은 숙박 시설의 수와 가격뿐. 이런 상황이

지속되면 거대 자본 기업이 유리해지는 것은 말할 필요도 없습니다.

이런 상황을 타개하기 위해 트레일 재팬에서는 뜻을 모아 팀을 결성하고 서비스 컨셉을 재검토하기 시작했습니다. 그 결과, 사용자의 편의성만 추구한 나머지 트레일 재팬의 존재 이유를 놓치고 있었다는 사실을 깨달았습니다. 그리하여 다시 방향성을 세웠습니다. '일본의 지방을 살리는 예약 사이트가 되겠다.' 인기 있는 여행지나 유명 숙박 시설에 대한 소개는 대기업에게 맡기고, 자신들은 아직 알려지지 않은 일본을 발굴하겠다는 아이디어였습니다.

'도시에 사는 사람들이 한 번 가보고 마는 게 아니라 몇 번이고 다시 찾고 싶은 곳을 발견했으면 좋겠다.' 이런 바람을 이루기 위해 트레일 재팬은 잘 알려지지 않은 지역을 직접 찾아가 현지의 매력을 발견하고 알리면서 새로운 숙박 서비스를 구상하기로 결정했습니다.

이 팀이 3점 정리법으로 표현한 아래 컨셉을 읽고, 이어지는 2가지 질문에 답해봅시다.

주어 도심에 사는 사람이

목적 몇 번이고 찾고 싶은 매력적인 지역과 만날 수 있는

역할 여행 정보 제공 및 예약 플랫폼

질문①

핵심 문구로 내용을 압축한다면 '목적'과 '역할' 중 어디에 초점을 맞춰야 할까요? 한 가지를 골라주세요.

질문②

①에서 선택한 문장을 핵심 문구로 정리해 주세요. 이때 되도록 2개의 개념으로 좁히고, 간결하고 명확하게 표현하도록 노력해 봅시다.

해설

질문① 풀이

-

'몇 번이고 다시 찾고 싶은 매력적인 지역을 만날 수 있다'는 목적과 '여행의 정보 제공 및 예약의 플랫폼'이라는 역할. 어느 쪽이 '새로운 의미'를 더 깊이 있게 포착하고 있을까요?

지문을 다시 읽어보면 트레일 재팬은 '지방을 살리는 예약 사이트가 되겠다'는 방침을 바탕으로 '아직 알려지지 않은 지역

을 발굴'하기로 했지요. 그러니 팀의 새 컨셉은 '매력적인 지역과 만난다'는 목적에 중점을 두고 있다고 해석하는 것이 자연스럽습니다.

고객 도심에 사는 사람이
목적 몇 번이고 찾고 싶은 매력적인 지역과 만날 수 있는
역할 여행 정보 제공 및 예약 플랫폼

질문② 풀이

-

이어서 '몇 번이고 다시 찾고 싶은 매력적인 지역을 만날 수 있다'는 말을 다듬어보겠습니다. 지금 이 문장에는 크게 3개의 개념이 포함되어 있습니다. '몇 번이고 다시 찾고 싶다'와 '매력적인 지역'과 '만날 수 있다'이지요. 이제 이것을 차근차근 2개의 개념으로 바꾸어보고자 합니다.

우선 '몇 번이고 다시 찾고 싶다'와 '매력적'은 거의 같은 의미인 듯하니 하나의 개념으로 정리합니다. 그러면 아래와 같은 내용이 됩니다.

- 몇 번이고 다시 찾고 싶은 지역을 만날 수 있다.

이렇게만 바꿔도 꽤 간결해졌지요. 나아가 핵심 문구를 다듬기 위해 '몇 번이고 다시 찾고 싶은 지역'을 다른 말로 바꿔보겠습니다. '몇 번이고 다시 찾는' 모습을 상상해 볼까요? 한 지역을 여러 번 다니면 친숙한 사람이나 특별히 마음에 드는 가게도 늘어나겠지요. 어쩌면 단골 대접을 받을지도 모릅니다. 그러면 "어서 오세요"가 "잘 다녀오셨어요?"로 바뀌는 순간이 찾아옵니다. '계속 찾고 싶은' 마을이란 '돌아가고 싶은' 마을일지도 모르지요. 그렇게 생각하면 핵심 문구는 아래처럼 바꿀 수 있습니다.

- 돌아가고 싶은 지역을 만날 수 있다.
- 돌아가고 싶은 마을을 만날 수 있다.

'찾다'를 '돌아가다'로 바꾸었을 뿐인데, 사람과 지역의 정서적인 유대감을 느낄 수 있게 되었습니다.

좀 더 깊이 파고들어 볼까요? '돌아가고 싶은 마을'을 다른 말로 표현한다면 뭐가 있을까요? 돌아가고 싶은 마을이란 '고향'을 뜻할지도 모릅니다. 영단어 2개로 표현한다면 2nd Hometown(제2의 고향). 정보를 깎아내니 의미가 훨씬 명확해졌습니다.

- 또 하나의 고향을 만나다.

- 또 하나의 고향을 만들다.
- 다녀왔다고 말할 수 있는 또 하나의 장소.
- 세컨드 홈타운.

도시 인구가 증가하는 일본에서는 '시골의 고향집'을 동경하는 사람이 늘고 있습니다. 만약 어딘가 돌아갈 곳이 있다면. 여행을 떠나듯이 아무도 신경 쓰지 않고 익숙한 장소에서 푹 쉬며 자기 자신을 되찾을 수 있다면. 그런 새로운 고향을 만날 수 있는 사이트에는 저렴한 숙소 이상의 의미가 있겠지요.
'또 다른 고향을 만나다' 정도로 컨셉이 간결해지면 누구나 쉽게 기억하고 쓸 수 있습니다. 다만 기업 문화나 관계자의 특성에 따라 또는 문서로만 전달하는 등 조건에 따라서는 좀 더 설명이 필요할 때도 있습니다. 그럴 때는 '또 다른 고향을 만나는 여행 플랫폼'이나 '또 다른 고향을 만나는 일본 발견 플랫폼'처럼 연결형 핵심 문구를 사용해도 좋습니다.

표현 감각은 기를 수 있을까

컨셉을 한 문장으로 만드는 완성 단계에 접어들면 어느 정도 감각이 필요합니다. 하지만 이러한 감각은 결코 타고난 소질이 아니라 경험과 공부를 통해 얼마든지 기를 수 있습니다.

평소 어휘력을 기르려면 어떻게 해야 하냐는 질문을 자주 받습니다. 어휘력은 분명 높을수록 좋지만, 실제로는 그것이 반드시 컨셉의 질을 높여주지는 않습니다.

예를 들어 신상품 맥주의 컨셉을 한번 생각해 볼까요? 맥주 하면 '목 넘김', '감칠맛', '맥아', '홉', '거품', '맛있다' 같은 말이 떠오릅니다. 내용을 예측해 변화해 주는 검색 엔진의 자동완성 기능처럼 맥주와 관련된 말에는 어느 정도 일정한 범위가 있습니다. 하지만 새로운 시장을 만들기 위한 새로운 인식을 수반하는 단어는 통상적으로 떠올릴 수 있는 말의 범위를 벗어나야 하지요. 중요한 점은 말을 얼마나 아느냐보다 말에 관한 선입견을 얼마나 버릴 수 있느냐, 얼마나 파격적인 말을 선택할 수 있느냐입니다.

1987년에 발매된 아사히 슈퍼드라이의 상품 컨셉은 '쌉쌀한 맛'이었습니다. 보통 일본식 청주의 맛을 표현하는 말로, 그 전까지 맥주에서 쓰인 적은 없었습니다. 다른 영역에서 가져온 '쌉쌀한 맛'이라는 개념이야말로 소비자가 인지하는 슈퍼드라이의 독자적인 품질(마시는 순간 강한 향이 느껴졌다가 쏙 사라지는)을 만들어낸 셈입니다. 맥주라는 말을 듣고 연상할 수 있는 좁은 세계 안에서는 결코 나오지 않을 말이었겠지요.

'쌉쌀한 맛'은 결코 어려운 말이 아닙니다. 술을 마시는 사람이라면 누구나 압니다. 하지만 맥주라는 주제에서 쌉쌀한 맛이라는 말에 도달하려면 단순히 아는 것만으로는 부족하지요. 말을 고르는 감각이라는 것이 존재한다면, 감각의 정체는 검색 엔진의 자동 완성 기능으로는 도달할 수 없는 '예측 밖의 변환'을 일으키는 힘이 아닐까요? 그렇다면 우리는 어떻게 이런 능력을 기를 수 있을까요?

1. 연상법: 연상을 연결해 새로운 인식을 만든다

'예측 밖의 변환'을 찾는 가장 일반적인 방법은 연상의 폭을 한없이 넓히는 것입니다. 먼저 큼직한 백지를 준비하고 가운데에 제시어를 씁니다. 여기서 가지를 내듯이 연상되는 말을 하나하나 쓰며 넓혀가는 방법이지요. '마인드맵'이라고도 불리며 방식이 다양하지만, 심플하게 연상을 널리 넓히는 것만으로도 충분히 도움이 됩니다.

고등학생을 대상으로 스마트폰을 판매하는 상황을 가정해 볼까요? 우선 종이 중앙에 '고등학생과 스마트폰'이라고 쓰고, 나머지는 연상 게임을 하듯이 말을 적어줍니다. 먼저 '카메라'가 머리에 떠오르면 '사진', '셀카', '추억' 등의 키워드가 연상되겠지요. 이때 자유롭게 연상을 넓히며 첫 번째 제시어인 '스마트폰'은 우선 잊어버리는 것이 중요합니다. 제시어와 가까운 곳에서만 생각하면 예측할 수 있는 영역을 벗어날 수 없어 새로운 영역에는 도달할 수 없으니까요.

'추억'에서 더욱 나아가 보면 '학교 축제', '우정', '유대', '3년', '졸업 앨범' 같은 말이 자연스럽게 떠오릅니다. 여기까지만 와도 '카메라'에서 많은 키워드를 얻을 수 있지요. 여기서 출발점이 된 '스마트폰'과 도착점인 '졸업 앨범'에 주목해 '3년 후 당신의 스마트폰은 졸업 앨범이 된다'라는 문장으로 컨셉을 잡으면 어떨까요? 스마트폰의 사진 앨범에 3년 동안 추억이 쌓여가는 모습이 떠올라 신선한 제안으로 다가오지 않을까요? 스마트폰과 카메라, 카메라와 졸업 앨범은 각각 상식적으로 연결되지만, 보통 스마트폰과 졸업 앨범은 직접적으로 연결되지 않지요. 여기에는 아주 약간이지만 연상의 비약이 있습니다. 그렇기에 스마트폰에 대한 새로운 감각을 얻을 수 있습니다.

많은 카피라이터가 광고 문안을 쓸 때 이러한 연상 과정을 반복합니다. 예전에 톰보Tombow의 연필 광고에 '로켓도 문구에서 태어났다'라는 문장이 사용되었습니다. '문구는 상상력을 넓히는 도구'라는 말을 들으면 당연하게 느껴지지요.

하지만 같은 뜻이라도 '문구'가 '로켓'과 이어진 순간, 마치 새로운 사실을 깨달은 듯한 느낌이 듭니다. 이 또한 말과 말 사이에 있는 연상의 비약을 활용한 사례입니다.

문구와 로켓. 스마트폰과 졸업 앨범. 맥주와 씁쓸한 맛. 이처럼 각각 멀리 떨어진 관념을 연결해 새로운 인식을 만들어봅시다.

2. 우연법: 말과의 우연한 만남을 활용한다

제시어와 가까운 곳에서 먼 곳으로 서서히 넓히는 연상법과 달리, 처음부터 통상적인 연상의 범위를 뛰어넘어 '바깥에 있는 말'에서부터 생각을 시작하는 것이 우연법입니다.

구체적으로는 잡지를 활용하는 방법이 가장 일반적입니다. 우선 생각하는 주제와 전혀 관계없는 잡지를 선택합니다. 자동차가 주제라면 패션 잡지, 뷰티가 주제라면 스포츠 잡지 같은 식으로 엇갈리게 선택하는 것이 포인트입니다.

예를 들면 스포츠 잡지에 나오는 '워밍업', '듀엘(축구에서 1 대 1 경쟁을 가리키는 말)', '내면부터 단련하다' 같은 말로 미용 및 화장품의 컨셉을 생각할 수 있을까요? '뷰티 워밍업', '듀엘에 강한 메이크업(가까이서 봐도 결점이 없다)', '피부 속부터 가꿔주는' 등과 같이 다른 업계의 말을 조합하는 것만으로도 새로운 의미의 파동을 만들어낼 수 있습니다.

잡지가 아닌 책을 사용할 수도 있습니다. 펼친 면에 나온 표현을 이용해 컨셉이나 카피를 써넣는 방식입니다. 개인적으로는 서점이나 도서관을 둘러보기를 추천합니다. 그토록 다양한 말이 사람들에게 잘 전달되는 형식으로 그리고 카테고리별로 가지런히 나열된 공간은 없으니까요. 돌아다니면서 눈에 들어오는 말들을 차례차례 사용해 컨셉을 만들면 생각지 못한 단어가 탄생합니다.

방식이 어떻든 말과의 '우연한 만남'을 강제로 일으키는 것이 포인트입니다. 그리고 동떨어진 세계의 말을 주제로 끌어당기는 것 또한 중요하고요. 말이 넘쳐나는 공간에서 곰곰이 생각해 봅시다.

3. 유의어법: 단어를 치환하여 최적의 답을 찾는다

우선 핵심 문구를 작성한 뒤, 사용한 단어의 유의어를 찾는 방식입니다. 연습 과제에서 살핀 트레일 재팬 이야기에서는 '몇 번이나 다시 찾고 싶은 마을'이라는 말에 주목했지요. 여기에서 '다시 찾고 싶다'의 유의어를 생각해 보면, 아래와 같은 말들을 후보로 꼽을 수 있습니다.

살고 싶다	주민이 되고 싶다	단골이 되고 싶다
익숙해지고 싶다	왕래하고 싶다	돌아가고 싶다
되돌아가고 싶다	친해지고 싶다	출퇴근하고 싶다
통학하고 싶다	자주 얼굴을 비추고 싶다	

이 중에서는 '살고 싶은 마을'도 예측 밖의 변환이므로 재미있지만, 여행 사이트라는 본래 목적에서 보면 너무 비약일지도 모릅니다. 오히려 주택 사이트 같은 느낌이 들지요. 또 '되돌아가고 싶은 마을'도 의미는 비슷하지만, 반대로 '되돌아갈 수 없는' 상황이 떠올라서 현재의 생활이 무언가에 속박되어 있을지도 모른다는 부정적인 인상을 줍니다. 역시 '돌아가고 싶은 마을'이 가장 알맞지

요. 이렇게 다양한 말을 헤아려 가장 적당한 표현을 결정합니다.

유의어가 잘 생각나지 않는 사람에게 아주 든든한 도구가 있습니다. 여러분은 유의어 사전(시소러스Thesaurus)을 써본 적이 있으신가요? 유의어 사전은 각각 비슷한 의미를 나타낼 수 있는 말이 여러 가지 나열되어 있는 사전으로, 작가나 학자 등 글쓰기가 직업인 사람들이 적절한 비슷한 말이나 대체 표현을 찾기 위해 사용합니다.

시험 삼아 유의어 사전에서 '브랜드'라는 말을 찾아보겠습니다. 그러면 브랜드는 '기호'라는 항목 안에 들어가며, 화살표, 목표, 표지, 표식, 표장, 상표, 트레이드마크, 심벌, 지표라는 말에 사이에 끼어 있습니다. 조금 더 나아가면 음표, 가문의 문양家紋, 문장紋章, 상형문자 같은 말로 점점 넓어집니다. 브랜드를 '표식'으로 볼지, '가문의 문양'으로 볼지, 아니면 '상형문자'에 가까운 것으로 이해할지. 말의 체계 속에서 헤아려보는 것만으로도 사고가 훨씬 넓어집니다.

하나의 말을 내어놓으면 자석에 이끌리듯 뜻이 비슷한 말들이 차례차례 다가옵니다. 직접 사용해 보아야만 이 느낌을 알 수 있지요. 도서관에 가서 꼭 한 번 시도해 보세요.

연상을 넓히고, 우연의 힘을 이용하고, 마지막으로는 유의어로 끈기 있게 파고들기. 처음에는 의도적으로 노력해야 할지도 모르지만, 익숙해지면 자연스럽게 할 수 있게 됩니다. 감각이란 누구나 노력하면 익힐 수 있으니까요.

5-3

한 문장 만들기 10가지 패턴

이번에는 '문장 만들기'에 도움이 되는 10가지 기본 구문을 소개하고자 합니다. 모두 컨셉 짓기의 왕도라 할 수 있는 방법이니 잘 구사할 수 있도록 배워둡시다. 어렵게 생각할 필요는 없습니다. 말장난을 즐기듯이 구문에 적용해 보면 됩니다.

컨셉 구문 ①
혁신 화법

큰 변화가 따르는 아이디어를 제안할 때는 혁신 화법을 먼저 시도해 봅시다. 혁신 화법이란 'A에서 B로' 또는 'A를 B로 하다'라는 형식으로, 변화의 전후를 설명하는 구문입니다. A에는 현재 상황을, B에는 변화 후의 이상적인 상황을 적습니다. A와 B, 변화 전후

그림5-3. **혁신 화법**

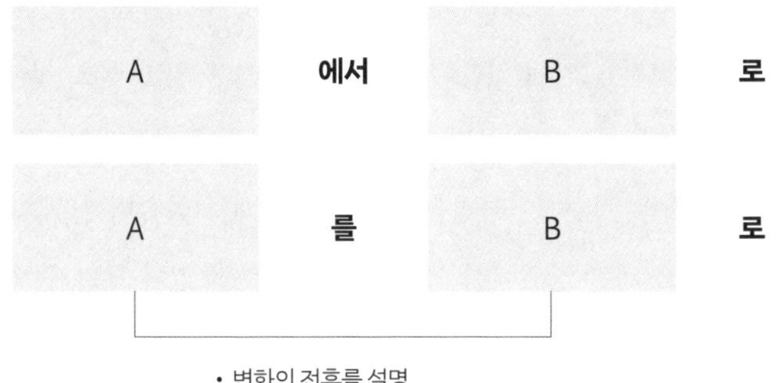

를 거리감 있는 단어로 표현하면 임팩트 있는 컨셉을 만들 수 있습니다.

현재에서 이상으로, 변화를 전하는 컨셉

수강생 가운데 슈퍼마켓 체인 회사에서 경영 기획을 담당하는 남성이 있었습니다. 고객의 눈높이로 컨셉을 적는 과제에서 그는 '지역 밀착형 슈퍼'라는 컨셉을 내놓았습니다. '지역 밀착'이란 말은 종종 사용되지만, 곰곰이 생각해 볼 필요가 있습니다. 시민들은 지역과 '밀착'된 슈퍼마켓을 정말 좋아할까요? 지역 밀착이라는 말 이면에는 어쩌면 온화한 얼굴을 하고 강매하는 모습이 숨어 있을지도 모릅니다.

그래서 그 수강생에게 '지역 밀착'이라는 말에 어떤 생각을 담았는지 물었습니다. 그가 담당하는 슈퍼마켓 점포들은 대부분 도시에서 떨어진 교외에 있습니다. 고객들은 보통 차를 몰고 찾아와서 쇼핑을 마치고 나면 곧장 돌아가는데, 최근 주민들끼리 주차장에 서서 이야기 나누는 광경을 종종 목격하게 되었습니다. '슈퍼마켓은 물건을 파는 장소에서 인근 주민들이 부담 없이 모일 수 있는 장소로 바뀌어야 하지 않을까.' 그것이 '지역 밀착'이라는 단어를 사용하게 된 발상의 근원이었습니다.

수강생은 슈퍼마켓이 지향하는 '변화의 방향성'을 이미 파악했습니다. 이럴 때는 혁신 화법이 효과적인 경우가 많지요. 그래서 바로 구문에 적용해서 재검토해 보라고 조언했습니다. 그리하여 얼마 뒤 그는 '사러 가는 가게에서 만나러 가는 가게로'라는 컨셉을 다시 제안했습니다. '지역 밀착형 슈퍼'에 비해 변화의 방향성이 더욱 자세히 보이지요. 볼일이 없어도, 필요한 물건이 없어도, 만나러 가고 싶어지는 슈퍼로. 강의가 끝난 후 수강생은 거의 회사에 돌아가 컨셉을 공유했습니다. 이를 계기로 손님들끼리 한숨 돌리며 대화를 즐길 수 있는 간단한 카페 공간을 준비하고 시식용 제품을 제공하는 등 돈을 들이지 않고 할 수 있는 아이디어부터 차례차례 실시하게 되었다고 합니다.

'보이는 변화'는 '만들 수 있는 변화'가 된다

잘 알려진 컨셉 중에도 혁신 화법을 사용한 것이 많습니다. 예를 들어 JR동일본(동일본여객철도)이 상업 시설인 '에큐트ecute' 사업을 시작했을 때 프로젝트 팀이 내건 컨셉은 '지나치는 역에서 모이는 역으로通過する駅から, 集う駅へ'였습니다. 누구나 잰걸음으로 지나치는 역을 무심코 발걸음이 멈추는 편안한 장소로 만든다. 이러한 이상적인 변화를 포착한 컨셉은 지금 많은 역에서 현실이 되고 있습니다.

일본의 부동산 회사 모리 빌딩의 재해 방지 컨셉은 '도망치는 거리에서 도망갈 수 있는 거리로逃げ出す街から、逃げ込める街へ'입니다. 지진이 났을 때 건물에서 나와 넓은 곳으로 이동하라고 가르치던 시절이 있었습니다. 그런데 초고층 건물을 중심으로 한 개발 프로젝트였던 롯폰기 힐스에서는 오히려 사람이 피난할 수 있는 장소가 되겠다는 야심만만한 컨셉을 내걸었습니다. 내진 및 면진 구조, 독자적인 에너지 플랜트, 대규모 비축, 비상용 우물 등을 준비해 근린 시설과 함께 약 만 명의 사람들을 3일간 수용할 수 있도록 설계했습니다.

디자인을 중시하는 성인용품 회사 텐가TENGA에는 '성을 양지로性を表通りに'라는 사업 컨셉이 있습니다. 떳떳하게 소지하기도 사용하기도 어려운 성인용품을 당당하게 사용할 수 있는 시대로 만들자는 뜻을 아주 명쾌하게 표현하는 말이지요.

여러분은 어떤 변화를 일으키고 싶나요? 현재 상태나 대상을 나타내는 A와 이상을 나타내는 B를 언어화하고 'A에서 B로', 'A를 B로' 구문에 적용하여 표현해 봅시다.

컨셉 구문 ②
비교강조법

비교강조법이란 부정하는 것과 긍정하는 것을 동시에 전달하여 제안 내용을 명확하게 하는 방법입니다. 'A보다 B'나 'A가 아니라 B' 같은 구문으로 표현합니다. 받아들이는 사람의 머릿속 우선순위를 뒤바꾸거나 지금까지 믿었던 상식을 비상식으로 만드는 효과

그림5-4. **비교강조법**

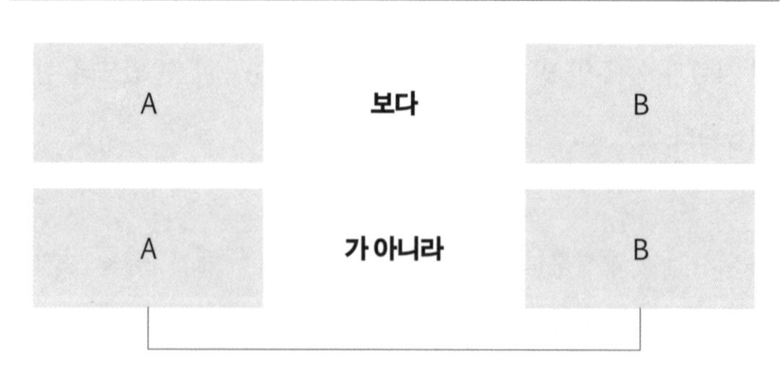

를 노릴 수 있습니다.

단 다섯 글자로 표현한 컨셉

게토레이는 미국에서 특히 인기 있는 스포츠 음료입니다. 2012년 브랜드를 리뉴얼할 때, 게토레이는 'ON<IN'이라는 암호 같은 컨셉을 내놓았습니다. 대체 무슨 뜻일까요?

게토레이의 주요 고객은 젊은 10대 선수들입니다. 다시 말해 중고등학교 동아리에서 운동하는 학생들이지요. 조사 결과, 이 회사는 젊은 운동선수들이 수분 보충이나 영양분 섭취에 무관심하다는 사실을 알게 되었습니다. 그들은 수분 보충은 물이나 주스로도 충분하고, 식사는 배가 차는 저렴한 초콜릿 과자로도 족하다고 생각했습니다. 운동할 때 수분을 빠르게 공급하기 위해 만든 게토레이 같은 스포츠 음료는 돈 낭비라는 목소리도 있었습니다. 그렇다면 젊은 선수들은 돈이 궁했던 걸까요? 결코 그렇지 않았습니다. 젊은 이들은 고가의 신발이나 스포츠웨어에는 아낌없이 돈을 쓰고 있었으니까요.

조사에서 밝혀진 것은 게토레이의 진정한 경쟁 상대가 다른 음료가 아닌 스포츠웨어라는 사실이었습니다. 그러나 선수의 연료가 되어 몸을 움직여 주는 것은 음료와 식량입니다. 아무리 기능이 뛰어난 스포츠웨어라도 몸을 움직이게 해주지는 못합니다. 그러니 운동선수라면 무엇보다 섭취하는 음식에 신경 써야 하지요. 여기서 'ON<IN'이라는 커뮤니케이션 컨셉이 탄생했습니다. ON은 착용하는 것, IN은 마시는 것을 가리킵니다. 10대 동아리 학생들에게 '승리를 위해 투자해야 할 것은 입는 것보다 마시는 것이다'라는 메시지를 상징적으로 표현한 겁니다.

단 다섯 글자로 이루어진 명확한 지침은 게토레이의 마케팅을 크게 바꿨습니다. 세세한 기능이나 성분 이야기는 뒤로 미루고, 동아리 학생들이 음료에 신경 써야 하는 이유를 여러 곳에서 교육하기 시작했습니다. 그렇게 해서 '승리는 안에서 나온다Win from Within'라는 카피로 알려진 유명한 캠페인이 탄생했습니다.

'아무것도 아닌 무엇'이 '무언가'를 결정한다

일본 택배의 원조인 야마토 운수의 전 사장 오구라 마사오小倉昌男는 '택배는 운송업이 아니다. 서비스업이다'라며 배송 기사로 서비스업이나 자영업 경험자를 적극적으로 채용했습니다. 고령의 고객에게 무거운 짐이 왔을 때는 집 안까지 옮겨드린다고 먼저 이야기할 것. 다만 홀로 사는 여성에게는 먼저 권하지 않을 것. 이처럼 단순히 매뉴얼대로 행동하는 것이 아니라 스스로 생각해서 행동하는, 마치 호텔 직원 같은 서비스 정신을 기사에게 요구했습니다. '물건만 옮기면 끝'이라는 의미의 운송업을 부정하고 있기 때문에 서비스업이라는 말에 담긴 의미가 강하게 와닿는 구조입니다.

스티브 잡스는 애플의 여명기에 '우리는 엔지니어가 아니라 아티스트다'라고 거듭 말했습니다. 사실상 그것이 조직의 컨셉이었다고 해도 과언이 아닙니다. 모든 직원에게 제품 디자인, 타이포그래피, 사용 방법 등 세세한 부분까지 미의식을 가지고 임하라고 요구한 셈이었습니다. 사용자의 눈에 띄지 않는 기반까지 아름답게 만든다는 철저함. 단순한 엔지니어가 아니라는 의식이 세계에서 디자인으로 손꼽히는 브랜드를 만들어냈음은 틀림이 없습니다.

여러분이 만들고자 하는 것은 무엇을 부정하고 무엇을 긍정할까요? 'A가 아니라 B', 'A보다 B' 구문으로 나타내 봅시다.

컨셉 구문 ③
불不 해소법

많은 새로운 상품과 서비스는 어떠한 '불不'을 해소하기 위해 만들어집니다. 이번에는 불만, 불안, 불쾌, 부자유 등과 같이 '불'에 해당하는 것을 먼저 적어봅시다. 특히 고객이 어려움을 겪는 '불'을 발견하고, 그것이 사라진 세계를 묘사하면 강력한 컨셉이 됩니다.

그림5-5. **불不 해소법**

불만, 불안, 불쾌, 부자유	**이 없는, 필요 없는**	물건, 서비스

- 페인 포인트(사용자가 고통을 느끼는 지점)를 찾는 것
- 그것이 없어지면 정말로 고객에게 좋은지 묻는다.

생활의 고통을 없애라

'불'은 페인 포인트Pain Point라 불리기도 합니다. 페인이란 돈을 지불해서라도 없애고 싶은 생활 속의 고통을 가리킵니다. 일본의 의료기기 전문 회사 테루모Terumo는 글자 그대로 페인을 없애버렸습니다. 당뇨병 환자를 위해 '아프지 않은 주삿바늘痛くない注射針'이라는 컨셉을 내걸고 세계에서 가장 가느다란 인슐린용 주삿바늘 '나노패스'를 개발했지요. 아프지 않은 주삿바늘로 주목받은 후에는 '무섭지 않은 주삿바늘'을 만들었습니다. 바늘을 짧게 만들어 시각적인 공포를 없앤 겁니다.

가전제품 분야에서는 '필터 청소가 필요 없는 공기청정기'나 '날개 없는 선풍기' 등 다양한 불편함을 없앤 상품이 히트를 쳤습니다. '흡입력이 떨어지지 않는 단 하나의 청소기'도 언어적으로는 같은 구조이지요. 의류 중에는 몸을 조이는 와이어가 없는 브래지어인 '와이어리스 브라'가 확산되고 있습니다.

불 해소법은 아이디어가 지닌 고객 가치를 확인하는 데에도 도움이 됩니다. 예전에 소재업체에서 일하는 수강생이 '옷 한 벌로 사계절을 보낼 수 있게 한다'라는 독특한 컨셉을 발표했습니다. 더운 시기에는 바람을 통해 온도를 낮추고 추운 시기에는 땀을 흡수하여 열로 바꾼다는 겁니다. 마치 마법과 같아서 재미있게 느껴지는 말이지요. 하지만 고객이 느낄 만한 가치는 알기가 어려웠습니다. 사람들은 정말 옷 한 벌로 일 년을 보내고 싶어 할까요? 컨셉에 공감할 수 있는 포인트가 보이지 않았습니다.

그래서 '○○가 필요 없는 옷'이라는 형식으로 다시 생각해 보기로 했습니다. 수강생은 이후 2가지 컨셉을 다시 제출했습니다. '철마다 옷장 속을 교체할 필요가 없는 옷'과 '시즌이 끝나지 않는 옷'.

'철마다 옷장 속을 교체할 필요가 없는 옷'은 계절이 바뀔 때마다 얇은 옷과 두꺼운 옷을 꺼냈다가 넣었다가 하는 번거로움에서 해방된다는 점을 알기 쉽게 전달합니다. 그뿐만 아니라 옷을 교체할 필요가 없어지면 옷의 가짓수도 줄일 수 있지요. 심플한 삶의 방식을 누릴 수 있음을 어필하고, 정리하기 힘든 옷장에 대해 현실적인 해결책을 제시함으로써 고객의 공감을 얻을 수 있습니다.

한편 '시즌이 끝나지 않는 옷'의 타깃은 일반 소비자가 아니라 의류 브랜드입니다. 의류 매장에서는 보통 매장에 진열하는 상품을 계절마다 교체합니다. 그 시즌에 팔리지 않은 재고는 세일가로 판매하고 그래도 팔리지 않으면 아울렛 등으로 보냈다가 마지막으로 처분합니다. 그러나 시즌이 끝나지 않는 옷이라면 일 년 내내 진열할 수 있겠지요. 일 년 내내 사용 가능하다는 기능성에 그치지 않고, 지속 가능성을 강조하는 시대에 새로운 가치를 제안할 수 있지 않을까요? 이러한 두 컨셉도 '불'에 주목함으로써 고객 가치가 상당히 명확해졌습니다.

여러분이 만들고자 하는 것은 어떤 '불'을 없앨 수 있을까요? 많은 사람이 공감하는 페인 포인트를 찾아서 말로 표현해 봅시다.

컨셉 구문 ④
은유법

은유법이란 누구나 쉽게 떠올릴 수 있는 대상에 '비유'하여 새로 만들고자 하는 상품이나 서비스의 이미지를 정확하게 전달하는

그림5-6. **은유법**

방법입니다. 컨셉뿐만 아니라 일상적인 대화에서도 자주 사용하는 친숙한 수사법이지요.

와인 같은 타월?

이케우치 오가닉IKEUCHI ORGANIC은 품질 좋은 타월로 잘 알려진 이마바리 타월의 제조와 판매를 담당하는 회사입니다. 유기농 목화솜은 품질이 안정적이지 않다는 약점이 있습니다. 수확량도 일정하지 않아 대량 생산 비즈니스에서 다루기에는 일반적으로 적합하지 않지요. 그러나 이케우치 오가닉은 이런 어려움을 역이용했습니다. '매년 품질이 달라진다는 점을 긍정적으로 바라볼 방법은 없는가?' 하는 역발상을 통해 '와인처럼 즐기는 타월, 코튼 누보ワインのように愉しむタオル コットンヌーボー'라는 컨셉을 만들어냈습니다.

비슷한 말이더라도 '차이를 즐기는 타월'이라든지 '올해의 촉감이 느껴지는 타월' 같은 표현은 명확하게 와닿지 않습니다. '와인처럼'이라는 비유는 유기농 수건이 공산품이자 농산품이라는 사실을 상기시켜 보졸레 누보처럼 연도에 따라 달라지는 맛을 즐기자는 메시지가 됩니다. 또한 이 컨셉 문장은 와인을 연상시키는 세부 디자인과 '코튼 누보'라는 네이밍의 토대가 되기도 합니다. 비유를 통해 와인 문화가 지닌 이미지를 타월의 세계에 통째로 옮겨 심은 셈이지요.

비즈니스 모델은 비유를 통해 진화한다

고급 향수 브랜드 프레데릭 말은 '향기 출판사Éditions de Parfums'라는 독특한 컨셉을 내세우고 있습니다. 숨겨진 존재였던 조향사(퍼퓸 디자이너)와 브랜드의 관계를 스타 작가와 출판사의 관계에 비유하며 변화를 시도한 것이지요. 실제로 프레데릭 말은 마케팅 전략, 시간, 원료, 비용 등 모든 제한을 없애고 조향사들에게 완전한 창조의 자유를 부여했습니다. 브랜드는 철저하게 편집자의 입장에서 조향사들을 보조합니다. 완성된 향수병에는 책 표지에 작가의 이름을 넣듯 조향사의 이름을 넣고요. 모두 업계 관행상 유례가 없는 일이었습니다. 프레데릭 말 향수는 모두가 좋아할 만한 향기만 개발하던 업계에 작가와 출판사라는 관계성을 가져와 파문을 일으켰습니다.

저가 항공사LCC의 원조라 할 수 있는 사우스웨스트항공Southwest Airlines의 컨셉은 '하늘을 나는 버스'입니다. 많은 항공사가 허브 공항에서 환승하는 '허브 앤 스포크 시스템Hub&Spoke'•을 이용하는 가운데, 사우스웨스트항공은 중간 규모의 공항과 공항을 연결하는 직항 편을 마치 버스처럼 반복 운행합니다. 그러다 보니 쓸데없는 여러 서비스를 제공할 필요가 없습니다. 이렇게 낭비를 막은 대신

• 항공사가 허브 공항에 노선을 집중시켜 승객들이 허브 공항에서 환승하게 하는 시스템.

에 비용을 낮추어 부담 없이 탈 수 있다는 점까지 버스와 닮았습니다. 사우스웨스트항공은 비즈니스 모델을 통째로 버스의 은유로 만들었다 해도 과언이 아닙니다.

의인화도 은유의 일부로 볼 수 있습니다. 일본의 주류 및 음료 제조 기업 산토리Suntory의 캔 커피 보스BOSS는 '일하는 사람의 파트너働く人の相棒'라는 컨셉으로 개발되었습니다. 내용이나 기능 면에서 차별화하기 어려운 분야에서는 사람에 비유해 존재감 자체로 컨셉을 만드는 방식이 효과적입니다. 일본 롯데의 기업 메시지 카피인 '입 속의 연인お口の恋人'도 마찬가지로 의인화입니다. 무인양품無印良品의 '몸에 딱 맞는 소파'가 큰 인기를 얻게 된 계기는 인터넷에서 누군가 어떤 소파를 보고 '사람을 망치는 소파人をダメにするソファ'라고 한 말이 널리 퍼진 것이었습니다. 이 또한 마치 소파에게 인격이 있어서 사람을 망친다는 듯이 느껴지는 표현이지요.

여러분이 만들고자 하는 것의 이미지를 다른 대상에 비유해 봅시다. 전혀 다른 세계의 은유일수록 한층 새로운 생각이 탄생할 테니까요.

컨셉 구문 ⑤
반전법

반전법이란 상식적인 사고방식을 뒤집어 새로운 상식을 제안하는 방법입니다. '불 해소법'과 달리 반전법에서는 반드시 부정적인 현상에만 주목하지는 않습니다. 오히려 사람들이 좋다고 여기는 사고방식조차 반전시켜 이면에 숨겨진 새로운 가치에 빛을 비춥니다.

그림5-7. **반전법**

상식	**을 뒤집으면**	새로운 상식

- ③ 불 해소법처럼 '좋지 않은 면'만 주목하는 것은 아니다.
- 와코루의 '작아 보이는 브라'처럼 상식을 뒤집어 새로운 가치를 창출한다.

커 보이게 ⇄ 작아 보이게

와코루Wacoal가 2010년 4월에 발매한 '작아 보이는 브라小さく見せるブラ'는 반전법의 좋은 사례입니다. 당시 브래지어 시장에서는 브랜드 대부분이 가슴을 모아 올리는 기능을 겨루고 있었습니다. 실제로 시장 조사를 해도 응답자의 90% 이상이 '가슴이 커 보였으면 한다'고 대답했다고 합니다. 그러나 와코루는 나머지 10%에 주목해 브래지어를 개발했고 그 결과 엄청난 히트 상품이 되었습

니다. 가슴이 큰 여성 중에는 '옷을 입었을 때 실루엣을 깔끔하게 만들고 싶다'라든지 '셔츠가 벌어져 신경 쓰인다' 같은 고민을 하는 이들도 있었습니다. 가슴이 작아 보이는 브래지어는 단순한 역주행 상품으로 끝나지 않고 상식에 억눌려 있던 여성들을 해방시켰습니다.

2000년 디올 옴므Dior Homme의 크리에이티브 디렉터로 초빙된 에디 슬리먼Hedi Slimane은 '남자를 슬림해 보이게 하는 정장'을 디자인했습니다. 남성 정장이라고 하면 어깨에 패드를 넣거나 해서 크고 건장해 보이게 하는 것이 상식이었으니 슬리먼의 디자인은 당연히 찬반양론을 불러일으켰습니다. 그러나 '남자다움'에 의문을 제기하는 자세는 젠더 가치관이 다양화되는 시대에 서서히 받아들여졌고, 이후 스키니 팬츠 열풍 등 큰 트렌드의 원류가 되기도 했습니다.

필요한 사람의 안경 ⇄ 필요하지 않은 사람의 안경

누가 무엇을 위해 상품을 사용하는가. 상품의 근본적인 상식을 뒤집어버린 사례도 있습니다. 일본에서 시력 교정이 필요한 사람은 6000만 명에 달합니다. 대상이 이렇게 많으니 보통은 안경이 필요한 사람을 위해 안경을 제작하려고 하지요. 하지만 진즈JINS는 나머지 절반에 주목했습니다. 진즈의 개발 컨셉은 '눈이 좋은 사람을 위한 안경'입니다. 바로 여기서 스마트폰이나 컴퓨터 등 디지털 디스플레이가 방출하는 블루라이트를 차단해 주는 제품인 'JINS PC'가 탄생했습니다. 눈 좋은 사람이 안경을 즐겨 쓴다는 비상식은 이제 일상이 되었습니다.

낡을수록 싸다 ⇄ 오래될수록 비싸다

낡을수록 가격이 떨어진다는 것이 부동산의 상식이었습니다. 지은 지 30년 된 중고 아파트가 같은 입지, 같은 크기의 신축 아파트보다 비싸게 팔리는 시대가 올 줄 누가 상상이나 했을까요? 부동산의 상식을 뒤엎고 '오래될수록 가격이 오르는' 현상을 일으킨 것이 '빈티지 맨션'이라는 컨셉입니다. '중고'의 반대말로 '신축'이 아니라 '빈티지'를 찾아낸 것이 신의 한 수였습니다. 데님이나 식기, 가구 등처럼 중고와 반대로 시간이 지남에 따라 가치가 오르는 물건에는 빈티지나 앤티크라는 말을 사용하지요. 단순히 반대말을 찾는 것이 아니라 이 사례처럼 짝을 이루는 가치를 찾는 것이 반전법의 포인트입니다.

업계, 상품, 서비스의 '상식'을 적어봅시다. 상식을 하나하나 뒤집어 보면 거기에서 새로운 가치를 찾을 수 있을지도 모릅니다.

컨셉 구문 ⑥

모순법

'작은 거인'이나 '시끄러운 침묵'처럼 모순되는 2가지 개념을 연결하는 것이 모순법입니다. 'A인데 B'라는 구문을 이용해 보통은 'OR'로 연결하는 2가지 개념을 'AND'로 연결해 'AB'라는 표현을 만들어냅니다.

예를 들면 일본 전역에서 운영 중인 영어회화 교실 노바NOVA가 그렇습니다. '역 앞인데 유학을' 다녀오는 것만큼 효과가 있다는 점에서 '역 앞 유학駅前留学'이라는 컨셉을 내놓았습니다. 'A OR B'를 'AB'로 만든 모범적인 사례입니다.

그림5-8. **모순법**

A와 B에는 물과 기름처럼 서로 섞이지 않는 개념을 넣는다.

살인 미스터리인가 로맨틱 코미디인가

콘텐츠를 제작할 때는 보통 '살인 사건'과 '로맨틱 코미디'를 반대되는 장르로 다룹니다. 살인을 소재로 한 콘텐츠는 심각하고 미스터리한 분위기로 관객을 끌어들여 긴장감을 유발하지만, 로맨틱 코미디는 밝고 애틋한 내용으로 가슴을 뛰게 합니다. 스토리를 만드는 방법도, 분위기를 형성하는 방식도 크게 다르지요. 그런 모순에 착안해 미스터리이지만 로맨틱 코미디 요소도 즐길 수 있는 '미스터리 로맨틱 코미디'라는 새로운 장르를 만들어낸 것이 아오야마 고쇼青山剛昌의 『명탐정 코난名探偵コナン』이었습니다. 살인 사건의 수수께끼를 해결하는 주요 스토리에 주인공 신이치와 란 사이에서 로맨틱 코미디 같은 서브 스토리가 진행됩니다. 장면마다 순식간에 이야기의 톤을 바꿀 수 있는 만화나 애니메이션이기에 가능한 스타일이지요.

'설마'도 곧 상식이 된다

AKB48은 현실에서 감히 범접할 수 없는 아이돌이지만 아키하바라에 가면 만날 수 있는 '만나러 갈 수 있는 아이돌'로서 스타덤에 올랐습니다. '무인양품'은 이름 자체가 모순법에 해당합니다. 질 좋고 가격도 비싼 브랜드 제품이냐, 브랜드가 없어 저렴하고 품질이 낮은 제품이냐. 이 2가지 선택지를 뛰어넘어 '이름이 없는 제품인데도 질이 좋은' 물건을 만들겠다는 결심이 '무인양품'이라는 네 글자에 그대로 드러납니다.

아이들에게 인기 있는 콘텐츠 가운데 『엉덩이 탐정おしりたんてい』 시리즈가 있습니다. 지성과 용기를 겸비한 멋진 탐정이 방귀 뀌는 엉덩이라는, 엄청난 간극이 있는 설정으로 많은 아이들을 사로잡았습니다.

앞에서 살펴보았듯이 브랜드 지유는 고통을 참으며 신어야 했던 펌프스에 독자적인 쿠션 기술을 적용해 '마시멜로 펌프스'를 만들었습니다. '뛸 수 있는 펌프스走れるパンプス'라는 개발 컨셉은 물론, 단단하고 아픈 펌프스를 부드러움의 상징인 마시멜로와 연결한 이름에서도 모순법을 찾아볼 수 있습니다.

연간 1만 벌이 팔리면 성공이라고 여기는 최근 정장 시장에서 일본의 의류업체 아오키AOKI는 2020년 출시한 '파자마 정장パジャマスーツ'을 일 년에 5만 벌 판매했습니다. 격식 있는 스타일을 대표하는 정장임에도 불구하고 정반대인 잠옷의 착용감을 내세웠지요. 편안한 파자마 정장은 원격 근무가 보편화되는 시대에 또 하나의 상식이 되었습니다.

A인데 B. 모순되는 두 개념을 연결해서 신선하고 임팩트가 있는 조합을 만들어보세요. '설마!' 하고 두 번 묻게 되는 조합이라도 몇 년만 지나면 상식이 될 테니까요. 앞서 소개한 사례를 보면 납득하게 될 겁니다.

컨셉 구문 ⑦

민주화

특별한 사람만 소유할 수 있었던 것을 모든 사람에게 개방하는 것. 문턱 낮추기라고도 하는 민주화democratize는 특히 디지털 시대의 비즈니스에서 하나의 성공 패턴이 된 컨셉을 만드는 방법입니다.

특별한 것을 모두의 것으로

1975년 마이크로소프트를 세운 빌 게이츠Bill Gates는 '모든 책상과 가정에 컴퓨터를'이라는 비전을 내걸었습니다. 바꿔 말하면 '컴퓨터를 모든 사람에게'가 되겠지요. 빌 게이츠는 당시 아직 몇몇 사람들만 사용하던 컴퓨터가 전 세계로 퍼져나가는 세상을 그렸습니다. 그가 개발한 베이식은 초보자에게도 프로그래밍을 가능케 했습니다. 윈도우95과 윈도우98이 없었다면 퍼스널 컴퓨터의 시대는 이렇게 빨리 실현되지 못했겠지요.

그림5-9. **민주화**

X	를 모든 사람에게

마이크로소프트가 제품에 대한 문턱을 낮추었다면, 애플은 '모든 사람이 창조성을' 발휘하도록 만드는 기업입니다. 크리에이터라는 말을 직업이 아니라 모든 사람 안에 잠든 정신이라고 믿어온 데에 애플의 개성이 담겨 있습니다.

또 나이키의 창업자는 '몸 하나만 있으면 모두가 운동선수'라고 믿어 의심치 않아 '모든 사람을 운동선수로' 만드는 것을 브랜드 컨셉으로 삼았습니다. 이러한 생각은 마쓰시타 고노스케松下幸之助의 '수도水道 철학●'이나 포드의 '자동차의 민주화' 같은 경영 컨셉과도 통하는 면이 있습니다.

민주화, 즉 문턱 낮추기를 내건 기업들은 대부분 처음으로 틈새를 겨냥했습니다. 마이크로소프트는 긱geek이라 불리던 컴퓨터 사용자를, 나이키는 달리기가 몇몇 사람들의 취미이던 시절의 러너들을, 포드는 여명기의 자동차 운전자들을 핵심 타깃으로 삼았습니다. 지금과 비교하면 생각하기 힘들 정도로 작은 시장이었지요. 비즈니스의 무대를 넓히기 위해서는 틈새의 핵심 타깃에서 대중으로 대상을 넓혀야 합니다. 시장 확대 전략과 민주화 컨셉의 화법은 궁합이 매우 잘 맞아서 광고를 중심으로 한 매스 마케팅이나 세계화의 원동력이 되었습니다.

● 현재의 파나소닉Panasonic인 마쓰시타전기산업의 창업자 마쓰시타 고노스케가 제창한 경영철학으로 대량 생산과 공급으로 가격을 낮춰 사람들이 수돗물처럼 쉽게 상품을 구입할 수 있는 사회를 목표로 한다.

사회적 포섭의 시대, '모두'의 의미는 점점 변화한다

그러나 앞으로 찾아올 시대의 민주화란 단순히 물건을 보급하는 것이 아닙니다. 한층 사회 변혁의 색채를 띠게 되리라 봅니다.

하나의 흐름으로, 인종, 성별, 나이에 관한 편견과 맞서고 그것을 극복하는 컨셉을 구상하는 기업들이 세계 각지에서 나타났습니다. 이를테면 백인 우월주의 미용업계에 이의를 제기한 '펜티 뷰티 바이 리아나Fenty Beauty by Rihanna'라는 브랜드가 있습니다. 창업자는 미국에서 활약 중인 바베이도스 출신 아티스트 리아나Rihanna입니다. 브랜드의 컨셉은 'Beauty for All'. 즉, '모든 사람에게 뷰티를' 이라는 의미지요.

다양한 인종이 공존하는 미국은 피부색도 물론 다양합니다. 그러나 대형 브랜드들은 대부분 백인을 위한 색상은 많이 갖추는 반면 흑인 등 짙은 피부색에 맞춘 색상은 극단적으로 적었습니다. 리아나는 이러한 뷰티의 격차를 문제 삼았습니다. 그녀가 말하는 'for all'에는 그동안 미용업계가 외면해 온 사람들을 마주하겠다는 각오가 담겨 있습니다.

또한 사회적으로 올바른 행동을 확산시키는 것도 하나의 흐름이 되었습니다. 소비재 글로벌 기업 유니레버Unilever는 1984년부터 '청결한 생활을 당연하게Make Cleanliness Commonplace'라는 슬로건을 내걸었습니다. 청결한 생활의 민주화야말로 유니레버의 컨셉이었지요. 그리고 2019년 유니레버는 '지속 가능한 생활을 당연하게Make

Sustainable Living Commonplace'라고 말하기 시작했습니다. 청결 다음으로는 지속 가능한 생활을 확산시키고 싶다고 호소한 것입니다.

컨셉 구문 ⑧
개인화

민주화와 짝을 이루는 것이 개인화personalize라는 사고방식입니다. 지금은 디지털 기술이 발달해 개개인에게 맞는 대응이 가능해졌습니다. 백화점에서 쇼핑하는 장면을 상상해 볼까요? 여러분이 백화점에 들어선 순간 여러분의 취향에 따라 모든 상품을 교체하고, 여러분이 보기 편하게 선반을 바꾸고, 과거 구매 내역을 모두 기억하는 직원이 옆에서 상품을 추천하는 광경. 현실에서는 불가능한 일이지만, 아마존 같은 전자상거래 사이트에서는 당연하게 실현되고 있습니다. 데이터와 AI의 결합이 온갖 분야에서 지금껏 불가능했던 개인화를 실현해 주고 있으니까요. 이러한 흐름을 결코 멈출 수 없을 듯합니다.

그림5-10. 개인화

한 사람에게 하나의	X	를

오직 당신을 위해 프로그램 편성표가 바뀌는 시대

사람과 영상 콘텐츠의 관계를 생각해 봅시다. 예전에는 사람들이 콘텐츠의 스케줄에 맞춰 생활했습니다. 월요일 밤 9시 드라마를 보고 싶으면 그 전에 집에 돌아와야 했고, 영화를 보고 싶으면 상영 스케줄을 알아보고 시작하는 시간에 맞춰 이동 시간을 계산했습니다. 넷플릭스는 이러한 콘텐츠와 사람 간의 주종 관계를 역전시키려 했습니다. 목표는 '한 사람당 하나의 방송국'. 여러분이 프로그램 편성표에 맞추는 것이 아니라 프로그램 편성표가 여러분에게 맞추어 바뀌는, 그런 세계관이 당연해지고 있습니다.

개인화란 휴머나이즈이기도 하다

대기업은 대체로 완제품 하나를 모두에게 파는 '프리사이즈One size fits all'라는 비즈니스 모델로 이루어져 있습니다. 따라서 사용자는 기업이 제시하는 틀에 스스로를 맞춰야 했습니다. 개인화는 이러한 관계를 거꾸로 뒤집어 줍니다. 항상 고객이 중심이며 기업이 고객에게 하나하나 맞추어가지요. 개인화란 다시 말해 인간을 주역으로 만드는 휴머나이즈humanize라고도 말할 수 있습니다.

'퍼스널 컴퓨터'를 내세운 앨런 케이는 개인화의 선구자였습니다. 단순히 컴퓨터를 보급하는 것뿐만 아니라 이를 사용하는 한 사람, 한 사람의 능력을 끌어낼 수 있다고 보았으니까요. 미용업계에서는 개인의 머릿결이나 두피 고민에 맞춘 '퍼스널 샴푸'나 각자의 피부에 맞춘 '퍼스널 스킨케어'가 확산되고 있습니다. 또한 패션에서도 S·M·L 사이즈 개념을 구시대의 산물로 보고 개인의 체형에 맞추는 '퍼스널라이즈 웨어'도 앞으로 점점 더 늘어나겠지요. 이상적인 체형이나 아름다움의 형태는 하나가 아니라고 보며 자신의 몸매와 외모를 있는 그대로 사랑하려는 바디 포지티브Body Positive의 흐름도 개인화를 추진하는 원동력이 되고 있습니다.

교육 분야에서는 어플리케이션을 활용해 개개인의 실력에 맞는 '퍼스널라이즈 러닝'을 다루는 스타트업도 등장했습니다. 또한 소매업에서는 아마존 같은 '퍼스널라이즈 스토어'가 기본 사양이 되어가겠지요.

여러분이 속한 업계에 개인화라는 개념을 도입하면 과연 어떤 일이 일어날까요? 각자의 취향과 개성에 올바르게 대응하며 한층 인간적인 방향으로 진화할 수 있을까요? 말로 표현하며 구체적인 방안도 함께 생각해 봅시다.

컨셉 구문 ⑨

슬라이드법(옮기기)

슬라이드법은 정확히 말하면 구문이라기보다는 발상법입니다. 새로운 개념은 대부분 기존 개념을 조합해서 표현할 수 있다고 이야기했습니다. 슬라이드법에서는 먼저 기본 조합을 설정한 다음, 구성 요소를 조금씩 바꿔가며 표현합니다.

가능성은 어긋남에서 탄생한다

그림5-11을 봅시다. 웨딩업계의 가장 기본적인 형식이라고 하면 '호텔 웨딩'이겠지요. 만약 새로운 결혼식의 형태를 찾는다면 웨딩이라는 단어를 위아래로 밀면서 다양한 공간과 연결하며 가능성을 검증해 나가면 됩니다. 도서관, 대학, 산 정상, 해저, 하늘(비행

그림5-11. **슬라이드법(옮기기)**

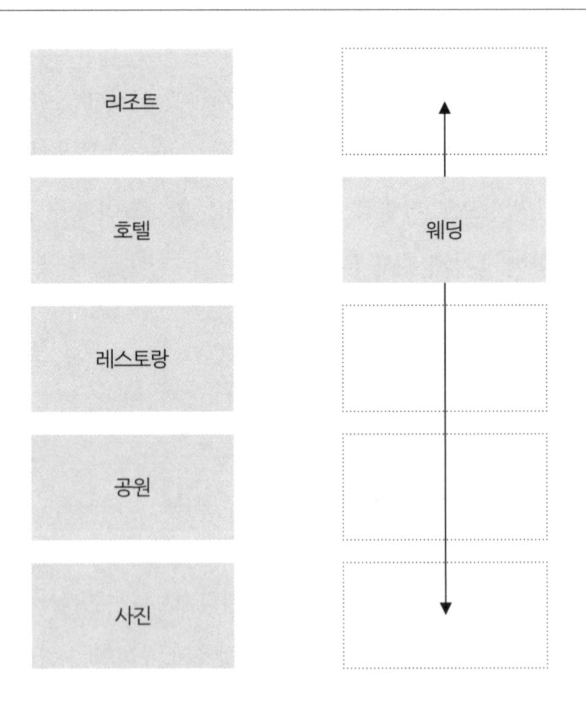

기), 사무실, 마을, 역내 시설, 스튜디오, 가상 공간, 사우나……. 실제로 기존 비즈니스를 비트는 데서 새로워 보이는 비즈니스 모델들이 다수 탄생했습니다.

일본 산업에 성과주의가 확산되기 시작한 2000년대 초반. 직장 내 스트레스가 높아질지도 모른다는 우려에서 사무실 간식 거치 서비스 '오피스 글리코オフィス·グリコ'가 등장했습니다. 과자로 가득 찬 '리프레시 박스'를 사무실에 배치해 간식을 편안하게 먹을 수 있게 했지요. 농산물 직판장에서 힌트를 얻어 이용자가 요금을 스스로 상자에 넣는 구조입니다. 이 심플한 서비스가 여성뿐만 아니라 남성 이용자까지 크게 늘려 비즈니스의 한 축으로 성장했습니다. 편의점이나 슈퍼에서 사무실로. 판매 장소를 옮기면서 완전히 새로운 시장을 열었습니다.

마찬가지로 장소를 바꾸어 변화를 일으킨 사례로는 하네다 공항이 도시락을 힌트로 시작한 '하늘 도시락空弁'이 있습니다. 기내 좌석 트레이에 들어가는 사이즈, 냄새가 많이 나지 않는 재료와 조리법을 고민한 끝에 전국으로 널리 알려졌고, 이제는 하늘 여행의 동반자로 자리를 잡았습니다.

옮기는 것은 장소만이 아닙니다. 시간을 바꾸어 새로운 시장을 개척한 사례도 있습니다. 이를테면 가전제품은 어떨까요. 맞벌이 부부가 늘어나면서 낮 시간에 집안일을 모두 처리하기가 전보다 어려워졌습니다. 여기서 '아침 집안일용 가전제품'이나 '야간 집안일용 가전제품'처럼 시간을 비트는 발상이 탄생했습니다. 야간용 가전제품이라면 낮 시간대보다도 훨씬 조용해야 하고, 또 낮에 보아도 거슬리지 않는 디자인이어야겠지요. 이처럼 특정 시간대에 맞는 기능과 디자인이 속속 등장하고 있습니다.

개인용 작업복 전문점이었던 일본의 워크맨Workman은 2018년에 론칭한 워크맨 플러스를 통해 타깃을 전문가에서 일반 가정으로 옮겨놓았습니다. 뛰어난 기능과 저렴한 가격은 그대로 유지한 채 캐주얼한 디자인의 의류를 선보였지요. 2020년에는 새로운 '#워크맨걸스'로 직공의 세계에서 멀리 떨어져 있던 여성들의 수요까지 끌어들였습니다.

방향을 바꾸는 100가지 방법

그림5-12는 100가지의 슬라이드 포인트를 나열한 표입니다. 장소, 시간, 대상, 이익이라는 테마에서 자주 사용하는 단어들을 정리했습니다. 시험 삼아 '요거트'라는 말을 연결해 볼까요?

이 표만 이용해도 요거트에 관한 컨셉을 100가지 만들 수 있습니다. 물론 그중에는 전혀 말이 안 되는 내용도 있겠지요. 그러나 아무리 곰곰이 생각해도 떠오르지 않던 컨셉이 숨어 있을지도 모

그림5-12. **100가지 슬라이드 포인트**

시간	장소	대상	이익1	이익2
밤	가정	어른	건강해질 수 있는	먹을 수 있는
아침	학교	어린이	나다워질 수 있는	놀 수 있는
특별한 날	도시	노인	아름다워질 수 있는	배울 수 있는
365일	지방	부모 자식	자신감을 가질 수 있는	달릴 수 있는
봄(여름·가을·겨울)	일본	가족	사람을 망치는	말할 수 있는
24시간	해외	젠더리스	릴렉스할 수 있는	사랑할 수 있는
순간	바다·산·강	나이 상관없이	푹 잠들 수 있는	순조로운
100년	도서관	0세부터 100세까지	식욕이 생기는	가지고 다닐 수 있는
유아기	리조트	남녀노소 누구나	버릇이 되는	지속 가능한
사춘기	사무실	장애가 있는 사람	가능성을 넓히는	순환하는
퇴직 후	공원	프로	약점을 없애는	무거운·가벼운
운동 전후	길거리	아마추어	장소에 구애받지 않는	큰·작은
식사 전후	스타디움	혼자	시기에 구애받지 않는	시간을 단축할 수 있는
결혼 전후	농장	집단	사람과 이어지는	돈이 들지 않는
다이어트 중	항구	현명한 사람	공유할 수 있는	생명을 구하는
임신 중	산지 직송	도전하는 사람	만나러 갈 수 있는	장식할 수 있는
공부 중	공장 직판	포기하지 않는 사람	망가지지 않는	공간에 녹아드는
수면 중	가장 가까운	고독한 사람	사라지지 않는	안전한·편안한

롭니다. 예를 들어 시간을 옮긴 '밤의 요거트'는 어떨까요? 일반적으로 요거트는 아침에 먹는다는 이미지가 강하지만, 장이 활발하게 움직이는 때는 사실 밤입니다. 자기 전에 먹고 아침에 일어나자마자 상쾌해지는 상품이 있어도 좋지 않을까요? 같은 '밤'에 착안한 아이디어더라도, 이익을 바꾸어 '숙면할 수 있는 요거트'로 만들어도 재미있겠지요. 장을 다스려 숙면을 유도하는 상품을 설계할 수 있습니다. '사람을 망치는 요거트'는 건강하고 모범생 같은 요거트의 이미지를 뒤집고 사치스럽고 맛에 치중한 상품으로 연결할 수 있을 듯합니다.

컨셉 구문 ⑩
기호화

전하고 싶은 의미를 '수치'나 '도형'이나 '단어'로 대체하는 것이 기호화입니다. 문장이 아니라 뜻을 전달하는 최소 단위로 표현하는 방식이지요. 누구나 쉽게 외우고 쓸 수 있는 컨셉을 만들 때 특히 큰 효과를 발휘합니다. 집과 직장 사이에 위치한 편안한 장소를 '3rd Place'라고 표현한 것은 전형적인 기호화입니다. 숫자뿐만이 아닙니다. 비교강조법에서 소개한 게토레이의 'ON＜IN'도 기호화의 좋은 사례라 할 수 있습니다.

그림5-13. **기호화의 사례**

의미		숫자·기호
하루 종일 쓸 수 있다	→	24시간
캡슐 호텔	→	9hours
편히 쉴 수 있는 곳	→	3rd Place
자유 시간이 늘어난다	→	25시간

가장 적은 말로 표현하려면?

세계에서 손꼽히는 경제도시 파리. 파리 중심부의 인구는 200만 명에 달합니다. 꽃의 도시라 불리며 늘 관광객으로 붐비는 이 거리에서는 최근 자동차로 인한 대기 오염이 문제시 되고 있습니다. 파리의 공공 교통기관은 충분히 발달했지만, 시스템과 인프라가 노후화된 데다 파업도 잦아서 파리에서 일하는 사람의 절반 이상이 자가용으로 출퇴근을 합니다. 이러한 상황을 바꾸기 위해 2020년 3월 안 이달고Anne Hidalgo 파리 시장은 '15분 도시La Ville des proximités'라는 도시 정비 컨셉을 제안했습니다. 누구나 자동차를 이용하지 않고도 학교나 직장, 슈퍼마켓 등 필요한 장소에 15분 만에 접근할 수 있도록 만들겠다는 계획입니다. 구체적으로는 교통 정체가 생기는 교차로를 보행자 천국으로, 6만 곳 이상의 노상 주차 공간을 공원이나 녹지로 바꾼다는 계획을 세웠습니다.

스웨덴 혁신청VINNOVA은 파리에 이어 '1분 도시'라는 컨셉을 발표했습니다. 집을 나와 1분 거리 이내의 구역을 주민들의 참여를 통해 이상적인 장소로 바꾸는 프로젝트입니다. 가까운 공간을 어떻게 사용하고 싶은지 아이를 비롯한 지역 주민들이 함께 아이디어를 내서 정하고, (특수 개발된) 목재 키트로 구현했습니다. 그리고 논의한 대로 나무로 된 키트를 설치했습니다. 그 결과 놀이터나 야외 체육관, 킥보드 보관소, 카페 테이블 등이 거리에 등장했습니다.

완전 자율주행이 실현되면 우리가 자동차 안에서 시간을 보내는 방식도 크게 달라지겠지요. 독일의 자동차 브랜드 아우디는 '25시간'이라는 컨셉으로 차 안에서 보내는 시간을 연구하고 있습니다. 국가나 지역에 따라서는 하루 평균 1시간 이상 차에서 시간을 보낸다고 합니다. 그래서 운전에서 사람을 해방하는 자율주행은 하루를 1시간 연장해 준다고 의미 부여를 한 셈이지요. '차 안에서 시간 보내는 방법'을 생각하는 것과 '25시간이 된 하루'를 생각하는 것은 전혀 다른 경험이 되지 않을까요?

일본의 캡슐 호텔 체인 '9hours'는 캡슐 호텔을 한층 진화시켜 여행자를 사로잡았습니다. 9hours라는 이름은 동시에 뛰어난 컨셉이기도 합니다. 도시에 머무르는 데 필요한 3가지 요소를 땀을 씻어내는 1시간, 잠을 자는 7시간 그리고 몸단장을 위한 1시간으로 나누었습니다. 이 9시간에 필요한 기능만 충실하게 살리고, 그 밖에 불필요한 기능은 모두 없앴지요. 캡슐 호텔이라는 형태를 파는 것이 아니라, 도시에서 밤을 보내기 위한 쾌적하고 합리적인 시간을 파는 것이라는 철학이 9hours라는 말에 명쾌하게 드러납니다.

미국의 Z세대에게 인기 있는 화장품 브랜드 글로시에[Glossier]의 컨셉은 '피부가 첫 번째, 메이크업은 두 번째[Skin First. Makeup Second]'입니다. 글로시에에서는 거친 피부의 원인이 될 수도 있는 알코올이나 파라벤 같은 방부제를 사용하지 않습니다. 우선순위를 나타내는 기호적 표현이라 할 수 있는데, 이 컨셉은 젊은 세대가 화장품에서 중요하게 여기는 우선순위와 맞물리면서 공감을 얻었습니다.

여러분이 전하고자 하는 의미를 극한까지 깎아내 '숫자'나 '기호' 또는 '단어'로 대체한다면 어떤 표현이 가능할까요?

'3회 테스트'와 '일주일 테스트'

일단 컨셉을 작성하는 데 성공했다면 '3회 테스트'를 해봅시다. 방법은 간단합니다. 3번 정도 컨셉을 하늘에 대고 외치면 됩니다. 애초에 문장을 완전히 외우지 못했다면 문장이 너무 길거나 복잡하다는 증거입니다. 도중에 더듬거나 말하기 어렵다면 말이 어색하다는 뜻이고요. 자꾸자꾸 말해도 편안한 말. 그런 글자 수와 표현을 찾아봅시다.

하나 더. 마감까지 시간이 남아 있다면 '일주일 테스트'를 하는 것이 좋습니다. 여러 컨셉 후보를 일주일 정도 재워두기만 하면 됩니다. 일주일 뒤 어떤 컨셉이 가장 먼저 떠오를까요? 그새 잊어버린 말은 없을까요? 컨셉은 오래 쓸 말이니 어느 정도 시간을 들여서 얼마나 기억에 강하게 남는지 확인해 봅시다.

5-4

실전편
컨셉 구문 적용하기

5장을 마무리하기 위해 지금까지 배운 구문을 제대로 다룰 수 있는지 연습 과제를 통해 시험해 보고자 합니다.

<과제>
에어비앤비

에어비앤비의 '전 세계 어디든 내 집처럼'이라는 컨셉은 혁신 화법의 'A를 B로' 구문에 해당합니다. 그럼 다른 구문으로는 어떻게 표현할 수 있을까요? 218쪽의 컨셉 피라미드를 참고해서 아래 7가지 구문에 적용해 컨셉을 다시 작성해 봅시다.

(제한 시간: 30분)

비교강조법	A보다 B/A가 아니라 B
불 해소법	A가 없는 B/A가 필요 없는 B
은유법	A 같은 B
반전법	A를 뒤집으면 B
모순법	A인데 B → A&B
민주화	X를 모든 사람에게
개인화	한 사람에 하나의 X를

해설

쓰기 쉬운 구문도 있고, 어려운 구문도 있지 않나요? 쓰기 어렵다고 느낀 구문이나 방법이 있다면, 그건 여러분이 갖추지 못했던 사고 회로일지도 모릅니다. 이번 기회에 여러분의 특기로 만들어봅시다.

이번 과제에서 슬라이드법과 기호화는 대상에서 제외했습니다. 슬라이드법은 아무것도 없는 상태에서 컨셉을 생각할 때는 효과적이지만, 이미 뼈대가 완성된 내용을 바꾸는 과제에는 적합하지 않기 때문입니다. 기호화는 회사 이름의 유래이기도 한 airbed&breakfast(에어베드와 아침 식사)가 이미 하나의 예시 답안입니다. 전 세계 여러 집의 '에어베드'에서 잠자고 '아침 식사'만 준비해 준다는 뜻인데, 단 2개의 단어로 서비스 전체를 상징적으로 표현한 말입니다.

그럼 이제 다른 예시 답안들을 살펴볼까요?

비교강조법

–

비교강조법 구문 ‘A가 아니라 B’를 채우기 위해 먼저 부정해야 할 A를 생각해 보겠습니다. 에어비앤비가 제공하는 것은 패키지여행이나 일반 숙박 시설 같은 평범한 ‘여행’ 경험이 아닙니다. 또한 핵심 고객은 ‘여행자’ 대접이 아니라 현지에서 생활하는 친구 대접을 받고 싶어 하지요.

부정해야 할 A를 정했다면 이번에는 A와 짝이 되는 B를 찾습니다. 평범한 ‘여행’을 부정한다면 ‘여행하는 것이 아니라 살아보는 것’이라고 표현할 수 있겠습니다. ‘여행자’를 부정한다면 호스트 커뮤니티와의 관계에 주목해 ‘여행자가 아니라 친구가 되자’라는 표현도 생각할 수 있습니다. ‘여행하다’ < ‘살다’, ‘여행자’ < ‘친구’. 이렇게 비교함으로써 전하고자 하는 의미가 명확해졌습니다.

불 해소법

–

에어비앤비가 해결하고자 하는 여행자의 불만은 ‘이방인 취급을 받는 것'이나 '현지의 실제 생활과 동떨어진 체험'이었습니다. 이러한 불만을 해소하는 방식을 말로 표현하면 '이방인 취급받지 않는 여행을 만든다'나 '현지의 실제 생활과 동떨어지지 않는 체험을' 같은 컨셉이 완성됩니다.

은유법

실제로 그 마을에 사는 사람의 집에 머무르는 경험을 무엇에 비유하면 좋을까요? 가장 간단한 것은 '그곳에 살듯이 여행하다'라는 표현입니다. 그 밖에도 '전 세계에서 홈스테이를 하듯'이나 '카 셰어링처럼 방을 공유하다' 같은 표현이 있지만, 직관적으로 전달하기 어렵기 때문에 효과적인 은유라고는 할 수 없습니다.

반전법

반전법에서는 여행의 상식을 뒤집어 새로운 가치를 찾습니다. 예를 들어 누구나 한 손에 가이드북을 들고 여행한다는 상식에 착안해서 '가이드북에 실리지 않는 여행'을 컨셉으로 삼으면 어떨까요? 현지에 거주하는 사람의 집을 거점으로 삼음으로써 어떤 메리트를 얻을 수 있는지 쉽게 전달할 수 있습니다. 게다가 현대에는 SNS에서 발견한 관광지를 둘러보며 같은 사진을 촬영하는, 즉 시험지의 답을 맞춰보는 듯한 여행이 주류가 되었습니다. 이를 반전시켜 '답 맞추기로 끝나지 않는 여행'이라는 컨셉을 만들면 모험 없는 여행에 대한 안티테제가 되겠지요.

모순법

-

모순법에서는 먼저 'A인데 B'처럼 대립된 말을 조합해 서비스를 표현합니다. 이를테면 '여행인데 이주한 것처럼'이나 '여행인데 이사 간 기분' 같은 식으로요. 마지막으로 두 개념을 결합하면 '이주 여행', '이사 여행' 같은 신조어 컨셉을 만들 수 있습니다. 아직은 어색하게 느껴지지만, 현지에서 사는 듯한 느낌도 들고 여행하는 느낌도 드는 '에어비앤비만의 체험'을 정확하게 표현한 말이 아닐까요?

민주화

-

에어비앤비는 과연 무엇을 민주화하고 있을까요? 예전에는 전 세계에 친구가 있는 사람이라고는 대사나 외교관 같은 소수의 사람들뿐이었습니다. 하지만 앞으로는 어느 나라나 마을로 여행을 가든 커뮤니티가 맞아줍니다. 이러한 상황은 '모든 사람에게 세계와의 유대를'이라고 표현할 수 있습니다.

개인화

\-

민주화와 반대되는 내용을 생각해 볼 차례입니다. 에어비앤비를 통해 여러분은 어떤 경험을 할 수 있을까요? 여러분이 선택하는 집부터 시작해 다른 누군가를 흉내 내는 것이 아니라 여러분만의 고유한 여행 방식을 경험할 수 있겠지요. 예를 들면 '한 사람에 한 가지 여행 이야기' 같은 표현을 떠올릴 수 있습니다.

예시 답안

혁신 화법	전 세계 어디든 내 집처럼 (만든다)
비교강조법	여행자가 아니라 친구가 되자
불 해소법	이방인 취급받지 않는 여행을 만든다
은유법	그곳에 살듯이 여행하다
반전법	가이드북에 실리지 않는 여행
모순법	이주 여행/ 이사 여행
민주화	모든 사람에게 세계와의 유대를
개인화	한 사람에 한 가지 여행 이야기

이처럼 기본 구문을 이용해 다양한 컨셉을 만들어낼 수 있습

니다. 하지만 구문은 어디까지나 하나의 힌트에 불과합니다. 더욱 인상적이고 기억에 남으며 의미를 정확하게 포착하는 표현을 자유롭게 모색해 봅시다.

5장 요약

□ ① 정리하고 → ② 핵심만 남기고 → ③ 날카롭게 다듬기

□ 의미를 정리한다 - 3점 정리법

- 고객, 목적, 역할 3가지로 정리하는 방법이다.
- 'A가 B하도록 C 역할을 한다'는 구문으로 정리한다.
- A에 주어를, B에는 동사를, C에는 명사를 넣는다.

□ 핵심만 남긴다 - 목적인가 역할인가

- 3점 정리법으로 작성한 문장 중 '새로운 의미'를 낳는 것은 목적인가 역할인가.
- 선택에 따라 '목적형', '역할형', '연결형'으로 나뉜다.

□ 날카롭게 다듬는다 - 두 단어 규칙

- 모든 것은 2가지 개념(영단어 2개)의 조합으로 표현할 수 있다.
  예 Pocketable Radio, 3rd Place, Radical Transparency.
- 2가지 개념을 중심으로 하되 조사 등으로 뉘앙스를 조절한다.
- '연상법', '우연법', '유의어법' 등을 활용해 말을 고른다.

□ **10가지 기본 구문을 활용한다**

① **혁신 화법**	A를 B로
② **비교강조법**	A보다 B/ A가 아니라 B
③ **불 해소법**	A가 없는 B/ A가 필요 없는 B
④ **은유법**	A 같은 B
⑤ **반전법**	A를 뒤집으면 B
⑥ **모순법**	A인데 B → A&B
⑦ **민주화**	X를 모든 사람에게
⑧ **개인화**	한 사람에 하나의 X를
⑨ **슬라이드법**	두 구성 요소 중 한쪽을 바꾸면?
⑩ **기호화**	의미를 기호로 바꾸면?

6
장

배운 컨셉

써먹기

마지막 장에서는 지금까지 소개한 틀을 다양한 비즈니스 현장에 맞게 '최적화'하는 방법에 대해 알아보고자 합니다. 가능한 한 많은 사람에게 도움이 되도록 대표적인 3가지 비즈니스 상황을 골랐습니다.

첫 번째는 제품·서비스 개발입니다. 기획서를 작성하는 세세한 방법은 기업마다 다르지만, 반드시 포함해야 할 기본 요소는 같습니다. 자칫 복잡해지기 쉬운 컨셉을 '슬라이드 한 장'으로 정리하는 틀을 소개하고, 개발 단계로 연결하기 위한 방법에 대해 알아보겠습니다.

두 번째는 마케팅입니다. 컨셉은 마케팅에서 '설계도'뿐만 아니라 고객이 상품을 받아들일지 받아들이지 않을지 검토하는 '표본' 역할도 합니다. 고객이 읽고 평가하는 것이 전제이므로 '한 문장'으로 정리하는 것이 좋습니다.

세 번째로는 조직의 행동 방향을 결정하는 가치 세우기에 대해 설명하려 합니다. 모든 직원이 이해하고 머릿속에 담아둘 수 있도록 보통은 간결한 말로 이루어진 몇 줄짜리 '간략한 글' 형태를 띱니다.

이 장에서 처음 등장하는 틀도 있지만, 기본적인 사고법은 지금까지 배운 내용이 대부분입니다. 이 장에는 새로운 내용을 익힐 뿐 아니라 책의 내용을 되돌아보며 기초를 다지는 목적도 있습니다. 지금까지 배운 내용을 확인하며 읽어봅시다.

6-1

제품·서비스 개발 컨셉

한 장으로 설명하는 방법

기획서의 스타일은 기업의 수만큼 다양합니다. 기능이나 사양이 세세하게 적힌 기획서도 있는가 하면, 반대로 몇 컷짜리 만화처럼 사용자의 경험을 과정별로 따라가는 이야기 스타일도 있습니다. 작은 글자가 빼곡히 찬 슬라이드를 바람직하게 여기는 팀도 있고, 스케치로 구성된 직관적인 기획서를 장려하는 팀도 있겠지요. 하지만 어떤 기획서든 무언가를 개발할 때 반드시 포함해야 하는 기본 요소들이 있습니다. 그것을 한 장으로 만든 것이 그림6-1의 컨셉 시트입니다.

위에서부터 순서대로 타깃, 인사이트, 컨셉, 그 아래에 이미지 그리고 베네핏과 팩트 항목이 있습니다. 이미 눈치채셨듯이 3장에

그림6-1. **컨셉 시트**

TARGET ㅣ 타깃	INSIGHT ㅣ 인사이트
CONCEPT ㅣ 컨셉	
IMAGE ㅣ 이미지	
KEY BENEFIT ㅣ 핵심 편익	FACT ㅣ 기술, 제조법, 소재 등
SUB BENEFIT ㅣ 편익	FACT ㅣ 기술, 제조법, 소재 등
SUB BENEFIT ㅣ 편익	FACT ㅣ 기술, 제조법, 소재 등
SUB BENEFIT ㅣ 편익	FACT ㅣ 기술, 제조법, 소재 등
OTHERS ㅣ 기타	

서 배운 인사이트형 스토리의 구성이 뼈대를 이루고 있습니다.

4개의 C를 채우는 데 그쳤던 인사이트형 스토리의 프레임워크와 가장 다른 부분은 베네핏(편익)과 팩트(기술 · 제조법 · 소재 등)를 쓰는 칸이 명확하게 나뉘며, 여러 베네핏을 써넣는 것이 전제라는 점입니다. 스토리를 설계하는 단계에서는 컨셉과 연결되는 가장 중요한 베네핏을 서술하면 되겠지만, 개발 과정에서는 컨셉을 뒷받침하는 부수적인 베네핏과 그것을 실현하기 위한 팩트도 빠짐없이 적어야 합니다. 또한 컨셉과 직접 관련이 없더라도 엔지니어나 다른 부서와 함께 조정해야 하는 기능과 요소는 '기타' 항목으로 정리합니다.

그리고 또 하나, '이미지'를 넣는 공간이 있다는 점에도 주목해야 합니다. 스케치를 하기 위한 공간입니다. 그림6-2를 볼까요?

그림6-2. **컨셉 이미지 예시**

출처: Alan Kay, A Personal Computer for Children of All Ages [picture of two kids sitting in the grass with Dynabooks] © Alan Kay (왼쪽)
출처: https://www.city.asahikawa.hokkaido.jp/asahiyamazoo/2200/p008762.html(오른쪽)

왼쪽은 앨런 케이가 1972년에 쓴 논문에 수록된 '퍼스널 컴퓨터'의 스케치입니다. 잔디 위에서 아이들이 놀이처럼 읽고 쓰기를 즐기는 모습이 담겨 있지요. 앨런 케이는 이 귀여운 그림을 통해 컴퓨터에 '회사원이 사무실에서 쓰는 딱딱하고 거대한 기계'와 전혀 다른 이미지를 부여했습니다.

오른쪽 스케치는 홋카이도 아사히카와시에 있는 아사히야마 동물원의 홈페이지에 공개된 스케치 14장 중 하나입니다.

손님이 급격히 줄어 문을 닫을 위기에 처했던 1990년대, 사육사들은 밤마다 이상적인 동물원의 모습을 이야기하곤 했습니다. 그리고 이때 얻은 아이디어를, 후에 그림책 작가가 된 아베 히로시가 달력이나 전단지 뒷면에 그려두었지요. 이 스케치를 토대로 동물들이 생생하게 움직이는 모습을 보여주는 '행동 전시行動展示'라는 컨셉이 탄생했고, 아사히야마 동물원은 전 세계에서 관람객이 모여드는 인기 관광지가 되었습니다.

역사를 바꾼 2개의 중요한 스케치 모두 중심에 '사람'이 있다는 점에 주목해야 합니다. 컨셉 시트 속 스케치는 팀이 목표로 삼아야 할 이미지를 공유하기 위한 그림입니다. 그러므로 상세한 내용보다는 '사용자의 이상적인 체험'을 담아야 합니다.

이제 컨셉 시트의 주요 내용을 모두 이해하셨을까요? 두툼한 기획서를 작성하기 전에 이 시트를 먼저 완성해 두기를 추천합니다. 전체를 관통하는 스토리와 컨셉이 있으면 아무리 부수적인 정보를 더해도 흔들림 없이 기획서를 완성할 수 있으니까요.

컨셉 시트 작성하기

피트니스 미러 개발 컨셉

지금부터는 실제로 빈칸을 채우면서 컨셉 시트의 사용법을 알아보겠습니다. 소재는 인터넷이 연결된 거울, 이른바 스마트 미러입니다. 자세한 설정은 아래 정리했습니다.

기업 퍼펙트 보디(가상의 기업)

상품 퍼펙트 미러(가상의 상품)

상품 개요 인터넷이 연결되는 거울로 스마트 미러라고 부른다. 거울에 디스플레이가 내장되어 있어 운동 영상과 거울 속 자기 모습을 비교하며 운동할 수 있다.

타깃 도시에 사는 30대 맞벌이 가구

우선 이 개요를 바탕으로 컨셉을 작성하려 합니다. 그림6-3은 인사이트형 스토리를 구성하는 4개의 C를 채운 내용입니다. 복습도 할 겸 하나씩 살펴보겠습니다.

먼저 인사이트입니다. '도시에 사는 30대 맞벌이 가구'라는 타깃은 건강에 대한 관심도 가처분 소득도 평균보다 높다는 특징이 있습니다. 몸에 투자할 돈은 있으나 시간적 여유는 없는 상황이지요. 맞벌이이므로 가사를 분담하고 경우에 따라 육아도 해야 하니까요. 따라서 인사이트는 '몸에 투자할 돈은 있지만 (헬스장에 갈) 시간은 없다'라고 쓸 수 있습니다.

그림6-3. **퍼펙트 미러의 4C**

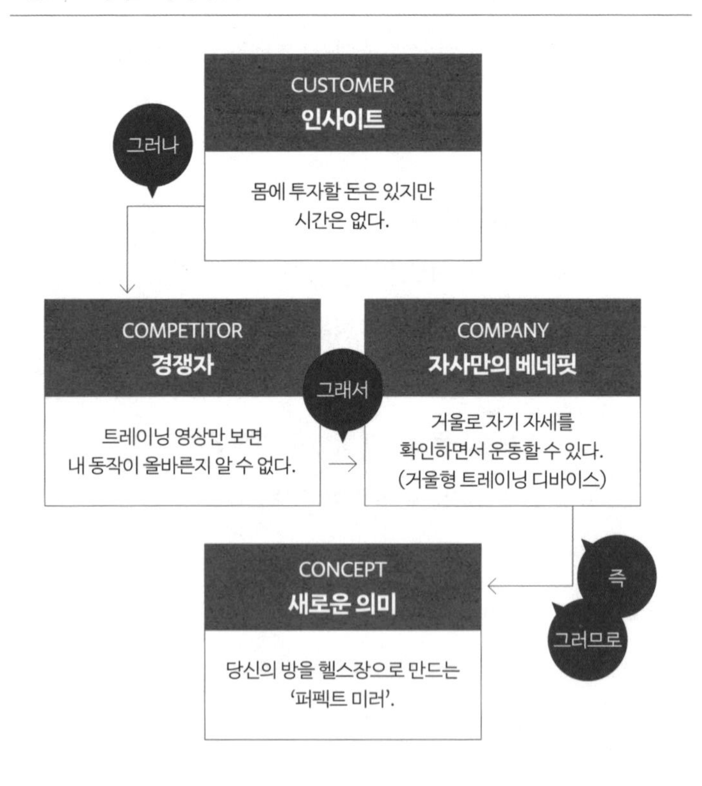

다음은 경쟁자입니다. 가장 직접적인 경쟁자로는 집에서 운동하는 데 사용하는 러닝머신이나 벤치프레스 머신 등이 떠오릅니다. 그러나 공간이 한정된 도시의 주택에는 큰 기구를 들이기가 어렵습니다. 어린이가 있는 가정에서는 사고로 이어질 위험도 있고요.

좀 더 비교할 가치가 있는 경쟁 상대는 유튜브에 올라오는 '운동 영상'이 아닐까요? 스마트폰만 있으면 언제든 따라서 운동할 수 있는 데다 무료이니까요. 하지만 운동 영상에도 문제점이 있습니다. 동영상을 보면서 운동할 때 자신이 정말 올바른 동작으로 운동하고 있는지 알 수가 없다는 점입니다. 잘못된 자세로 운동을 계속하면 제대로 효과를 얻을 수 없습니다. 혼자서 한다면 꾸준히 지속하기도 어렵고요.

인사이트와 경쟁자의 약점이 보이면 자사가 어떤 베네핏을 중점으로 삼아야 할지 드러납니다. 거울형 트레이닝 디바이스가 있으면 거울로 자신의 자세를 보면서 운동할 수 있지요. 따라서 전체를 아우르는 컨셉은 '당신의 방을 헬스장으로 만든다'로 정했습니다. 단순한 운동 도구가 아니라 헬스장에서 할 수 있는 경험 그 자체를 집에서 재현하겠다는 의도가 담겨 있지요. 이렇게 스토리의 뼈대는 완성되었습니다.

나아가 이 컨셉을 엔지니어 그리고 결정권자와 함께 손보고 제품 개발 단계로 원활하게 연결하기 위해 컨셉 시트를 준비합니다.

기본이 되는 3가지

인사이트, 컨셉, 핵심 베네핏

우선 인사이트와 컨셉은 시트에 그대로 옮겨 적으면 됩니다. 또 핵심이 되는 첫 번째 베네핏에는 '거울로 자신의 모습을 보면서 운동할 수 있다'라고 써넣고, 이를 뒷받침하는 내용으로 '거울형 디스플레이'를, 그리고 사양으로 '거울 역할도 하면서 영상도 또렷하게 보여주는 균형감'이 필요하다고 적어둡시다.

그림6-4를 살펴봅시다. 4개의 C를 분석해 얻은 내용으로 채울 수 부분은 여기까지입니다. 이제 컨셉을 구현하기 위해 더 큰 상상력을 발휘해야 합니다. '내 방을 헬스장으로 만들기' 위해 무엇이 필요한지 생각해 봅시다.

서브 베네핏 ①

하드웨어만으로는 헬스장을 재현할 수 없습니다. 헬스장에는 운동을 전문으로 가르치는 강사가 있고, 여러 가지 레슨 프로그램을 제공합니다. 첫 번째 서브 베네핏을 '자신에게 맞는 운동 메뉴를 24시간 즐길 수 있다'라고 설정하면 어떨까요?

그다음 이 베네핏을 실현하기 위해 무엇이 필요한지 구체적으로 적어줍니다. 예를 들면 '전 세계의 인기 트레이너 500명과 계약해 1만 가지 코스를 준비한다'처럼요. 가장 짧은 5분짜리부터

그림6-4. 퍼펙트 미러의 컨셉 시트

<table>
<tr><td>TARGET | 타깃
도시에 사는 30대 맞벌이 남녀</td><td>INSIGHT | 인사이트
헬스장에 갈 돈은 있지만 시간은 없다</td></tr>
<tr><td colspan="2">CONCEPT | 컨셉
당신의 방을 헬스장으로 만든다</td></tr>
<tr><td colspan="2">IMAGE | 이미지</td></tr>
<tr><td>KEY BENEFIT | 핵심 편익
거울로 자신의 자세를 보면서
운동할 수 있다</td><td>FACT | 기술, 제조법, 소재 등
거울형 디스플레이(모습을 비추는 거울인
동시에 또렷한 영상도 투사한다)</td></tr>
<tr><td>SUB BENEFIT | 편익</td><td>FACT | 기술, 제조법, 소재 등</td></tr>
<tr><td>SUB BENEFIT | 편익</td><td>FACT | 기술, 제조법, 소재 등</td></tr>
<tr><td>SUB BENEFIT | 편익</td><td>FACT | 기술, 제조법, 소재 등</td></tr>
<tr><td colspan="2">OTHERS | 기타</td></tr>
</table>

가장 긴 1시간짜리까지 다양한 코스를 갖추고 필요한 메뉴를 24시간 언제든 이용할 수 있게 만들면 됩니다. 이렇게 하면 사용자는 하루 중 틈새 시간을 유용하게 활용할 수 있지요.

서브 베네핏 ②

영상만 계속 따라 하면 싫증이 난다는 사람들을 위해 '집에서 개인 레슨을 받을 수 있다'라는 베네핏도 준비하면 어떨까요? 이를 실현하는 데 가장 필요한 기술적 근거는 사용자와 강사를 이어주는 '카메라'가 되겠지요. 또한 사용자의 '동작이나 자세를 평가하는 소프트웨어'가 있다면 강사도 원격으로 수업을 하기가 훨씬 수월해집니다.

서브 베네핏 ③

헬스장처럼 운동하는 사람끼리 '서로 격려하는 커뮤니티'도 필요합니다. 같은 코스에 참여하는 동료들과 소통하며 서로 경쟁하면 꾸준히 운동하는 동기 부여가 되겠지요. 이를 위해 '모바일 앱을 준비해 SNS 기능을 제공'하기로 했습니다.

기타

그 밖에도 음악 스트리밍 서비스와 연계하여 운동 중에 플레이리스트를 불러올 수 있는 구조나 운동 기록을 남겨 목표를 달성할 때마다 인센티브를 제공하는 구조, 또 거울 청소에 적합한 상품 판매 등 고려해야 할 점들이 있습니다. 이렇게 컨셉과 크게 연결되지는 않으면서도 중요한 디테일은 '기타' 항목에 정리해서 작성합니다.

지금까지 생각한 내용을 작성해 완성된 퍼펙트 미러의 컨셉 시트는 다음의 그림6-5입니다.

이미지 항목에 들어간 그림은 사용자가 강사와 소통하며 동시에 자신의 모습을 거울로 살피는 장면입니다. 내 방이 헬스장이 된 장면을 사람을 중심으로 표현했습니다.

4C로 구성된 기본 스토리를 확장해 상품이 한층 구체적인 모습을 갖게 되었습니다. 가장 상단에 있는 타깃부터 차례차례 읽으면, 프레젠테이션도 원활하게 진행할 수 있습니다.

그림6-5. **퍼펙트 미러의 컨셉 시트**

TARGET | 타깃	**INSIGHT | 인사이트**
도시에 사는 30대 맞벌이 남녀	헬스장에 갈 돈은 있지만 시간은 없다
CONCEPT | 컨셉 당신의 방을 헬스장으로 만든다	
IMAGE | 이미지 	
KEY BENEFIT | 핵심 편익 거울로 자신의 자세를 보면서 운동할 수 있다	**FACT | 기술, 제조법, 소재 등** 거울형 디스플레이(모습을 비추는 거울인 동시에 또렷한 영상도 투사한다)
SUB BENEFIT | 편익 자신에게 맞는 운동 메뉴를 24시간 즐길 수 있다	**FACT | 기술, 제조법, 소재 등** 인기 트레이너 500명과 1만 가지 이상의 맞춤형 운동 메뉴
SUB BENEFIT | 편익 집에서 개인 레슨을 받을 수 있다	**FACT | 기술, 제조법, 소재 등** 사용자와 강사를 이어주는 카메라와 동작 인식 소프트웨어
SUB BENEFIT | 편익 서로 격려할 수 있는 커뮤니티	**FACT | 기술, 제조법, 소재 등** 모바일 앱을 이용한 SNS 기능
OTHERS | 기타 음악 스트리밍 서비스와 연계, 운동을 기록해 목표를 달성하면 인센티브 제공, 거울 청소용 키트 판매	

연습①

조용한 청소기 에어리즈

실력을 가늠해 볼 겸 연습을 해봅시다. 소재는 가상의 청소기 브랜드의 신상품 '에어리즈'입니다. 개발자의 의견과 경쟁 상품인 'Z' 사용자의 의견 등을 힌트로 컨셉 시트의 빈칸을 채워봅시다.

힌트1. 에어리즈 개발자의 의견

최신형 에어리즈의 가장 중요한 세일즈 포인트는 청소 중 소음을 줄여주는 '저소음 파워 테크놀로지'입니다. 특허 기술로 소음을 40dB 이하로 낮추었지요. 일본에서 가장 조용한 청소기인 셈입니다. 또 '에어로 진공 시스템'은 분당 10만 번 회전하는 소형 모터로 먼지를 빨아들입니다. 실험에서는 99%의 흡입률을 기록했습니다. 바닥에 먼지나 쓰레기를 거의 남기지 않는다는 뜻입니다. 그뿐만 아니라 360도 회전하는 '부드러운 롤러'를 탑재해 다루기도 매우 편리합니다. 어린 자녀가 있는 가족, 특히 맞벌이 부부가 사용하기 좋은 청소기입니다.

힌트2. 경쟁 제품 사용자 인터뷰

남성 사용자: 강력한 흡입력으로 유명한 '타사 제품 Z'를 사용한 지 3년이 되었어요. 흡입력 면에서는 대단히 만족합니다. 집에 어린아이가 있어서 자주 바닥을 기어다니거나 떨어진 걸 자꾸 입에 넣으

려 해서 먼지를 조금도 남기고 싶지 않거든요.

여성 사용자: '타사 제품 Z'를 사용 중입니다. 청소는 주로 남편이 해요. 청소기를 돌려주는 건 좋지만, 가끔은 남편의 무신경함에 짜증이 날 때가 있어요. 아기가 자고 있을 때 청소기를 돌려서 깨우거나, 제가 온라인 회의를 하는데 마침 시간이 났는지 큰 소리를 내며 청소를 시작하기도 하고요. 청소기를 바꾸면 해결될까요?

여성 사용자 2: '타사 제품 Z'는 정말 힘이 좋은 청소기라서 도움이 많이 돼요. 남편과 저는 맞벌이 부부라 매일 청소하지는 못해요. 그래서 한 번 청소할 때 깨끗하게 하고 싶거든요. 아쉬운 점이 있다면 청소기가 저한테는 좀 무거워서 쓰다 보면 금방 피로해져요. 한 손으로 쓱쓱 밀 수 있으면 좋겠어요.

힌트3. 인사이트&컨셉

2가지 힌트를 바탕으로 인사이트와 컨셉을 아래와 같이 작성했습니다. 이를 토대로 컨셉 시트의 나머지 요소들을 채워봅시다.

타깃	어린 자녀를 둔 맞벌이 부부
인사이트	흡입력이 강한 것은 좋지만, 시끄러운 것은 싫다
컨셉	강한 흡입력에 도서관 못지않은 고요함을

그림6-6. 에어리즈의 컨셉 시트

<table>
<tr><td>TARGET | 타깃
어린 자녀를 둔 맞벌이 부부</td><td>INSIGHT | 인사이트
흡입력이 강한 것은 좋지만,
시끄러운 것은 싫다</td></tr>
<tr><td colspan="2">CONCEPT | 컨셉
강한 흡입력에 도서관 못지않은 고요함을</td></tr>
<tr><td colspan="2">IMAGE | 이미지</td></tr>
<tr><td>KEY BENEFIT | 핵심 편익</td><td>FACT | 기술, 제조법, 소재 등</td></tr>
<tr><td>SUB BENEFIT | 편익</td><td>FACT | 기술, 제조법, 소재 등</td></tr>
<tr><td>SUB BENEFIT | 편익</td><td>FACT | 기술, 제조법, 소재 등</td></tr>
<tr><td colspan="2">OTHERS | 기타</td></tr>
</table>

해설

컨셉에 맞추어 베네핏과 팩트를 추출하여 정리할 수 있는지 알아보는 것이 연습①의 목적이었습니다.

신형 에어리즈의 컨셉은 '강한 흡입력에 도서관 못지않은 고요함을'이니 첫 번째 베네핏 칸에는 고요함과 관련된 편익을 적읍시다. 사용자 인터뷰를 통해 아기의 잠을 깨우는 청소기 소리가 부부에게 큰 문제가 됨을 알 수 있었지요. 타깃에게는 '잠든 아기를 깨우지 않는다'는 점이 무엇보다 좋은 베네핏이 될 듯합니다. 그 밖에 '원격 근무를 방해하지 않는다'나 '가족의 일을 방해하지 않는다' 등도 적을 수 있겠습니다. 그리고 '저소음 파워 테크놀로지'가 이러한 고요함을 뒷받침하는 팩트였지요. 특허 기술로 소음을 40dB 이하로 낮추었는데, 40dB은 도서관과 비슷한 수준입니다.

두 번째 베네핏을 고른다면 '아기가 기어다녀도 안심할 수 있는 바닥'은 어떨까요? 부부가 모두 바쁘면 청소를 자주 못 하니 당연히 한 번 청소할 때 먼지를 완벽하게 없애고 싶겠지요. 분당 10만 번 회전하는 모터로 먼지를 빨아들이는 '에어로 진공 시스템'이 베네핏을 기술적으로 뒷받침해 줍니다.

그리고 세 번째 베네핏으로는 '한 손으로 쓱쓱 가볍게 밀 수 있

그림6-7. 에어리즈의 컨셉 시트

TARGET | 타깃	INSIGHT | 인사이트
어린 자녀를 둔 맞벌이 부부	흡입력이 강한 것(은 좋지만), 시끄러운 것은 싫다
CONCEPT | 컨셉 **강한 흡입력에 도서관 못지않은 고요함을**	
IMAGE | 이미지 	
KEY BENEFIT | 핵심 편익 잠든 아기를 깨우지 않는다	**FACT | 기술, 제조법, 소재 등** '저소음 파워 테크놀로지' 특허 기술로 소음을 40dB 이하로
SUB BENEFIT | 편익 아기가 기어다녀도 안심할 수 있는 바닥으로	**FACT | 기술, 제조법, 소재 등** '에어로 진공 시스템' 10만 번 회전하는 모터로 먼지를 흡입 99%의 흡입률
SUB BENEFIT | 편익 한 손으로 쓱쓱 가볍게 밀 수 있다	**FACT | 기술, 제조법, 소재 등** 360도 회전하는 '부드러운 롤러' 탑재 고르지 않은 면도 쉽게 밀 수 있는 밀착력과 방향 전환 기능
OTHERS | 기타	

다'를 넣읍시다. 360도로 회전하는 '부드러운 롤러'가 탑재된 덕분에 얻을 수 있는 편익입니다.

이미지에는 잠든 아기 옆에서 청소하는 장면을 그렸습니다. 일하다 짬을 내서 아기가 자는 사이에 청소할 수 있다는 것. 오직 이 청소기만이 실현할 수 있는 '기분 좋은 순간'을 담아냈습니다.

연습②
밤에 먹는 요거트, 크리미 나이트

다음 연습 문제에서는 신상품 요거트의 컨셉을 생각해 보겠습니다. 아래는 개발자의 설명을 그대로 받아 적은 내용인데, 아직 개발 내용을 구조적으로 정리하지는 못한 듯 보입니다. 취재를 통해 들은 내용을 컨셉 시트를 이용해 정리해 주세요.

요거트 '크리미 나이트' 상품 개발 담당자의 설명

신상품 '크리미 나이트'는 사과, 오렌지, 딸기 등 국산 과일을 듬뿍 넣어 포만감이 만점입니다. 요거트로 커스터드 크림 같은 맛을 내는 특별한 제조법을 도입해서 제대로 된 디저트처럼 즐길 수 있고요. 그러면서도 저지방 우유를 사용하고 당분을 최소화해서 포만감에 비해 칼로리는 상당히 낮습니다. 다만 품질을 높인 만큼 가격은 300엔 이상으로 높게 설정했습니다.

타깃은 20대 후반에서 30대의 일하는 여성입니다. 직접 조사해 본 결과, 사회에서 활약하는 여성일수록 하루를 마무리할 때 보상을 바란다는 사실을 알 수 있었습니다. 그들은 건강에 관심이 많고, 밤에 디저트를 먹을 때 죄책감을 느낀다는 점도 알았지요. 이 또한 신상품에는 좋은 기회가 아닐까 싶습니다. 제로 칼로리 디저트는 이미 시장에 많이 나와 있지만, 뭔가 심심하고 포만감이 부족하다는 목소리가 많으니까요.

또 당사에서 진행한 연구 개발 실험에서는 밤에 요거트를 먹으면 아침 배변이 개선된다는 결과가 나왔습니다. 자사 요거트에 포함되어 있는 유산균이 우리가 잠든 사이 장내 환경을 다스려준다는 뜻이지요. 상세한 데이터는 조만간 발표할 예정입니다.

이러한 내용을 근거로 크리미 나이트의 컨셉은 '아침을 바꾸는 밤의 요거트'로 결정했습니다. 장내 환경이 바뀌므로 미용 효과도 있고 수면의 질도 높여준다고 합니다.

해설

컨셉 시트는 컨셉을 처음부터 구상하는 경우뿐만 아니라 다른 경우에도 도움이 됩니다. 이미 완성되어 가는 아이디어나 기획 내용을 정리할 때도 활용할 수 있지요. 이 연습 문제에서 컨셉 시트를 채우는 데 필요한 내용은 개발 담당자가 모두 이야기해 주었습니다.

우선은 타깃과 인사이트 그리고 컨셉을 찾아봅시다. 글 속에 각각 흩어져 있지만, 타깃은 '20대 후반부터 30대의 일하는 여성'이라고 되어 있습니다. 인사이트와 관련된 부분은 2가지 내용을 찾을 수 있습니다. 하나는 '하루를 마무리할 때 보상을 받고 싶어 한다'는 내용, 또 하나는 '밤에 디저트를 먹으면 죄책감을 느낀다'는 내용입니다. 죄책감은 건강에 대한 우려에서 비롯되며, 주로 칼로리를 신경 쓴다는 점도 알 수 있고요. 이런 내용을 인사이트 구문 'A이지만 B'에 적용한다면 '하루를 마치며 보상을 얻고 싶지만, 칼로리는 신경 쓰인다'라고 표현할 수 있습니다. 컨셉은 마지막에 언급한 대로 '아침을 바꾸는 밤의 요거트'입니다.

다음으로 핵심 베네핏을 결정합니다. 글 속에는 크게 3가지 베네핏이 담겨 있습니다. 첫 번째는 '만족스러운 포만감'입니다. 이를 뒷받침하는 팩트로는 '풍부한 국산 과일'과 요거트를 '커스터드 크림처럼 만드는 독자적인 제조법'을 들 수 있습니다.

그다음으로는 만족스러운 맛에 비해 '칼로리가 낮다'는 포인트가 중요한 베네핏이 됩니다. 회사는 칼로리를 낮추기 위해 '저지방 우유'를 사용하고 '당분을 최소화'하는 제조법을 선택했습니다.

세 번째로는 '변비를 예방할 수 있다'는 점을 들 수 있습니다. '수면 중 장내 환경을 다스리는 효과'에 관해 독자적인 근거를 제시할 수 있으니 이것이 베네핏을 뒷받침하는 팩트가 됩니다.

이미지에는 밤에 잠옷 차림으로 요거트를 먹는 여성의 행복한 표정을 담았습니다. 아침에 일어나서 먹는 전형적인 요거트와 대칭을 이루는 장면이지요. 밤 9시를 나타내는 시계도 중요한 소품입니다.

이제 한 장으로 정리하는 요령을 파악하셨을까요? 이 책에서 소개한 컨셉 시트는 어떤 업계든 상관없이 사용할 수 있는 보편적인 내용입니다. 하지만 그대로 사용하기 어려운 기업이나 업계도 있습니다. 그럴 때는 항목을 추가하거나 빼서 자신에게 알맞은 컨셉 시트를 만들어보세요. 단, 시트 내용이 복잡해지지 않도록 유의해야 합니다. 또한 항목을 따라 순서대로 읽기만 하면 스토리가 되도록 구성하는 것이 포인트입니다.

이렇게 상품이나 서비스의 컨셉이 정해지고 개발 목표가 눈앞에 보일 무렵, 기업은 수요를 확인하기 위해 시장 조사를 준비하기 시작합니다. 그때 필요한 것이 다음에 설명할 마케팅 컨셉입니다.

그림6-8. **크리미 나이트의 컨셉 시트**

TARGET | 타깃	INSIGHT | 인사이트
20대 후반부터 30대의 일하는 여성	하루를 마치며 보상을 얻고 싶지만, 칼로리는 신경 쓰인다
CONCEPT | 컨셉 **아침을 바꾸는 밤의 요거트**	
IMAGE | 이미지 	
KEY BENEFIT | 핵심 편익 만족스러운 포만감	**FACT | 기술, 제조법, 소재 등** 풍부한 국산 과일 요거트를 커스터드 크림처럼 만드는 독자적인 제조법
SUB BENEFIT | 편익 낮은 칼로리	**FACT | 기술, 제조법, 소재 등** 저지방 우유 당분은 최소화
SUB BENEFIT | 편익 변비를 예방할 수 있다	**FACT | 기술, 제조법, 소재 등** 수면 중 장내 환경을 다스린다는 조사 결과, 습관화해 아침에 상쾌하게 일어날 수 있다
OTHERS | 기타 장내 환경을 다스려 미용 효과와 수면의 질 개선도 기대할 수 있다	

6-2

마케팅 커뮤니케이션 컨셉

'시제품'을 작성한다

일반적인 시장 조사 방법 가운데 고객에게 컨셉을 읽게 한 뒤 반응을 살피는 방식이 있습니다. 물론 상품 표본이 있을 때는 실제로 사용해 보는 편이 훨씬 빠르지만, 개발 전이나 개발 중일 때는 이런 방법을 쓸 수 없으니까요. 제품이 완성되었다 해도 샴푸나 비행기 좌석 같은 경우에는 많은 사람이 그 자리에서 사용해 보기는 어렵습니다.

그럴 때는 컨셉 시트를 토대로 한 '단조로운 글'을 소비자에게 제시하기도 합니다. 말하자면 '읽는 시제품'인 셈이지요. 보통은 먼저 소수의 인원을 대상으로 정성조사를 실시하고, 조사 결과를 바탕으로 문장을 손본 다음 정량조사를 진행합니다.

시장 조사에는 장점과 단점이 있습니다. 4장에서도 언급했듯이 어디서 본 듯한 상품의 점수가 높게 나오는 경향이 있고, 실제로 사용해 보지 않고서는 어디가 좋은지 알기 어려우니까요. 북미에서 스마트폰이 나오기 시작했을 무렵, 일본에서는 "휴대폰과 컴퓨터를 하나로 만들 필요가 있나?", "유행할 리가 없어", "어처구니없군" 하는 반응이 많았지만, 이후 어떻게 되었는지는 여러분이 잘 아시는 바와 같습니다.

조사 결과만 믿고 모든 면을 판단하는 것은 분명 위험합니다. 그렇지만 고객의 관점으로 생각지도 못한 함정을 피하거나, 더 좋은 제품을 만드는 힌트를 얻는 등 조사의 목적을 명확하게 설정한다면 의미 있는 과정이 될 수 있습니다.

마케팅 컨셉을 작성할 때 유의해야 할 부분은 다음의 3가지 포인트입니다.

1. 고객(사용자)의 눈높이에서 쓴다.

회사 안에서만 통하는 표현이나 어려운 단어는 최대한 피한다.

2. 멋진 카피를 지나치게 고집하지 않는다.

내용을 전달하는 기능적인 표현에 집중한다.

3. 200~300자 정도로 다듬는다.

쉽게 읽을 수 있는 분량으로 정리한다.

1번은 당연한 이야기지만, 2번은 특히 주의가 필요합니다. 조사를 통해 확인하고 싶은 점은 어디까지나 상품이나 서비스의 매력이지 문장의 매력이 아닙니다. 고객의 눈높이로 쓴다는 차원을 넘어서 카피라이팅 자체에 너무 열중하면 본래 평가해야 할 부분을 적절히 헤아릴 수 없습니다. 물론 너무 힘들이지 않고 읽을 수 있는 분량으로 다듬는 것 또한 중요합니다.

그럼 구체적으로 어떤 구조로 글을 써야 할까요? 사실 기본적인 구조는 이미 컨셉 시트를 통해 완성되었습니다. 다음 페이지의 그림6-9를 살펴봅시다.

먼저 컨셉 시트에서 사용한 이미지와 컨셉을 가져와 그대로 옮겨 적습니다. 그리고 아래 공간에 인사이트부터 베네핏까지 이어지는 흐름을 글로 작성합니다.

글의 첫머리에서는 먼저 '인사이트'로 고객의 공감을 얻습니다. 경우에 따라서는 경쟁 상품이나 서비스의 '아쉬운 점'이나 고객이 '부족하다'고 느끼는 점을 써도 좋습니다. 다음으로는 문제 제기에 대한 해결책으로 베네핏을 근거(팩트)와 함께 제시합니다. 그리고 몇 가지 부수적인 베네핏을 소개한 뒤, 마지막으로 승부를 결정짓는 굳히기처럼 컨셉으로 이어지는 결정적인 말로 마무리해 주면 됩니다.

앞서 컨셉 시트를 작성한 '퍼펙트 미러', 청소기 '에어리즈', 요

그림6-9. **마케팅 컨셉 시트**

CONCEPT&NAMING | 컨셉&네이밍 **한 줄 컨셉 + 상품명**
IMAGE | 이미지 고객을 중심으로 한 이미지
TEXT | 텍스트 인사이트 ↓ (경쟁자) ↓ 핵심 베네핏/ 팩트 ↓ 서브 베네핏/ 팩트 ↓ 서브 베네핏/ 팩트 ↓ 굳히기

거트 '크리미 나이트' 사례를 문장으로 만들어봅시다. 예문은 아래 제시해 두었으니 여러분이 쓴 내용과 비교해 보세요. 아직 어렵게 느껴지는 사람은 무작정 문장을 쓰려고 하기보다는 아래의 '퍼펙트 미러' 예문처럼 항목별로 문장을 만든 다음, 자연스럽게 연결하는 순서로 진행하는 편이 좋습니다.

'퍼펙트 미러' 예시

인사이트

헬스장에 갈 돈은 있지만 시간은 없는 당신.

이렇게 바쁜 당신에게는 '퍼펙트 미러'가 필요합니다.

핵심 베네핏

거울과 디스플레이를 하나로 합쳐서,

거울로 자신의 자세를 확인하며 운동할 수 있습니다.

서브 베네핏①

인기 트레이너 500명과 1만 가지가 넘는 운동 메뉴를 준비해

24시간 언제든 레슨을 받을 수 있습니다.

서브 베네핏②

원격으로 개인 레슨도 받을 수 있습니다. 강사와 연결되는 카메라

와 동작 인식 시스템으로 당신에게 적절한 조언을 드립니다.

서브 베네핏③

꾸준히 운동할 수 있을지 걱정이 된다면 모바일 앱으로 친구들과 소통해 보세요. 함께 격려하며 운동하는 환경이 강한 의욕을 불러일으켜 줍니다.

굳히기

집을 가장 가까운 헬스장으로. 새로운 건강 습관을 시작합시다.

이렇게 구조를 분해해서 차근차근 작성하면, 논리를 깨트리지 않고 전체를 완성할 수 있습니다. 에어리즈와 크리미 나이트 사례로도 시도해 보세요.

그림6-10. **퍼펙트 미러를 활용한 예문**

CONCEPT&NAMING | 컨셉&네이밍

당신의 방을 헬스장으로 만든다. 퍼펙트 미러

IMAGE | 이미지

TEXT | 텍스트

헬스장에 갈 돈은 있지만 시간은 없는 당신.
바쁜 당신에게는 '퍼펙트 미러'가 필요합니다.

거울과 디스플레이를 하나로 합쳐
거울로 자신의 자세를 확인하며 운동할 수 있습니다.

인기 트레이너 500명의 1만 가지가 넘는 운동 메뉴를 준비해
24시간 언제든 레슨을 받을 수 있습니다.

원격으로 개인 레슨도 받을 수 있습니다.
강사와 연결되는 카메라와 동작 인식 시스템으로 당신에게 적절한 조언을 드립니다.

꾸준히 운동할 수 있을지 걱정이 된다면 모바일 앱으로 친구들과 소통해 보세요.
함께 격려하며 운동하는 환경이 강한 의욕을 불러일으켜 줍니다.

집을 가장 가까운 헬스장으로. 새로운 건강 습관을 시작합시다.

그림6-11. 에어리즈를 활용한 예문

CONCEPT&NAMING | 컨셉&네이밍

강한 흡입력에 도서관 못지않은 고요함을. 에어리즈

IMAGE | 이미지

TEXT | 텍스트

흡입력이 강한 것은 좋지만, 시끄러운 것은 싫다.
그런 고민은 더 이상 필요 없습니다.

새로운 청소기 에어리즈는 '저소음 파워 테크놀로지'로
도서관 못지않은 고요함을 자랑합니다.
잠든 아기도 깨지 않을 정도입니다.

물론 파워도 압도적입니다.
'에어로 진공 시스템'은 분당 10만 번 회전하는 모터로 먼지를 빨아들입니다.
99%라는 놀라운 흡입률로
아기가 바닥을 기어다녀도 안심할 수 있습니다.

그뿐만 아니라 한 손으로도 쓱쓱 가볍게 밀 수 있습니다.
360도로 회전하는 '부드러운 롤러'로 청소가 즐거워집니다.

에어리즈로 당신의 방에 청결과 고요함을.

그림6-12. 크리미 나이트를 활용한 예문

CONCEPT&NAMING | 컨셉&네이밍

아침을 바꾸는 밤의 요거트. 크리미 나이트

IMAGE | 이미지

TEXT | 텍스트

열심히 일한 나에게 보상은 주고 싶지만, 칼로리는 신경 쓰인다면.
그런 고민에 시달리는 당신에게 아침을 바꾸는 밤의 요거트를 소개합니다.

크리미 나이트는 커스터드 크림 같은 요거트에
국산 과일이 듬뿍듬뿍.
틀림없이 당신을 만족시킬 맛있는 요거트입니다.

그러면서도 지방과 당분을 낮추는 특별한 제조법으로
만족스러운 맛에 비해 칼로리는 놀랄 만큼 낮습니다.

잠자기 3시간 전에 먹으면
잠든 사이 장을 다스려 쾌적한 아침을 맞을 수 있습니다.

밤의 황홀한 시간이 아침을 개운하게 만들어줍니다.
호화롭고 건강한 밤 습관을 시작해 보세요.

시장 조사에서 좋은 반응을 얻으면 상품 또는 서비스가 순조롭게 출시되겠지요. 상품을 세상에 선보일 때는 광고 컨셉 조사를 하기도 합니다. 기본적인 구조는 그대로지만, 광고 컨셉을 조사할 때는 광고 문구나 이미지 비주얼, 광고의 스토리보드 자체를 다룹니다. 말씨 하나하나가 평가 대상이라는 점에 유의합시다.

6-3

가치
조직을 통솔하는 행동 원칙

도깨비를 물리친 미션, 비전, 가치

제품 개발은 한 장짜리 시트로, 마케팅은 하나의 글로. 컨셉을 최적화하고 구체화하는 과정을 알아보았습니다. 이번 장에서는 또 하나, 가치에 관해 살펴보고자 합니다. 가치란 '조직에서 공유해야 할 가치관과 행동 원칙'을 뜻합니다. 사원이나 팀원 모두가 기억하고 이해해 매일 판단과 행동의 기준으로 삼을 수 있는 말이어야만 하지요. 가치는 '짧고 인상적인 몇 가지 문구'가 가장 적절한 형식입니다.

그림6-13은 4장에서 소개한 모모타로 이야기의 구조에 가치를 추가한 내용입니다. 못된 도깨비를 물리치고 사람들의 근심을 없앤다는 비전을 실현하기 위해 '서로 다름을 원동력 삼는다'는 컨

그림6-13. **모모타로와 MVV**

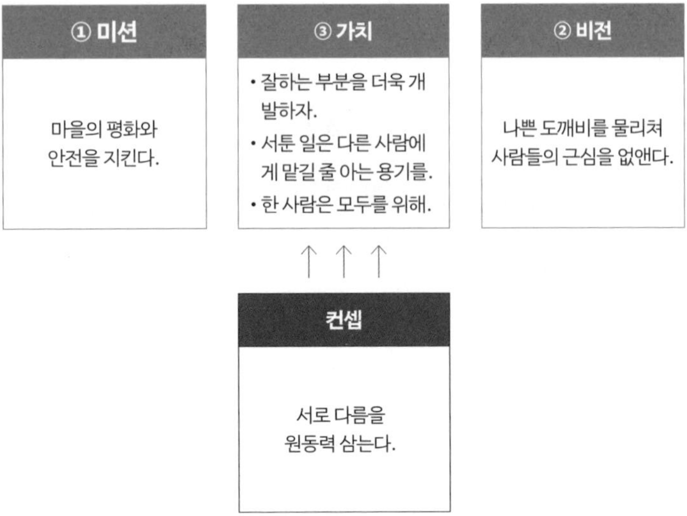

① 미션

마을의 평화와
안전을 지킨다.

③ 가치

- 잘하는 부분을 더욱 개발하자.
- 서툰 일은 다른 사람에게 맡길 줄 아는 용기를.
- 한 사람은 모두를 위해.

② 비전

나쁜 도깨비를 물리쳐
사람들의 근심을 없앤다.

↑ ↑ ↑

컨셉

서로 다름을
원동력 삼는다.

셉을 정했지요. 차원이 다른 힘을 가진 도깨비를 이기기 위해 각기 다른 강점을 지닌 전사들을 모아 힘을 합쳐 싸우겠다는 뜻입니다.

하지만 여러분이 원숭이나 개라면 어떨까요? '서로 다름을 원동력 삼는다'라는 말만 듣고서는 매일 구체적으로 어떻게 행동해야 하는지까지는 알 수 없지요. 그래서 한 사람 한 사람이 무엇을 생각하고 어떻게 행동해야 하는지를 보여주는 가치가 필요합니다.

모모타로가 동료들과 비전이나 가치를 이야기했는지는 분명치 않습니다. 하지만 그가 자신의 뜻을 언어로 나타냈다면 다음 같은 3가지 가치로 행동 원칙을 표현하지 않았을까요? 첫 번째는 각자

'잘하는 부분을 더욱 개발한다'입니다. 개는 개가 지닌 무기를, 원숭이는 원숭이의 강점을 더욱 연마하자는 이야기이지요. 그리고 두 번째 포인트로 '서툰 일은 다른 사람에게 맡길 줄 아는 용기'를 꼽습니다. 자신의 약점을 알고, 인정하며, 동료에게 맡길 줄 알아야 비로소 서로의 강점을 발휘할 수 있는 환경이 만들어지니까요. 이 2가지 원칙을 전제로, 마지막으로는 '한 사람 한 사람이 모두를 위해' 싸운다는 의식이 필요합니다.

도깨비와의 마지막 결전은 이러한 3가지 가치가 결실을 본 순간이었습니다. 개가 도깨비의 발을 물고, 꿩이 눈을 쪼고, 원숭이가 온몸을 할퀴고, 마지막으로 모모타로가 도깨비를 내던졌습니다. 한 사람 한 사람이 모두를 위해 목숨을 걸고 각자의 재주를 한껏 발휘해, 결국 훌륭하게 '서로 다름을 원동력 삼아' 승리를 얻었습니다.

가치의 조건

가치가 되는 말에는 3가지 조건이 있습니다.

조건1. 간단하게

구구절절해지지 않게 글자 수를 최소로 정리합니다.

조건2. 명확하게

되도록 구체적으로 씁니다.

조건3. 기억하기 쉽게

운율이나 리듬에 신경 써 쉽게 읽고 기억할 수 있도록 씁니다.

일본의 중고거래 플랫폼 메루카리メルカリ는 다음과 같이 3줄짜리 글로 가치를 표현했습니다. 간단하고 명확하며 리드미컬하지요.

Go Bold – 대담하게 하자

All for One – 모든 것은 성공을 위해서

Be Professional – 프로페셔널하게

택시 배차 어플리케이션을 운영하는 일본의 GO주식회사는 '이동으로 사람을 행복하게'라는 미션과 '모든 사람과 물건이 스트레스 없이 이동할 수 있는 사회를 만든다'라는 비전을 내걸었습니다. 그리고 이를 이루기 위해 가치를 자동차의 네 바퀴에 빗댄 '4 WHEELS'를 공개했습니다.

- 무엇이 모두에게 이로운 방향인지 생각한다.
- 중요한 것을 향해 전속력으로 달려라.
- 함께 싸워야 가장 뜨겁게 불타오른다.

• 도전과 이익이 엔진이다.

각각의 바퀴는 '방향', '달리기', '연료', '엔진'으로 내용 자체도 자동차의 은유이지요. 이처럼 모든 가치가 하나로 연결되게 하는 것도 이해하기 쉽게 만드는 방법입니다.

가치를 만드는 3단계

다음으로 가치를 만드는 순서를 알아보겠습니다. 컨셉은 대체로 한 사람이 만들고 여러 사람이 다듬는 과정을 거치지만, 모든 직원의 일상과 관련된 가치를 선택할 때는 처음부터 끝까지 워크숍이나 그룹 활동 형식을 취하곤 합니다. 일반적으로 발굴, 선정, 언어화 3단계로 나누어 진행합니다.

그림6-14는 가치를 만드는 과정을 정리한 내용입니다. 먼저 시트 왼편의 '발굴'부터 시작합시다. 가치로서 언어화해야 할 행동이나 생각을 모조리 꺼냅니다. 이때 포인트는 이후 '남겨야 할 행동'과 '바꿔야 할 행동'으로 구분해서 작성해야 한다는 점입니다.

이어지는 '선정' 단계에서는 '남겨야 할 행동'은 그대로 두고, '바꿔야 할 행동'은 이상적인 행동으로 바꾸어 적습니다. 그다음 비전이나 미션과 대조하거나 각자의 연관성을 고려하며 가려냅니

그림6-14. 가치를 세우는 과정

DISCOVERY ① 발굴	SELECTION ② 선정	WORDING ③ 언어화
남겨야 할 행동	이상적인 행동	가치
바꿔야 할 행동		

다. 내용이 너무 많아도 머리에 잘 들어오지 않으니까요. 최대 8개 정도로 정리하는 경우가 많습니다.

마지막 '언어화' 단계에서는 간단하고, 명확하며, 기억하기 쉽게 한다는 3가지 조건을 염두에 두며 말을 완성해 줍니다.

가치 정립 프로젝트

이번에는 가상의 증권회사 'A증권'의 가치를 결정한다고 가정하여 가치 정립 과정을 알아보려 합니다.

A증권은 오랜 역사를 가진 유명한 회사지만 그만큼 낡고 관료적이며 속도감이 떨어진다는 문제점이 있었습니다. 게다가 곳곳에서는 핀테크 등을 활용한 새로운 투자 서비스가 속속 생겨나고 있지요. A증권은 전통에 안주하지 않고 현대적인 증권사로 거듭나기 위해 대책을 강구하기 시작했습니다. 그중 하나가 기업 문화의 변혁이었습니다. A증권은 여러 부서가 모인 프로젝트 팀을 만들어 가치를 재검토하는 프로젝트에 착수했습니다.

가치 '발굴': 남겨야 할 것과 바꿔야 할 것

프로젝트 팀은 먼저 '남겨야 할 행동'부터 논의하기 시작했습니다. A증권의 구성원들에게는 창업 이래 고객을 최우선으로 생각해 왔다는 자부심이 있었습니다. 그러므로 어떤 시대든 '고객 우선의 자세'가 바뀌어서는 안 된다고 확신했습니다. 또한 거래가 디지털화된 시대이니 오히려 '시간을 들여 신뢰를 쌓는' 일 그리고 현장이나 고객을 직접 찾아가 '발로 뛰어 이윤을 내는' 일이 더 큰 가치를 낳을지도 모른다는 의견도 나왔습니다.

다음으로 '바꿔야 할 행동'을 논의했습니다. 아주 다양한 의견이

그림6-15. **A증권의 예시①**

남겨야 할 행동	이상적인 행동	가치
• 고객 우선의 자세. • 시간을 들여 신뢰를 쌓는다. • 발로 뛰어 이윤을 낸다.		
바꿔야 할 행동		
• 인맥에 지나치게 의존한다. • 비즈니스 속도가 느리다. • 전례를 지나치게 중요시한다. • 관료적이며 유연성이 부족하다. • 개인을 희생한다.		

오고 간 끝에 5가지로 정리했습니다. 첫째는 '인맥에 지나치게 의존한다'는 점이었습니다. 이것을 가장 먼저 바꿔야 한다는 의견에 모두가 동의했지요. 그리고 '비즈니스 속도가 느리다'는 점이나 '전례를 지나치게 중요시한다'는 점, '관료적이며 유연성이 부족한' 문화 그리고 회사를 위해 '개인을 희생하는' 풍조도 고쳐야 한다고 보았습니다. 논의의 결과는 그림6-15와 같이 정리했습니다.

가치 '선정': 미래로 이어지는 행동을 선택한다

이제 바꿔야 한다고 생각하는 행동을 이상적인 행동으로 고쳐 쓰면 됩니다. '인맥에 지나치게 의존한다'는 내용은 '데이터를 능숙하게 활용한다'는 행동으로 바꾸었습니다. 마찬가지로 '비즈니스 속도가 느리다'는 문제점은 '스타트업 같은 속도'로, '개인을 희생한다'는 '우선 일하는 사람이 즐거워야 한다'로 바꾸어 각각 바라는 이상을 명확하게 나타냈습니다.

이제 그림6-16의 가운데 줄에는 팀이 이상적으로 생각하는 행

그림6-16. **A증권의 예시②**

남겨야 할 행동	이상적인 행동	가치
• 고객 우선의 자세. • 시간을 들여 신뢰를 쌓는다. • 발로 뛰어 이윤을 낸다.	• 고객 우선. • 시간을 들여 신뢰를 쌓는다. • 발로 뛰어 이윤을 낸다.	
바꿔야 할 행동		
• 인맥에 지나치게 의존한다. • 비즈니스 속도가 느리다. • 전례를 지나치게 중요시한다. • 관료적이며 유연성이 부족하다. • 개인을 희생한다.	• 데이터를 능숙하게 활용한다. • 스타트업 같은 속도로. • 전례에 얽매이지 않는다. • 관료주의를 적으로 삼는다. • 우선 일하는 사람이 즐거워야 한다.	

동을 늘어놓았습니다. 논의해야 할 사항을 제대로 준비했는지 확인한 다음에는 선정 작업에 들어갑니다. A증권이 현대적인 증권사로 거듭나기 위해 정말로 필요한 행동과 사고방식은 무엇일까요?

8가지 내용을 훑어보면 팀이 아직 낡은 사고방식과 새로운 사고방식 사이에서 갈등하고 있다는 사실을 알아차릴 수 있습니다. 특히 '시간을 들여 신뢰를 쌓는다'와 '발로 뛰어 이윤을 낸다'는 내용은 여전히 과거의 성공 경험에 얽매여 있는 듯 보입니다. 어떤 고객은 직접 만나서 처리하기를 귀찮아할 수도 있고, 사실 장기적인 관계는 필요 없다고 생각할지도 모릅니다. 따라서 직접 찾아가거나 시간을 들여 관계를 구축하는 것은 '고객 우선'이라는 생각과 모순될 가능성이 있지요. 결국 프로젝트 팀은 이 2가지를 삭제하기로 결정했습니다.

팀은 '전례 중시'와 '관료적'이라는 유사한 내용이 연달아 언급된다는 문제점도 발견했습니다. 그래서 어느 쪽이 근본적으로 더욱 중요한 내용인지 논의하기로 했습니다. 그 결과 관료적인 조직 구조 그 자체보다도 '전례가 없는 것을 인정하지 않는 가치관'이야말로 문제라고 판단했습니다. 따라서 '전례에 얽매이지 않는다'를 남기기로 했습니다.

이렇게 해서 '고객 우선', '데이터를 능숙하게 활용한다', '스타트업 같은 속도로', '전례에 얽매이지 않는다', '우선 일하는 사람이 즐거워야 한다'라는 5가지 행동이 선정되었습니다.

가치 '언어화': 간단하게, 명확하게, 기억하기 쉽게

마지막은 한층 강하게 인상에 남는 말로 다듬는 작업입니다. 5장에서 배운 한 문장 만들기의 언어 기술을 활용해 봅시다.

1. 고객 우선

의미는 맞지만 뻔한 표현이지요. 프로젝트 팀은 A증권의 선대 사장이 한 "사장보다 고객이 더 귀하다"라는 말을 참고해서 '사장보다 고객이 우선'이라고 고쳐 썼습니다(비교강조법). 이처럼 조직 안에서 명언이나 격언으로 널리 알려진 말이나 입버릇처럼 자리 잡은 말을 찾으면 가치를 설정하는 데 도움이 됩니다.

2. 데이터를 능숙하게 활용한다

인맥에 의지하는 비즈니스에서 데이터를 활용하는 비즈니스로 변화해야 한다는 내용입니다. 이럴 때는 인맥이라는 비교 대상을 드러내야 변화의 방향을 좀 더 쉽게 전달할 수 있지요. 비교강조법을 활용하면 '인맥보다 데이터를 활용하자'라는 표현이 됩니다.

3. 스타트업 같은 속도로

규모보다 속도를 중시하는 조직으로 나아가자는 뜻이지요. 이미 스타트업에 비유하는 은유법을 이용했기 때문에 지향점이 명확합니다. 이대로 완성해도 좋을 듯합니다.

4. 전례에 얽매이지 않는다

모순법을 사용하면 더 강한 인상을 줄 수 있지 않을까요? 예전에는 '전례'가 없어서 '포기'하는 것이 당연했다면, 앞으로는 '전례'가 없으니 '해본다'는 말이 지향하는 방향과 잘 어울릴 듯합니다. 그러므로 '전례가 없다는 것은 도전하는 이유가 된다'라는 말로 정리하겠습니다.

5. 우선 일하는 사람이 즐거워야 한다

'우선 일하는 사람이 즐거워야 한다'는 내용은 '고객이 우선'이라는 생각과 모순되는 개념이라고 볼 수 있습니다. 그래서 어떤 표현이 좋을지 궁리한 끝에 '고객도 나도 만족할 수 있는 일을'이라고 표현했습니다. 가치는 말 하나하나를 전체로 생각할 뿐만 아니라 서로 모순되지 않는지, 나란히 있을 때 뜻이 헷갈리지 않는지 전체적으로 잘 살펴야 합니다.

지금까지 기업 A증권을 통해 가치를 정립하는 과정을 알아보았습니다. 이 과정에서는 최종적인 단어 선택도 물론 중요하지만, 취사선택해 나가는 과정 자체에도 중요한 의미가 있습니다. 무엇을 선택하고 무엇을 버릴 것인가. 이 내용을 논의할 때 개인의 가치관

그림6-17. A증권의 예시③

남겨야 할 행동	이상적인 행동	가치
• 고객 우선의 자세. • 시간을 들여 신뢰를 쌓는다. • 발로 뛰어 이윤을 낸다.	• 고객 우선. • ~~시간을 들여 신뢰를 쌓는다.~~ • ~~발로 뛰어 이윤을 낸다.~~	• 사장보다 고객이 우선.
바꿔야 할 행동		
• 인맥에 지나치게 의존한다. • 비즈니스 속도가 느리다. • 전례를 지나치게 중요시한다. • 관료적이며 유연성이 부족하다. • 개인을 희생한다.	• 데이터를 능숙하게 활용한다. • 스타트업 같은 속도로. • 전례에 얽매이지 않는다. • ~~관료주의를 적으로 삼는다.~~ • 우선 일하는 사람이 즐거워야 한다.	• 인맥보다 데이터를 활용하자. • 스타트업 같은 속도로 • 전례가 없다는 것은 도전하는 이유가 된다. • 고객도 나도 만족할 수 있는 일을.

이 드러나고, 때로는 의견이 대립되기도 합니다. 하지만 건전한 충돌이야말로 기업의 인격과 문화를 만드는 초석이 되지요. 부디 두려워하지 말고 서로 부딪쳐 새로운 가치관을 만들기를 바랍니다.

MVV와 MVC 알맞게 쓰기

4장에서는 미션, 비전, 컨셉을 포함한 'MVC', 이번 장에서는 미션, 비전, 가치를 포함한 'MVV'를 기본 형식으로 삼아 설명했습니다. 모두 기본적인 스토리 구조는 같습니다. 그만큼 현장에서 실제로 활용할 때 혼동하기 쉽다 보니 이 2가지를 어떻게 구분해서 써야 하는지 질문하는 사람이 종종 있습니다.

결론부터 말하면, 무언가를 만들 때는 컨셉에 녹여낼 'MVC'를, 조직의 행동을 통솔하거나 바꾸고 싶을 때는 가치로 연결하는 'MVV'를 활용하면 됩니다.

여기서 가치와 컨셉의 차이를 다시 한번 짚어보겠습니다. 당신의 회사·조직·브랜드는 "무엇을 믿고 어떻게 행동하는가?"라는 물음에 답하는 것이 '가치'입니다. 행동 원칙이나 행동 지침이라고 바꿔 말할 수 있지요. 반면 "앞으로 무엇을 만들고자 하는가?"라는 물음에 답하는 것이 '컨셉'입니다.

스타벅스의 컨셉은 '제3의 장소'이지만, 그런 이상을 실현하기 위한 행동 지침으로 아래와 같은 가치를 공유했습니다.

"서로를 진심으로 인정하고, 누구나 자신이 있어야 할 자리라고 느낄 수 있는 문화를 만듭니다."

"용기 있게 행동하고, 현재 상황에 만족하지 않으며, 새로운 방법을 추구합니다. 스타벅스와 우리의 성장을 위해."

무엇을 만들지 결정하는 MVC, 어떻게 행동할지 결정하는 MVV. 상황에 따라 2가지를 적절히 구분해 사용합시다.

6장 요약

□ 제품의 개발 컨셉은 '한 장'으로 정리한다

- 인사이트, 컨셉, 베네핏이 기본 뼈대.
- 스케치는 물건이 아니라 '사람'을 중심으로 그린다.
- 베네핏benefit과 팩트fact는 세트로 정리한다.

□ 마케팅 컨셉은 '하나의 글'로 정리한다

- 고객(사용자)의 눈높이로 쓴다. 회사 안에서만 통하는 표현이나 어려운 단어는 피한다.
- 멋진 카피를 지나치게 고집하지 않는다. 기능적인 표현에 집중한다.
- 200~300자 정도로 다듬는다. 쉽게 읽을 수 있는 분량으로 정리한다.

□ 가치는 몇 줄짜리 '간략한 글'로 정리한다

- 간단하게. 구구절절해지지 않도록 글자 수를 최소로 정리한다.
- 명확하게. 되도록 구체적으로 쓴다.
- 기억하기 쉽게. 운율이나 리듬에 신경 써 쉽게 읽고 기억할 수 있도록 쓴다.

□ **MVC와 MVV 가려 쓰기**

- 무언가를 만들 때는 컨셉에 녹여내는 'MVC'를 활용한다.
- 조직의 행동을 관리하고 싶을 때는 가치로 연결하는 'MVV'를 활용한다.

더욱 깊이 이해하기 위한

강의 현장에서 주로 나오는 대표적인 질문들을 몇 가지 골랐습니다. 질문 목록은 아래와 같습니다.

Q1 퍼포스와 비전은 어떻게 다른가?

Q2 미션과 경영 이념은 무엇이 다른가?

Q3 숫자가 중요한 기업에서 컨셉은 어떻게 도움이 되는가?

Q4 브랜드, 상품, 커뮤니케이션. 각각의 컨셉은 어떻게 다른가?

Q5 컨셉은 개인이 작성하는가, 팀이 함께 작성하는가?

Q6 컨셉 만드는 실력을 높일 수 있는 훈련법은 있는가?

이 중에서 명확하게 대답할 수 있을 만큼 단순한 질문은 하나도 없기 때문에 저와 다른 의견이 있을지도 모릅니다. 논의의 깊이를 더하기 위해 여기서는 '생각하는 과정을 되도록 분명하게 드러내면서' 답변해 보겠습니다.

Q1 최근 '퍼포스'라는 말이 자주 눈에 띕니다. 비전과 무엇이 다른가요?

기업은 왜 '퍼포스'를 필요로 하는가

퍼포스purpose라는 말이 비즈니스에서 자주 등장하기 시작한 것은 2010년대 중반부터였습니다. 2019년 일본판 「하버드 비즈니스 리뷰Harvard Business Review」가 퍼포스 특집을 마련했을 무렵, 일본에서는 이미 일상적으로 사용하는 말이었습니다. 저 또한 2021년 4월 온라인으로 개최된 아시아 광고 주간Advertising Week Asia 세미나에서 '퍼포스'의 유행이 일본 기업의 커뮤니케이션에 어떤 영향을 미쳤는지 토론했던 기억이 있습니다. 다시 말해 2019년 유행의 정점을 찍고 2021년에는 과거를 되짚어 볼 수 있을 정도로 자리를 잡은 혹은 정착한 셈이지요.

그렇다면 퍼포스는 오래전부터 존재해 온 비전과 무엇이 다를까요? 새로운 말을 이해하려면 '의미'와 '문맥' 2가지 측면에서 생각해야 합니다.

먼저 의미부터 살펴볼까요? 지금까지 다양한 정의가 이루어졌지만, 결국 기업이나 조직의 '존재 의의'라고 간략하게 이해하는 것이 좋을 듯합니다. 앞에서 언급한 「하버드 비즈니스 리뷰」에서는 특집 기사의 부제를 "회사는 무엇을 위해 존재하는가. 당신은 왜 그곳에서 일하는가."라고 지었습니다. 퍼포스를 생각하는 것은 바로 이 물음에 답하는 것과 다름없습니다. 이 책에서 정의하는 '미션'과 매우 가까운 개념인 듯합니다.

퍼포스는 이타적이며, 비전과 미션은 이기적이라고 지적하는 사람도 있습니다. 개인적으로는 동의하기 어려운 말입니다. 기업은 퍼포스라는 말이 나오기 훨씬 전부터 사회 전체의 이익과 관련된 뜻을 비전이나 미션으로 제시해 왔으니까요. 공공성이나 사회성을 퍼포스의 전매특허로 여기는 것은 유행어를 지나치게 치켜세우는 일이 아닐까요?

그렇다면 어째서 '퍼포스'는 새삼 유행을 맞았을까요? 이를 이해하기 위해서는 퍼포스라는 말이 쓰여온 문맥으로 시선을 돌릴 필요가 있습니다.

퍼포스는 일본에서도 미국이나 유럽에서도 주로 대기업이 즐겨 쓰곤 합니다. 리먼 쇼크 이후인 2010년대는 세계적으로 대기업들이 대대적으로 기업을 재구축하던 시기였습니다. 인터넷이 사물로 연결되는 IoT. 대량의 데이터를 이용한 비즈니스의 최적화. 휘발유에서 전기로 전환하는 자동차 업계. 디지털을 통해 비즈니스를 변화시키는 흐름은 2020년으로 나아가며 큰 조류가 되었고, 코로나 사태로 단숨에 가속도가 붙었습니다. 그동안 많은 대기업은 타산이 맞지 않는 사업에서 철수하는 한편, M&A를 적극적으로 실시했습니다. 어느새 역사가 긴 여러 기업들이 디지털 시대에 맞춰 사업 모델을 크게 바꾸고 있었습니다.

시장에서 이길 수 있는 사업만 남긴 결과, 기업은 재무 면에서는 튼튼해졌을지도 모릅니다. 하지만 여러 기업이 "무엇을 위한 회사인가?"를 설명할 수 없는 정체성의 위기에 빠져버렸지요. 그리하여 지금 눈앞에 있는 사업 구조에 "어떻게든 의미를 부여할 수 없을까?" 하는 문제의식이 '퍼포스'라는 말과 결합되었습니다.

나아갈 별을 찾는 비전, 뿌리내릴 대지를 정하는 퍼포스

이러한 문맥을 근거로 비전과 퍼포스를 비교한 것이 그림A입니다.

비전은 '이상적인 미래 풍경'을 보여주는 '구체적인 말'로 '모두가 같은 방향을' 향하게 합니다. 스타트업을 떠올리면 이해하기 쉽겠지요. 한편, 퍼포스는 '모두가 제각기 다른 방향을 보고 있는' 상

그림A.

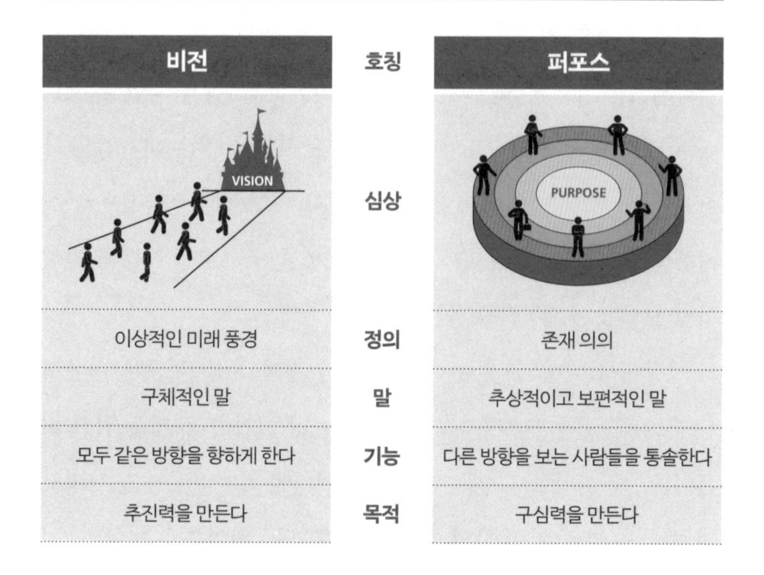

비전	호칭	퍼포스
VISION	심상	PURPOSE
이상적인 미래 풍경	정의	존재 의의
구체적인 말	말	추상적이고 보편적인 말
모두 같은 방향을 향하게 한다	기능	다른 방향을 보는 사람들을 통솔한다
추진력을 만든다	목적	구심력을 만든다

태를 전제로 합니다. M&A를 거듭하는 대기업을 상상해 볼까요? 미래의 풍경을 담은 그림 하나로는 모든 사업을 한데 묶기가 점점 어려워집니다. 그래서 지향하는 미래는 다르더라도 공통의 토대인 '존재 의의'를 '보편적인 말'로 나타내 조직을 하나로 결속하려 하지요.

정리하자면 비전은 '나아갈 별을 찾아 추진력을 만드는' 것이며, 퍼포스는 '뿌리내릴 대지를 정해 구심력을 만드는' 것이라 말할 수 있습니다.

하지만 독자 여러분은 두 용어의 정의에 너무 얽매이지 말고

"회사는 무엇을 위해 존재하는가, 당신은 왜 그곳에서 일하는가"라는 물음에 당당하게 말할 수 있는 답을 생각했으면 좋겠습니다.

2019년 1월 소니 그룹이 발표한 '창의성과 테크놀로지의 힘으로 세계를 감동으로 채운다'라는 퍼포스는 참고할 만한 좋은 예입니다. 가전제품 제조업부터 게임, 영화, 금융까지 확장해 전 세계에서 11만 명이 일하는 거대 그룹에 명확한 존재 의의를 부여했습니다. 이 책의 정의로는 미션의 기능을 충족하는 말인데, 확장된 비즈니스를 훌륭하게 결속시켜 소니다움으로 승화시켰습니다.

Q2 저희 회사는 미션은 명시하지 않았지만 경영 이념이 있습니다. 미션과 이념은 어떻게 다를까요?

충분히 헷갈릴 수 있는 상황입니다. 실제 비즈니스 현장에서는 명확하게 구분하지 않은 채 사용하고 있으니까요. 솔직히 말하자면 엉망이라 할 수 있습니다. 여기서는 원리적인 정의의 차이를 설명하겠습니다.

이 책에서는 미션을 '조직이 계속 짊어져야 할 사회적 사명'이라고 표현했습니다. 미션은 '본업'이 달성하는 사회적 의미를 설명하는 말이지요. 한편, 경영 이념은 일반적으로 '경영자의 신념이나 가치관을 나타내는 것'이라고 봅니다. 본업에 의미를 부여하는 미션과 달리 경영 이념은 '경영자'나 '경영 스타일'과 연결되지요.

경영자가 '일일일선一日一善'이라는 지침을 내놓았다고 가정해 봅시다. 쓰레기를 줍든 노인에게 도움의 손길을 내밀든 매일 착한 일 한 가지를 하자는 뜻입니다. 훌륭한 '경영 이념'일지도 모릅니다. 경영자의 신념이자 가치관의 표현이니까요. 하지만 '미션'이라고 부를 수는 없습니다. 쓰레기 줍기나 타인을 돕는 일은 기업의 본업과 별개이기 때문입니다.

또한 이 경영자는 다른 기업을 운영해도 '일일일선'을 내걸 겁니다. '마음을 불태우라'든 '모든 직원을 행복하게'든 상관없습니다. 경영 이념이란 경영 스타일로써 다른 기업에 적용할 수 있습니다. 하지만 미션은 그럴 수 없습니다. 본업과 깊게 연결되어 있어서 전혀 다른 사업을 하는 기업에서는 같은 미션을 적용해도 의미가 없으니까요.

내용을 정리해 볼까요?

- 경영 이념은 경영자의 가치관을 이야기하고, 미션은 기업의 존재 이유를 이야기한다.
- 경영 이념은 본업과 무관해도 성립하지만, 미션은 본업을 제외하고는 말할 수 없다.

- 경영 이념은 경영자의 철학에서 유래하며, 미션은 기업의 역사에서 유래한다.

하지만 실제로 경영 이념이라는 말은 상당히 넓은 의미로 쓰이고 있습니다. 미션과 동일한 내용을 경영 이념이라고 읽는 경우도 많지요. 다만 명칭이 어떻든 직원이 납득할 수 있는 기업의 '사회적 사명'이 컨셉을 만드는 토대 중 하나라는 점만은 확실히 기억해 둡시다.

Q3 제가 일하는 기업에서는 핵심성과지표[KPI]로 브랜드를 관리합니다. 컨셉이나 비전을 생각하는 습관도 없는데 정말로 필요할까요? 어떻게 언어화하는 과정을 추가하면 좋을까요?

숫자를 말로 번역한다

핵심성과지표와 컨셉은 본래 세트로 생각해야 합니다. 핵심성과지표는 이상적인 '상태'를 나타낼 수는 있지만 '행동'을 설명하지는 못합니다. 예를 들어 '점유율을 30% 늘린다'는 목표를 내걸어도 단순히 정신력에만 호소하는 말에 불과하지요. 점유율을 30% 올

그림B.

핵심성과지표(TO BE)		언어 목표(TO DO)
업계 No.1	→	?
매출 3000억 엔, 이익률 40%로	→	?
고개 만족도 업계 1위	→	?
V자 회복	→	?
세계를 대표하는 XX로	→	?

린다는 목표를 실현하려면 어떤 행동을 해야 하는지, 어떤 가치를 확산시켜야 하는지 컨셉, 즉 언어 목표가 필요해집니다(그림B).

숫자를 중심으로 생각하는 회사에서는 숫자를 말로 번역하는 습관을 들이는 것이 좋습니다. 예를 들어, 역사가 오래된 일식 요릿집이 변화에 도전하는 상황이라고 가정해 봅시다. 원래는 하루 10세트 한정 판매와 최고 가격대로 높은 만족도를 유지해 왔습니다. 여기서 방침을 크게 바꾸어 좀 더 젊은 세대를 타깃으로 삼는 것이 목표입니다. 주요 KPI(핵심성과지표)로 ①높은 회전율(1일 5회전), ②이자카야 못지않은 가격 경쟁력(객단가 3000엔), ③고급 요릿집 정도의 고객 만족도(만족도 점수 3.8), 총 3가지를 제시했습니다다. 모두 훌륭한 숫자이지요. 하지만 아무리 수치를 들여다보아도 어떤 식으로 영업해야 할지 구체적인 모습은 보이지 않습니다.

그래서 핵심성과지표를 언어 목표로 번역하는 작업이 필요합니다(그림C). '하루 5회전'은 '1시간이면 충분히 만족할 수 있다'라고 언어화할 수 있습니다. '객단가 3000엔'은 '고급 요릿집의 맛을 이자카야 가격으로'라고 연결하고, '만족도 점수 3.8'은 '올 때마다 놀라운 집'으로 바꿔봅시다. 이렇게 자사에게 편리한 숫자를, 고객을 기쁘게 하는 경험으로 바꾸어 읽으면 됩니다. 1시간이면 충분히 만족할 수 있고 이자카야 같은 가격이니 업태는 '선술집'이 적합할지도 모르겠네요. 변혁 화법을 활용해 '고급 일식을 캐주얼한

그림C.

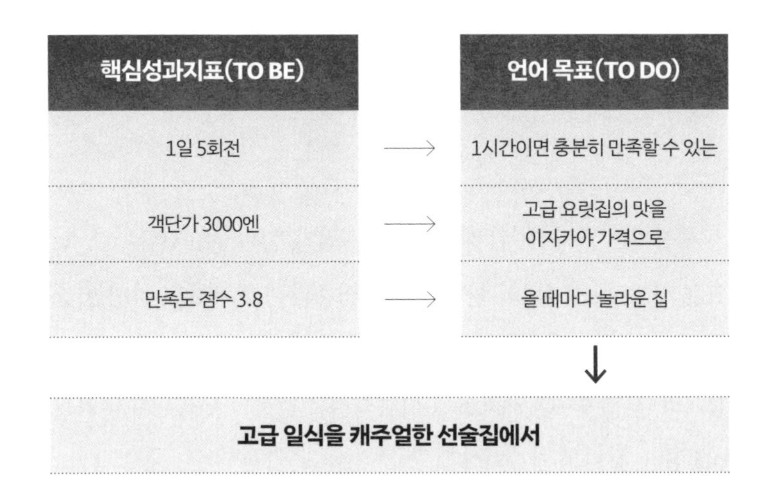

선술집에서'라고 표현하면, 전체를 통합하는 컨셉이 됩니다. 가게의 새로운 모습이 서서히 눈에 보입니다.

아마 질문한 사람이 일하는 기업은 비즈니스가 매우 안정된 상태일 겁니다. 오랜 세월 같은 성공 패턴을 반복해 온 브랜드라면 숫자만 전달해도 행동까지 이어질지도 모르지요. 하지만 비즈니스가 위기를 맞을 때 브랜드의 본질을 잃어버려 일어설 방법이 사라질 위험성이 있습니다. 순조로운 때일수록 상품의 가치를 재점검하고 컨셉을 생각해 두는 것이 좋지 않을까요?

Q4 마케팅 일을 하고 있습니다. 일을 하다 보면 온갖 방면에서 '컨셉'이 등장해 혼란스러울 때가 있습니다. 브랜드 컨셉, 제품 컨셉, 커뮤니케이션 컨셉은 각각 어떻게 다를까요?

세상에는 다양한 '컨셉'이 있지만, 원리와 원칙은 같습니다. 만드는 사람에게 '가치의 설계도'가 되어준다는 뜻이지요. 하지만 같은 '설계도'라도 비즈니스 상황에 따라 필요한 특성이 조금씩 달라집니다. 본문에서는 세세한 차이까지는 설명하지 못했으니 여기서 내용을 보충해 보겠습니다.

그림D.

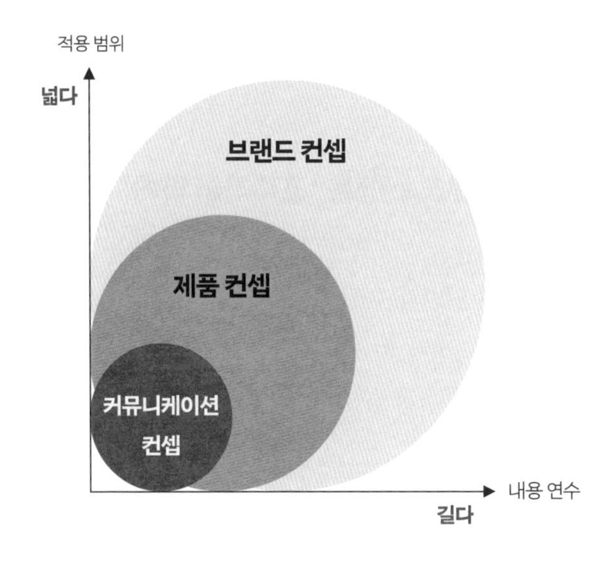

컨셉에 어떠한 특성이 필요한지 판별할 때 고려해야 할 변수는 '내용 연수'•와 '적용 범위'입니다.

그림D를 봅시다. 가로축은 컨셉의 내용 연수를, 세로축은 컨셉의 적용 범위를 나타냅니다. 3가지 중 브랜드 컨셉의 내용 연수가 가장 길고 적용 범위가 넓습니다. 반대로 커뮤니케이션 컨셉은 가장 작은 원으로 표현할 수 있고요.

원이 클수록 다양한 영역을 포괄할 수 있으며 오래 사용할 수 있는 보편성이 필요합니다. 반대로 원이 작아질수록 초점을 정확

• 효용이 지속되는 기간, 즉 수명을 말한다

하게 맞춘 말이 필요하지요. 이러한 일반적인 법칙을 이해했다면 각각 조금 더 깊이 들여다봅시다.

브랜드 컨셉은 '고객과의 약속'

브랜드 컨셉은 일반적으로 수십 년 단위로 사용됩니다. 또한 상품, 서비스, 매장, 사이트, 접객 등 모든 요소를 총괄해야 합니다. 따라서 3가지 컨셉 중 가장 보편적인 내용을 담아내야 하지요. 브랜드 컨셉은 말하자면 '고객과의 약속'입니다. 언제나, 어디서나, 언제까지나 같은 가치를 지킬 각오가 필요합니다. 이 책에서 소개한 대표적인 브랜드 컨셉을 아래에 나열해 두었습니다.

에어비앤비	'전 세계 어디든 내 집처럼'
유니클로	'라이프웨어'
프레데릭 말	'향기 출판사'
펜티 뷰티	'모든 사람에게 뷰티를'
에버레인	'급진적 투명성'
캐스퍼	'수면 회사'

제품 컨셉은 '고객이 그것을 사는 진짜 이유'

제품 컨셉을 조금 더 깊이 들어가 설명하자면 '고객이 구매하는 진짜 이유'를 명확하게 하는 말입니다. 사물과 서비스의 경계가 사라지는 현대에는 진정한 구매 이유를 가늠하기가 점점 더 어려워지고 있지요.

과거 건설 기계 제조업체는 기계를 파는 것이 전부인 비즈니스 모델이었습니다. 물론 애프터서비스는 있었지만, 고객과 제조사의 관계성이 최대가 되는 때는 매매가 성립되는 순간이었지요. 하지만 지금은 오히려 물건을 판 뒤 고객과의 관계가 시작되는 시대입니다. 건설 기계는 모두 온라인으로 연결되어 있으며, 제조업체는 건설 현장에서 기계가 도난당하거나 고장이 나지는 않는지 확인하고, 가동 상황을 보고 생산성을 높일 수 있는 조언을 하기도 합니다. 사물과 서비스가 혼연일체인 셈이지요. 고객이 최첨단 건설 기계를 사는 이유는 '현장의 생산성을 높이는' 것일 수도 있고 '도둑맞지 않는다는 안도감'일 수도 있습니다.

자동차, 가전, 러닝화, 스포츠웨어, 음료 등 모든 업계에서 사물이 서비스화되는 현상이 일어나고 있습니다. 사물과 일을 연결하는 새로운 의미의 발견이 앞으로 점점 더 중요해질 듯합니다.

이 책에서는 단순한 상품 설명이나 성능 소개가 아니라, 고객이 제품을 구입하는 본질적인 이유를 잘 포착한 컨셉들을 다루었습니다. 몇 가지 사례를 다시 들어보겠습니다.

아마존 킨들	'전 세계 모든 서적을 60초 안에 손에 넣는다'
소니	'주머니에 들어가는 라디오'
산토리 보스	'일하는 사람의 파트너'
애플 아이팟	'주머니 속의 1000곡'
와코루	'작아 보이는 브라'
지유	'뛸 수 있는 펌프스'
아오키	'파자마 정장'
닌텐도 위	'가족과의 시간을 되찾는다'
페브리즈	'빨래할 수 없는 것을 빤다'
진즈	'눈이 좋은 사람을 위한 안경'

커뮤니케이션 컨셉은 '고객의 인식을 어떻게 바꾸는가'

커뮤니케이션 컨셉은 3가지 중 '내용 연수'가 가장 짧고 '적용 범위'도 한정적입니다. 그러므로 순간순간의 과제를 정확하게 달성할 수 있는 컨셉이 필요합니다.

산토리의 캔 커피 보스는 '일하는 사람의 파트너'라는 상품 컨셉을 1990년대부터 그대로 유지해 왔습니다. 반면, 커뮤니케이션 컨셉은 시대별 사회 배경이나 일하는 사람들의 상황에 따라 계속 달라졌습니다. 어떤 때는 격려하고, 어떤 때는 함께 한탄하고, 어떤 때는 희망을 말하고. 화법을 바꾸면서 파트너로서의 '거리감'은 항상 일정하게 유지해 왔지요. 이처럼 커뮤니케이션 컨셉에는 유연성이 필요합니다.

한 가지 더 살펴볼까요? 커뮤니케이션 컨셉에서는 '무엇을 전달하는가' 이상으로 '고객의 인식을 어떻게 바꿔야 하는가'가 명확해야 합니다. 게토레이의 유명한 캠페인을 탄생시킨 컨셉 'ON＜IN'을 떠올려 봅시다. 제품의 타깃인 10대 학생들은 게토레이라는 상품을 믿지 않았습니다. 기능적인 스포츠웨어나 신발 그리고 기기에는 큰돈을 지불하지만, 음식이나 음료는 아무래도 상관없다고 생각했지요. 게토레이는 바로 여기서 바꿔야 할 인식을 찾아냈습니다. 누구의 인식을 어떻게 바꾸고 싶은가. 그에 대한 답이 없는 커뮤니케이션 컨셉은 설계도가 될 수 없습니다.

이렇게 해서 3가지 컨셉의 차이를 알아보았습니다. 컨셉을 얼마나 오래 그리고 얼마나 넓게 사용할 것인가. 컨셉을 작성할 때 꼭 확인합시다.

Q5 컨셉은 혼자서 작성해야 할까요? 아니면 워크숍 등을 통해 함께 작성해야 할까요?

워크숍의 장점은 크게 2가지가 있습니다. 우선 혼자서는 결코 얻지 못할 관점을 발견할 수 있다는 점입니다. 혼자서는 자기 안의 문제의식이나 표현만 끄집어내서 쓰기 십상이지요. 반면, 그룹 활동에서는 생각지도 못한 의견이나 다른 의견을 접하며 시야를 넓힐 수 있습니다.

또 다른 장점은 과정을 공유할 수 있다는 점입니다. 컨셉을 제안할 때는 다양한 이해관계자가 여러 방향에서 의견을 제시합니다. 이 모든 의견에 대처하려다 보면 컨셉 만들기가 제대로 진전되지 못하지요. 처음부터 워크숍 형식으로 관계자가 함께 참여하면, 좀 더 쉽게 합의를 얻을 수 있습니다.

물론 좋은 점만 있는 것은 아닙니다. 워크숍 진행자가 아주 능숙하게 지휘하지 않는 한, 그룹 활동의 결론은 뻔한 방향으로 흘러간다는 문제점이 있으니까요. '모두'의 의견을 한데 모으는 동안 컨셉이 모난 데 없이 둥글어져서, 결국 아무도 반대하지 않지만 누구도 뜨겁게 만들지 못하는 어중간한 결론이 되어버리곤 합니다. 그러므로 의미 있는 컨셉을 작성하기 위해서는 혼자서 차분하게 말을 들여다보는 시간이 반드시 필요합니다.

시간과 자원에 여유가 있다면 개인 활동과 그룹 활동을 조합하는 방법을 추천합니다. 예를 들면 워크숍에서 서로 컨셉의 재료를 제시하고 그것을 바탕으로 각자 쓴 다음 다시 그룹으로 공유하는 방식이지요. 2가지 방법의 장점을 모두 활용할 수 있습니다.

Q6 컨셉 만드는 실력을 높이기 위한 훈련법이 있을까요?

디컨스트럭션: 현실을 개념으로 해체하다

컨셉 만들기는 언어를 조립하는 기술과 같습니다. 조립하는 방법을 배우려면 먼저 해체하는 법을 배우는 것이 효과적입니다. 이미 형태가 있는 것을 개념으로 분해해서 기획의 초기 상태로 되돌리는 것을 '디컨스트럭션deconstruction'이라고 부릅니다.

주변에 보이는 신상품이나 화제의 서비스, 인기 있는 영화, 드라마, 음악 등 뭐든 상관없습니다. 성공을 거둔 상품이나 서비스가 어떤 컨셉을 통해 세상에 나왔는지 파헤쳐 봅시다. 이때 4장에서 소개한 피라미드 모델을 사용하면 도움이 됩니다. 어떤 인사이트를 포착했는가. 어떤 경쟁 상대의 약점을 간파했는가. 왜 그 기업이 아니면 안 되었는가. 어떤 비전이 보이는가. 피라미드 모델을 참고해서 6가지 부분(고객 인사이트, 경쟁자, 기업, 컨셉, 미션, 비전)으로 분해했다면, 그다음으로는 이들을 조합해 스토리로 만듭니다. 마치 자신이 그 상품의 담당자인 것처럼 이야기할 수 있다면 성공입니다.

내 마음대로 리디자인: 컨셉부터 다시 만들기

디컨스트럭션은 일반적으로 뛰어난 상품이나 서비스를 소재로 삼아 진행합니다. 반대로 뭔가 좀 부족하다 싶은 상품을 소재로 해서 더 좋게 만드는 방법을 생각하는 것이 리디자인redesign입니다. 디컨스트럭션과 마찬가지로 상품이나 서비스를 6개의 칸으로 이루어진 피라미드로 분해합니다. 그다음 어디에 문제가 있었는지 곰곰이 들여다봅니다. 인사이트를 잘못 포착했는지, 경쟁 상대를 제대로 보지 못했는지, 컨셉이 어긋났는지, 비전이 명확하지 않은지. 문제점을 발견했다면 그 부분을 바람직한 방향으로 고쳐 쓰고, 거기서부터 제품이나 서비스를 어떻게 다시 디자인할 수 있을지 생각하면 됩니다.

말 수집하기

컨셉 만들기에 능숙한 사람이 되고 싶다면 평소에 다양한 말을 모아두는 습관을 들입시다. 감탄이 나오는 소설 속 표현. 인상적인 이름. 잡지 표지에서 눈길을 끄는 타이틀. 이렇게 말들이 넘쳐나는 시대에 무심코 손가락이나 눈을 잡아끄는 말에는 무언가 있습니다. 그렇게 하나둘 모아둔 말은 당신의 자산이 됩니다. 다만 모아놓은 말을 그대로 사용하는 것은 아닙니다. 그 말이 어떠한 '느낌'을 불러왔는지 떠올리는 것이 우리의 목적이지요. 이미지를 또렷하게 보여주는 말이나, 공감을 일으켜 가슴을 찡하게 울리는 말. 이렇게 비축해 둔 말들은 컨셉을 생각할 때 든든한 길잡이가 되어줍니다.

비정상이 가치가 된다

이 책을 집필할 때 3가지에 특히 유의했습니다.

첫 번째는 '기발한 생각'이라는 말로 치부되는 컨셉 만들기를 최대한 논리적으로 풀어낼 것. 두 번째는 추상적인 이야기로 얼버무리지 않고 지금 당장 쓸 수 있는 구체적인 체계를 제공할 것. 그리고 세 번째는 발상부터 표현까지 일련의 흐름을 구석구석 짚어 주는 것이었습니다.

3가지는 모두 쉽게 따라 하고, 되도록 많은 사람이 성취감과 보람을 맛볼 수 있게 만들기 위함이었습니다. 실천을 위한 책이니 마지막으로 이 책의 한계에 대해서도 솔직하게 전하는 것이 좋겠지요.

이 책의 순서에 따라 비즈니스 과제를 마주하고 논리적으로 차근차근 생각하면 세상에 내어놓아도 부끄럽지 않은 컨셉을 만들 수 있습니다. 하지만 안타깝게도 이 책의 내용만으로는 사회에 큰 의미를 가져다줄 컨셉을 작성하기에는 부족합니다. 역설적이지만 프레임워크라는 논리의 힘을 최대한 이용하려면 논리를 뛰어넘는 '비정상적인 값'이 필요하니까요.

지금까지 소개한 컨셉을 되돌아봅시다. 인류가 여러 행성에서 살 수 있는 날을 꿈꾸며 제작한 재사용 가능 로켓. 거대한 컴퓨터가 당연했던 시대에 어린이도 사용할 수 있도록 구상한 퍼스널 컴퓨터. 빈방에 묵을 수 있는 서비스를 만들어 전 세계를 내 집처럼 편안하게 만들자는 스타트업. 업계가 감춘 어두운 이면을 투명하게 밝혀 원가와 공장 생산 공정까지 자세히 공개하는 의류 기업.

본보기로 들 만한 비즈니스 컨셉들의 원안은 하나같이 처음에는 주위를 놀라게 하고, 어처구니없게 만들고, 분노하게 했으며, 그렇기에 무너질 뻔한 '위험한' 발상이었습니다. 이 책에서 설명한 방법은 몬스터를 길들이는 고삐와 같습니다. 상식에서 벗어난 생각일수록 프레임워크의 효과를 통해 매력적인 컨셉으로 완성될 가능성이 높습니다.

그러니 컨셉을 만들 때는 올바르고 상식적인 논리로 도망쳐서는 안 됩니다. 처음부터 틀에 담아야 한다는 생각에 뻔한 것을 떠올리거나 위축되어 규모를 줄이려 하면, 아무리 해도 평범한 컨셉밖에 나오지 않으니까요. 세상이 쉽게 받아들일 만한 바른 논리 대신 자기 안에 있는 소수 의견을 건져 올려보세요.

아무리 풍족한 사람이어도 지금의 생활이나 사회에 대해 어느 정도 '분노'를 느끼기 마련입니다. 또는 이런 미래가 되었으면 좋겠다고 남몰래 '상상'하고 있을지도 모릅니다. 아니면 "나는 이게 너무 좋아!" 하고 남다른 '애정'을 마음속 깊이 숨기고 있을지도 모르지요. 분노, 상상, 애정 혹은 열심히 일하는 나날 속에서 잡념으로 취급되는 지극히 개인적인 감정을 종이에 써봅시다. 종이에 옮겨진 말들은 새로운 비즈니스를 창출하는 희소 자원과 같습니다. 주위 사람이 이상하게 볼지도 모른다고 주저하는 것에 틀림없이 새로운 가치가 숨어 있습니다.

비즈니스를 하는 사람들은 유행하는 주제에 달려들기를 매우 좋아합니다. 소사이어티 5.0, 6.0, 7.0…… WEB 2.0, 3.0, 4.0, 5.0…… 등등 앞으로도 끝없이 숫자가 늘어날 테지요. 이렇게 숫자를 다는 것만으로도 시대를 앞서가는 기분을 맛볼 수 있으니까요. AI, 양자컴퓨터, 빅데이터, DX, 블록체인, CSR, ESG, SDGs 같은 새로운 말도 끊임없이 나타날 겁니다. 입 밖에 내는 것만으로도 자신이 앞서고 있다고 증명할 수 있는 말에는 언제나 수요가 있으니까요.

하지만 이러한 유행어는 어디까지나 평론가나 투자자 같은 외부의 대상을 위한 것입니다. 최전선에서 가치를 만들어나가는 사람들은 이러한 유행에 동조하는 기색을 보여도 결코 흔들리지는 않으니까요. 그들은 대신 새로운 생활이나 사회에 관한 구체적 생각, 즉 컨셉을 이야기하려 합니다. 아직 아무도 언어화하지 못한 것을 거칠게나마 자신의 말로 표현하려 하지요. 적어도 제가 만나온 가치를 만드는 이들은 그러했습니다.

비판하는 말보다, 아는 체하는 말보다, 만드는 사람의 만들기 위한 말을 세상에 더 많이 알릴 수 있기를. 거기에 이 책이 조금이나마 영향을 줄 수 있기를 바랍니다. 긴 내용을 마지막의 마지막 단락까지 읽어주신 여러분께 감사합니다. 책을 덮으면 이제 쓸 일만 남았습니다. 여러분의 컨셉을 삶의 어딘가에서 만날 수 있기를 고대하겠습니다.

이 책을 세상에 내기까지 많은 분들의 도움을 받았습니다. 우선 학창 시절부터 알고 지낸 후루야 소타 씨. 언젠가 쓰면 좋겠다고 생각했던 책을 이렇게 전할 수 있는 것은 그의 경쾌한 행동력 덕분입니다. 아마다 다쿠로 씨에게는 연수 프로그램을 개발하며 특히 인사이트에 관해 중요한 관점을 얻었습니다. 다이아몬드사의 이치카와 유진 씨가 기획을 처음 경청해 준 것은 큰 행운이었습니다. 이 책에는 수많은 히트작을 낸 이치카와 씨의 발상법도 물론 담겨 있습니다. 마찬가지로 다이아몬드사의 미야자키 모모코 씨는 마지막 마무리까지 꼼꼼히 이끌어주었을 뿐만 아니라 책의 부족한 부분에도 중요한 조언을 많이 해주었습니다. 그 밖에 많은 비즈니스 파트너 여러분의 영향과 가족의 협력 덕에 이 책이 완성되었습니다. 다시 한번 깊은 감사의 말씀을 전합니다.

호소다 다카히로

참고 문헌

- 『突破するデザイン あふれるビジョンから最高のヒットをつくる』ロベルト・ベルガンティ著／八重樫文、安西洋之監訳(日経BP) 2017年
- 『デザイン・ドリブン・イノベーション』ロベルト・ベルガンティ著／佐藤典司監訳／岩谷昌樹、八重樫文監訳・訳(クロスメディア・パブリッシング) 2016年
- 『Airbnb Story 大胆なアイデアを生み、困難を乗り越え、超人気サービスをつくる方法』リー・ギャラガー著／関美和訳(日経BP)2017年
- 『スターバックス成功物語』ハワード・シュ…ルツ、ドリー・ジョーンズ・ヤング著／小幡照雄、大川修二訳(日経BP) 1998年
- 『OBSESSED: BUILDING A BRAND PEOPLE LOVE FROM DAY ONE』Emily Heyward, Portfolio, 2020
- 『イノベーションは日々の仕事のなかに 価値ある変化のしかけ方』パディ・ミラー、トーマス・ウェデル=ウェデルスボルグ著、平林祥訳(英治出版)2014年
- 『水…平思考の世界 電算機時代の創造的思考法』エドワード・デボノ著、白井實訳(講談社) 1971年
- 『考えなしの行動？』ジェーン・フルトン・スーリ、IDEO著／森博嗣訳(太田出版) 2009年
- 『How Customers Think: Essential Insights into the Mind of the Market』Gerald Zaltman, Harvard Business Review Press, 2003
- 『問いこそが答えだ 正しく問う力が仕事と人生の視界を開く』ハル・グレガーセン著／黒輪篤嗣訳(光文社) 2020年
- 『逆転の生み出し方』アダム・モーガン、マーク・バーデン著／文響社編集部訳(文響社) 2018年
- 『スティーブ・ジョブズ』Ⅰ・Ⅱ巻 ウォルター・アイザックソン著／井口耕二訳(講談社) 2011年
- 『Invent&Wander ジェフ・ベゾス Collected Writings』関美和訳(ダイヤモンド社) 2021年

- 『スティーブ・ジョブズ全発言 世界を動かした142の言葉』桑原晃弥著(PHP研究所) 2011年
- 『イーロン・マスクの言葉』桑原晃弥著(きずな出版) 2018年
- 『未来は言葉でつくられる 突破する1行の戦略』細田高広著(ダイヤモンド社) 2013年
- 『解決は1行。』細田高広著(三才ブックス) 2019年
- 『井深大 自由闊達にして愉快なる 私の履歴書』井深大著(日本経済新聞出版) 2012年
- 『ゼロ・トゥ・ワン 君はゼロから何を生み出せるか』ピーター・ティール、ブレイク・マスターズ著/関美和訳(NHK出版) 2014年
- 『シャネル 人生を語る』ポール・モラン著、山田登世子訳(中央公論新社) 2007年
- 『シャネル 最強ブランドの秘密』山田登世子著(朝日新聞社) 2008年
- 『走ることについて語るときに僕の語ること』村上春樹著(文藝春秋) 2007年
- 『夢十夜 他二篇』夏目漱石著(岩波文庫) 1986年
- 『USJのジェットコースターはなぜ後ろ向きに走ったのか?』森岡毅著(角川書店) 2014年
- 『ストーリーとしての競争戦略 優れた戦略の条件』楠木建著(東洋経済新報社) 2010年
- 『理念と利益 顧客への約束が最も大きな利益を生み出す理由』笠松良彦著(デザインエッグ社) 2021年
- 『問いのデザイン 創造的対話のファシリテーション』安斎勇樹、塩瀬隆之著(学芸出版社) 2020年
- 『「イノベーター」で読む アパレル全史』中野香織著(日本実業出版社) 2020年
- 『アイデアのつくり方』ジェームス・W・ヤング著、今井茂雄訳、竹内均解説(CCCメディアハウス) 1988年
- 『ecute物語 私たちのエキナカプロジェクト』JR東日本ステーションリテイリング 鎌田由美子、社員一同著(かんき出版) 2007年
- 『アラン・ケイ』Alan Curtis Kay著、鶴岡雄二訳、浜野保樹監修(アスキー) 1992年
- 『WHYから始めよ! インスパイア型リーダーはここが違う』サイモン・シネック著、栗木さつき訳(日本経済新聞出版) 2012年
- 『ジョブ理論 イノベーションを予測可能にする消費のメカニズム』クレイトン・M・クリステンセン他著、依田光江訳(ハーパーコリンズ・ジャパン) 2017年

- 『スタンフォード大学 夢をかなえる集中講義』ティナ・シーリグ著、高遠裕子訳(CCCメディアハウス) 2016年
- 『アイデアのちから』チップ・ハース、ダン・ハース著、飯岡美紀訳(日経BP) 2008年
- 『世界を動かした21の演説 あなたにとって「正しいこと」とは何か』クリス・アボット著、清川幸美訳(英治出版) 2011年
- 『生き方 人間として一番大切なこと』稲盛和夫著(サンマーク出版) 2004年
- 『パーパス経営 30年先の視点から現在を捉える』名和高司著(東洋経済新報社) 2021年
- 『戦略の策定には創造的発想が欠かせない』アダム・ブランデンバーガー著、有賀裕子訳 DIAMONDハーバード・ビジネス・レビュ…ー論文 2019年8月号(ダイヤモンド社)
- 『そもそも解決すべきは本当にその問題なのか』トーマス・ウェデル=ウェデルスボルグ著、スコフィールド素子訳 DIAMONDハーバード・ビジネス・レビュー2018年2月号(ダイヤモンド社)
- 『類語国語辞典』大野晋、浜西正人著(角川書店) 1985年
- 『[例解]現代レトリック事典』瀬戸賢一、宮畑一範、小倉雅明編著(大修館書店) 2022年

참고 사이트

- UNIQLO, About LifeWear
  https://www.uniqlo.com/jp/ja/contents/lifewear/philosophy/
- DesignStudio,Airbnb CREATING THE WORLD'S FIRST COMMUNITY DRIVEN SUPERBRAND
  https://design.studio/work/air-bnb
- What makes Airbnb, Airbnb
  https://news.airbnb.com/what-makes-airbnb-airbnb/
- EVERLANE
  https://www.everlane.com/about
- SEA BREEZE 120年の歴史
  https://www.seabreezeweb.com/study/
- 仏生山まちぐるみ旅館
  https://machiyado.jp/find-machiyado/busshozan.html
- Reuters: Amazon.com takes Kindle global 2009年10月7日
  https://jp.reuters.com/article/us-amazon/amazon-com-takes-kindle-global-idUSTRE5960K820091007
- XD 2018年4月『「食材を届けて終わりではなく、その先の満足が重要」Oisixの愛され続けるサービスへの取り組み』
  https://exp-d.com/interview/1216/
- Agenda note 2018年7月『RIZAP、P&G「ファブリーズ」に学ぶ、市場創造の方法』
  https://agenda-note.com/brands/detail/id=321&pno=1
- Billboard Japan『YouTubeチャンネル「THE FIRST TAKE」がチャートに与えた影響とは』
  https://www.billboard-japan.com/special/detail/3066
- BUSINESS INSIDER 2018年3月『イーロン・マスクが地球…の未来について語った12のこと』

https://www.businessinsider.jp/post-163319
- ENGLISH SPEECH | ELON MUSK: Think Big & Dream Even Bigger (English Subtitles)
  https://www.youtube.com/watch?v=BDIRabVP24o&t=1s
- トヨタフィロソフィー
  https://global.toyota/jp/company/vision-and-philosophy/philosophy/
- 朝日新聞デジタル 2019年1月『「性を表通りに」、TENGAの挑戦①』
  https://www.asahi.com/articles/ASM1D2TVMM1DULZU001.html
- 森ビルの総合震災対策
  https://www.mori.co.jp/urban_design/img/safety_pamphlet.pdf
- ヤマハ発動機グループ 企業理念
  https://global.yamaha-motor.com/jp/profile/philosophy/
- 家電Watch『そこが知りたい家電の新技術 シャープ ウォーターオーブン「ヘルシオPro」』
  https://kaden.watch.impress.co.jp/cda/column/2006/10/04/16.html
- Forbes JAPAN 2017年1月『宅急便は単なる運送業にあらず! ヤマトホールディングス山内社長』
  https://forbesjapan.com/articles/detail/14742/2/1/1
- AdAge 2012年1月 GATORADE: WIN FROM WITHIN
  https://adage.com/creativity/work/win-within/25737
- IKEUCHI ORGANIC 2023年2月『違いがあってこそ、オーガニック。その年々のコットンの風合いを愉しむタオル「コットンヌーボー」』
  https://www.ikeuchi.org/magazine/cottonnouveau/
- THE MARKETING SOCIETY,HOW RIHANNA'S FENTY BEAUTY DELIVERED 'BEAUTY FOR ALL'
  https://www.marketingsociety.com/think-piece/how-rihannas-fenty-beauty-delivered-beauty-all
- 旭山動物園ヒストリー・14枚のスケッチ
  https://www.city.asahikawa.hokkaido.jp/asahiyamazoo/2200/p008762.html
- メルカリの3つのバリュ…ーとワーディングへのこだわり
  https://mercan.mercari.com/articles/2016-05-13-112843/
- MoTのMVVができるまで〜MoT4WHEELSに込めた想い〜
  https://now.mo-t.com/n/n99c902f9eb10

컨셉 / 수업

1판 1쇄 발행 2024년 1월 24일
1판 8쇄 발행 2024년 7월 11일

지은이 호소다 다카히로
옮긴이 지소연 · 권희주

발행인 양원석 **편집장** 차선화 **책임편집** 이슬기
디자인 강소정, 김미선 **영업마케팅** 윤우성, 박소정, 이현주, 정다은, 백승원
해외저작권 이시자키 요시코

펴낸 곳 ㈜알에이치코리아
주소 서울시 금천구 가산디지털2로 53, 20층(가산동, 한라시그마밸리)
편집문의 02-6443-8916 **도서문의** 02-6443-8800
홈페이지 http://rhk.co.kr
등록 2004년 1월 15일 제2-3726호

ISBN 978-89-255-7543-8(03320)